Enterprise Java Frameworks

Programmer's Choice

Adam Bien

Enterprise Java Frameworks

Das Zusammenspiel der Java-Architekturen

 ADDISON-WESLEY

An imprint of Pearson Education

München • Boston • San Francisco • Harlow, England
Don Mills, Ontario • Sydney • Mexico City
Madrid • Amsterdam

Die Deutsche Bibliothek – CIP-Einheitsaufnahme

Ein Titeldatensatz für diese Publikation ist bei
Der Deutschen Bibliothek erhältlich.

Die Informationen in diesem Produkt werden ohne Rücksicht auf einen
eventuellen Patentschutz veröffentlicht.
Warennamen werden ohne Gewährleistung der freien Verwendbarkeit benutzt.
Bei der Zusammenstellung von Abbildungen und Texten wurde mit größter
Sorgfalt vorgegangen.
Trotzdem können Fehler nicht vollständig ausgeschlossen werden.
Verlag, Herausgeber und Autoren können für fehlerhafte Angaben
und deren Folgen weder eine juristische Verantwortung noch
irgendeine Haftung übernehmen.
Für Verbesserungsvorschläge und Hinweise auf Fehler sind Verlag und
Herausgeber dankbar.

Alle Rechte vorbehalten, auch die der fotomechanischen Wiedergabe und der
Speicherung in elektronischen Medien.
Die gewerbliche Nutzung der in diesem Produkt gezeigten Modelle und Arbeiten
ist nicht zulässig.

Fast alle Hardware- und Softwarebezeichnungen, die in diesem Buch erwähnt werden,
sind gleichzeitig eingetragene Warenzeichen oder sollten als solche betrachtet werden.

Umwelthinweis:
Dieses Produkt wurde auf chlorfrei gebleichtem Papier gedruckt.
Die Einschrumpffolie – zum Schutz vor Verschmutzung – ist aus umweltverträglichem
und recyclingfähigem PE-Material.

5 4 3 2 1

05 04 03 02 01

ISBN 3-8273-1777-0

© 2001 by Addison-Wesley Verlag,
ein Imprint der Pearson Education Deutschland GmbH,
Martin-Kollar-Straße 10–12, D-81829 München/Germany
Alle Rechte vorbehalten
Einbandgestaltung: Christine Rechl, München
Titelbild: Phacelia tanacetifolia, Phazelie. © Karl Blossfeldt Archiv –
Ann und Jürgen Wilde, Zülpich/VG Bild-Kunst Bonn, 2001
Lektorat: Christina Gibbs, cgibbs@pearson.de
Korrektorat: Simone Burst, Großberghofen
Herstellung: Monika Weiher, mweiher@pearson.de
Satz: reemers publishing services gmbh, Krefeld, www.reemers.de
Druck und Verarbeitung: Bercker, Kevelaer
Printed in Germany

Inhalt

	Vorwort	9
1	**Patterns**	**11**
1.1	Singleton	11
1.1.1	Kurzbeschreibung	11
1.1.2	Anwendungsfall	11
1.1.3	Konsequenzen	14
1.2	Factory	15
1.2.1	Kurzbeschreibung	15
1.2.2	Anwendungsfall	15
1.2.3	Konsequenzen	18
1.3	Adapter	18
1.3.1	Kurzbeschreibung	18
1.3.2	Anwendungsfall	18
1.4	Façade	23
1.4.1	Kurzbeschreibung	23
1.4.2	Anwendungsfall	23
1.4.3	Konsequenzen	26
1.5	Value Objects	27
1.5.1	Kurzbeschreibung	27
1.5.2	Anwendungsfall	27
1.5.3	Konsequenzen	30
1.6	Decorator	30
1.6.1	Kurzbeschreibung	30
1.6.2	Anwendungsfall	30
1.6.3	Konsequenzen	35
1.7	Marker Interface	36
1.7.1	Kurzbeschreibung	36
1.7.2	Anwendungsfall	36
1.7.3	Konsequenzen	37
1.8	Virtual Proxy (Serverside)	38
1.8.1	Kurzbeschreibung	38
1.8.2	Anwendungsfall	38
1.8.3	Konsequenzen	42
1.9	Command	42

1.9.1	Kurzbeschreibung	42
1.9.2	Anwendungsfall	42
1.9.3	Konsequenzen	47
1.10	(Primitive) Wrapper	47
1.10.1	Kurzbeschreibung	47
1.10.2	Anwendungsfall	47
1.10.3	Konsequenzen	52
1.11	Template Method	52
1.11.1	Kurzbeschreibung	52
1.11.2	Anwendungsfall	52
1.11.3	Konsequenzen	56
1.12	Memento	56
1.12.1	Kurzbeschreibung	56
1.12.2	Anwendungsfall	56
1.12.3	Konsequenzen	60
1.13	Chain Of Responsibility	60
1.13.1	Kurzbeschreibung	60
1.13.2	Anwendungsfall	60
1.13.3	Konsequenzen	64
2	**Framework-Architekturen**	**65**
2.1	Die J2EE-Architektur	65
2.1.1	Die Bestandteile der J2EE	66
2.1.2	Die Enterprise JavaBeans (EJB)-Architektur	67
2.1.3	Java Data Base Connectivity (JDBC)	82
2.1.4	JavaServlet	99
2.1.5	JavaServer Pages (JSP)	111
2.1.6	Java Message Service (JMS)	121
2.1.7	Java Naming and Directory Interface (JNDI)	125
2.1.8	JavaMail	128
2.1.9	Java Interface Definition Language (JavaIDL)	132
2.1.10	RMI-IIOP	140
2.1.11	J2EE Connector	148
2.1.12	Java Transaction API (JTA)	155
2.1.13	Java Transaction Service (JTS)	156
3	**Das SJF-Framework**	**159**
3.1	Die Architektur des SJF-Frameworks	161
3.1.1	Die Philosophie des SJF-Frameworks	161
3.1.2	Die Ausnahmebehandlung	162
3.1.3	Die Konfiguration der Objekte	164
3.1.4	Die Objektfabriken	169
3.1.5	Das dynamische Laden des Frameworks	174
3.1.6	Dynamisches Wrapping von Erzeugnissen	176
3.1.7	Automatisches Logging	179
3.1.8	Automatische Performance-Messungen	181
3.1.9	Caching aller Methodenaufrufe	182

3.1.10	Die Verteilung der Dienste	187
3.1.11	Die Framelets	193
3.1.12	Was sind Timelets?	197
3.1.13	Der ClassLoading-Mechanismus	200
3.1.14	Die Mailingfunktionalität	206
3.1.15	Die Servlet-Technologie im SJF-Umfeld	213
3.1.16	Der Starprozess des Frameworks	226
3.1.17	Der Treiber des Frameworks	239
4	**Profiling des SJF**	**243**
4.1	Eingesetzte Tools	243
4.2	Das Startverhalten des SJF	244
4.3	Das Laufzeitverhalten des SJF	251
4.3.1	Die lokale Konfiguration	252
4.3.2	Die verteilte Konfiguration	259
	Index	**269**
	License Agreement	**277**

Vorwort

In der professionellen Softwareentwicklung fallen immer wieder die gleichen Aufgaben an. Das Spektrum reicht von einfachen Kontrollausgaben bis hin zum Connection-Pooling oder Lifecycle-Management. Da die meisten Applikationen unter hohem Zeitdruck erstellt werden müssen, verzichten wir oft darauf, erst die Bausteine zu entwickeln, mit denen dann die Applikation erstellt werden kann. Als ich mich bei der Entwicklung immer wieder über die gleichen Fehler und wiederkehrenden Tätigkeiten geärgert habe, begann ich wiederverwertbare Komponenten zu entwickeln. Diese Komponenten habe ich in verschiedenen Projekten eingesetzt und ständig verbessert. So entstanden die ersten Teile meines Frameworks – das Logging. Neben dem Logging entstanden noch eine Reihe von eher einfachen Objekten, die ich in eine Art Library zusammengefasst habe. Nach und nach wuchsen alle Bereiche des Frameworks zusammen, blieben aber weitgehend unabhängig voneinander. Bei der Zusammenführung der Komponenten ist mir aufgefallen, dass es gar nicht so einfach ist, allgemeine Objekte zu definieren, die für alle Bereiche gelten. Die meisten Schnittstellen haben sich oft erst nach dem Redesign herauskristallisiert. So konnten in einfachen Projekten nur die Teile verwendet werden, die wirklich benötigt wurden. In einigen Projekten musste ich sogar das Framework erweitern, um den Anforderungen gerecht zu werden. Die dynamische Erweiterbarkeit des Frameworks hat mir dabei geholfen, die Anpassungen in kurzer Zeit durchzuführen oder sogar an andere Programmierer zu delegieren.

Dieses Buch richtet sich an alle Programmierer, die an der Entwicklung solcher Bausteine oder Komponenten interessiert sind, oder diese nutzen wollen, um eigene Entwicklungszeiten zu verkürzen. Mit diesem Buch wird ein objektorientiertes, erweiterbares Framework entwickelt, mit dem man robuste Applikationen bauen kann. Es wird versucht den Zugang zu bereits bestehenden Technologien zu erleichtern und zu beschleunigen.

Bei der Erstellung des Manuskriptes waren mir Praxisnähe und ein pragmatischer Ansatz sehr wichtig. Obwohl dieses Framework Teile eines Applikationservers enthält, wollte ich keinesfalls bereits bestehende Server ersetzen. Die meisten kommerziellen Produkte bieten viel mehr Funktionalität an, als ein Durchschnittsentwickler verwenden kann. Bei diesem Framework soll es sich um eine kleine, überschaubare Applikation handeln, die jedoch leicht erweiterbar ist.

Fast alle Frameworks tragen einen schönen, aussagekräftigen Namen (Avalon, James). Da es sich bei meinem Framework nur um ein Beispiel für das Design und die Entwicklung von größeren Applikationen handeln soll, habe ich ihm den Namen SJF (Small Java Framework) gegeben.

Das beschriebene Framework finden Sie auf der CD.

Bedanken möchte ich mich an dieser Stelle bei Frau Christina Gibbs für die unermüdliche Korrektur und farbliche Gestaltung (in rot) meiner Manuskripte. Bei meiner Frau Kinga für das Design und Entwurf vieler Graphiken und die psychologische Unterstützung während der Entwicklung des Frameworks. Bei meinen Eltern, die mir bereits vor 15 Jahren die ersten Schritte mit dem »ZX Spectrum 128 K« ermöglicht haben. Bei meinem Bruder Michael für die Geduld und Gelassenheit, in der er immer wieder die »Key Features« meiner Entwicklung beurteilen musste. Und bei meinen Schwiegereltern für die 5-Sterne-Verpflegung, Wein und die Ferien in Tihany.

Nicht ganz unbeteiligt war Herr Prof. Dr. Peter Hartmann, der mein Interesse für die Objektorientierung und C++ während meines Informatikstudiums an der FH Landshut geweckt hat. Herrn Prof. Ludwig Griebl sei Dank für seine Begeisterung für die Java-Technologie, die Genehmigung meiner Diplomarbeit (heute ein Teil des Frameworks) und die kritischen Beiträge zu meinem Buch.

Für Fragen und Anregungen stehe ich jederzeit gerne zur Verfügung. Schreiben Sie mir einfach eine E-Mail TheSJFBook@java-architect.com oder besuchen Sie meine Homepage www.java-architect.com.

Adam Bien, im Juni 2001

1 Patterns

Softwarepatterns sind ein fester Bestandteil jeder OO-Software geworden. Die Fachliteratur beschreibt diese Muster jedoch meistens anhand von allgemeinen, theoretischen Beispielen. Dieser Teil sollte Ihnen einen Einblick in die klassische Patternwelt geben, veranschaulicht mit Codebeispielen aus meinem Framework. Jedes Pattern wird mit einem Stück Code, der auch auf der beiliegenden CD gefunden werden kann, verdeutlicht.

In diesem Kapitel möchte ich auf die Patterns eingehen, die ich bei der Entwicklung des Frameworks verwendet habe. Wer sich bereits gut mit Softwarepatterns auskennt, sollte dieses Kapitel dennoch lesen, da hier die Vor- und Nachteile der einzelnen Patterns beschrieben werden. Bei allen Beispielen handelt sich um den Originalquellcode des Frameworks.

1.1 Singleton

1.1.1 Kurzbeschreibung

Ein Erzeugungspattern. Dieses Pattern stellt sicher, dass aus einer Klasse nur eine einzige Objektinstanz erzeugt werden kann.

1.1.2 Anwendungsfall

`Singleton` wird benutzt, um die Erzeugung mehrerer Instanzen einer Klasse zu unterbinden. Zu diesem Zweck ist der Konstruktor der Klasse als `private` deklariert. Er kann also nicht direkt aufgerufen werden. Es ist möglich, Klassen zu entwerfen, aus denen keine Objekte gebildet werden können. Es handelt sich entweder um reine Helper-Klassen, die aus einer Reihe von nur statischen Methoden bestehen, oder um Klassen bei denen die Sichtbarkeit des Konstruktors eingeschränkt ist. Es werden aber oft Klassen benötigt, aus den nur ein Objekt erzeugt werden darf.

Die Lösung dieses Problems bietet eine andere, statische Methode, die für die Erzeugung der Instanz des Objektes verantwortlich ist. Diese Methode sorgt dafür, dass wirklich nur eine Instanz des Objektes existieren darf.

```
public class SingletonExample{
private static SingletonExample instance = null;
// kann nicht von ausserhalb aufgerufen werden
private SingletonExample(){
  // allgemeine Initialisierungen
}
// die einzige Möglichkeit, um eine Instanz  der Klasse SingletonExample
// zu erhalten...
public final static SingletonExample getInstance(){
   if(instance == null)
      intance= new SingletonExample();
  return instance;
}
```

Diese Vorgehensweise ist bei der Modellierung von Objekten notwendig, die wirklich nur einmal existieren sollen. Es macht wenig Sinn, mehrere Instanzen von nur einmal vorhandenen Ressourcen, wie z.B. Drucker, CD-ROM-Laufwerk oder Netzwerkkarte zu erzeugen. Im SJF sind Klassen wie `ClassFetcherFactory` oder `FSystemStreamFactory` die typischen Singletons.

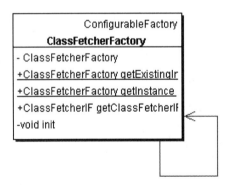

Abbildung 1.1: Die UML-Darstellung eines Singletons

In Abbildung 1.1 sehen Sie die Klasse `ClassFetcherFactory` in einem Klassendiagramm. Der Pfeil bedeutet, dass eine Referenz auf sich selber besteht. Die Klasse muss also ein Attribut des Typs der Klasse selber enthalten (in C++ würde man dieses Problem mit Hilfe eines Zeigers lösen).

```
private static ClassFetcherFactory instance = null;
```

Das Attribut `instance` wurde als `static` deklariert, damit die Variable nur einmal im Speicher vorhanden ist. Die `private` Sichtbarkeit garantiert uns die Kapselung der Variable. Es kann also nur innerhalb der Klasse auf diese Variable zugegriffen werden.

```
...
private ClassFetcherFactory(PropertiesManager propertiesManager) {
    super(propertiesManager);
}

public static ClassFetcherFactory getInstance(PropertiesManager
propertiesManager) {
if (instance == null)
instance = new ClassFetcherFactory(propertiesManager);
return instance;
}
```

Da der Konstruktor von anderen Objekten nicht aufgerufen werden kann, ist es unmöglich die Klasse mit new zu instanziieren. Es bleibt nur noch der Ausweg über den Methodenaufruf ClassFetcherFactory.getInstance(). Die Methode muss somit auch als static deklariert werden, damit der Aufruf ohne eine bereits existierende Instanz der Klasse überhaupt realisiert werden kann.

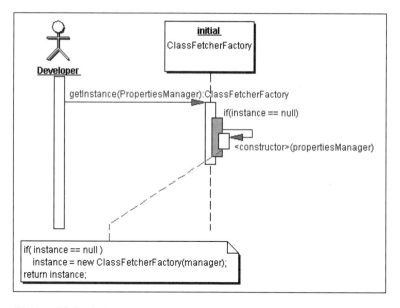

Abbildung 1.2: Die Reihenfolge der Methodenaufrufe bei der Instanziierung des Singletons

Die Methode getInstance() ruft dann den eigentlichen Konstruktor der Klasse auf und führt somit sämtliche Initialisierungen durch. Beim zweiten Aufruf wird lediglich überprüft, ob die Initialisierung bereits ausgeführt wurde. Falls es bereits eine existierende Instanz gibt, wird diese zurückgegeben. Der Konstruktor wird also nur einmal aufgerufen, um die erste Instanz des Objektes in der statischen Variable speichern zu können. Bei komplexeren Objekten müssen oft mehrere Parameter für die korrekte Instanziierung der Klasse berücksichtigt werden. Nur bei der erstmaligen Erzeugung werden die Parameter an den Konstruktor weitergeleitet. Folgende Aufrufe get-

Instance(Par par1,Par par2,…) brauchen die Parameter nicht unbedingt, da sofort die statische Variable instance zurückgegeben wird. Nach der erstmaligen Instanziierung könnte der Frameworkbenutzer beliebige Inhalte an die Methode getInstance() übergeben, ohne eine Exception zu bekommen. Aus diesem Grund existiert noch eine zweite Methode, die uns lediglich das bereits fertiginitialisierte Objekt zurückgibt. Falls das Objekt noch nicht existieren sollte (instance==null), kommt es sofort zu einer Exception InstanceNotExistsException. Die Methode getExistingInstance() erwartet also keine Parameter – der Zugriff auf die Klasseninstanz wurde somit erleichtert und die korrekte Initialisierung des Objekts kann überprüft werden. Die Methode getExistingInstance() sollte von den Entwicklern bevorzugt werden, die nur die Funktionalität des Singletons brauchen. Die InstanceNotExistsException sollte lediglich signalisieren, dass das Framework nicht korrekt hochgefahren wurde. Hier erhält der Entwickler die Möglichkeit das Framework zu reinitialisieren. Die Methode getInstance() wird benutzt, falls nur einzelne Komponenten des Frameworks initialisiert werden sollen. Dazu dürfen aber nur gültige (fertig initialisierte) Parameter an die Methode getInstance() übergeben werden. Die Reihenfolge der Initialisierung und die internen Abhängigkeiten der Komponenten müssen auch berücksichtigt werden.

1.1.3 Konsequenzen

Vorteile

- Es kann garantiert werden, dass es nur eine Instanz eines Objekts gleichzeitig auf einer JVM existieren darf.

- Durch die Existenz nur einer Instanz wird die Performance der Applikation deutlich verbessert. Der *Garbage Collector* hat nichts mehr zu tun und eine der langsamsten Aktionen nämlich der Aufruf new wird nur einmal durchgeführt.

- Der »Businessdeveloper« braucht sich mit nicht mehr mit dem eigentlichen Prozess der Instanziierung zu beschäftigen. Durch den Aufruf getExistingInstance() erhält er eine gültige Referenz auf ein bereits initialisiertes Objekt.

- Da der Aufruf getInstance() auch für die Korrektheit der Initialisierung sorgt, kann der Entwickler davon ausgehen, dass er nur gültige Objekte erhält. Die Robustheit der Anwendung kann somit erhöht werden.

Nachteile

- Falls mehrere Objekte gleichzeitig auf das Singleton zugreifen sollten, kann es zu Dateninkonsitenz führen. Es existiert nur eine einzige Referenz auf das Singletonobjekt, alle Objekte arbeiten somit mit dem gleichen Objekt.

▶ Es kann nur garantiert werden, dass pro JVM nicht mehr als eine Instanz existiert. In echten verteilten Umgebungen müsste man die verschiedenen Singletons miteinander synchronisieren, oder zumindest garantieren, dass alle Singletons die gleiche Referenz auf das »Remoteobjekt« zurückgeben.

▶ In der Standardimplementierung wird das bereits erzeugte Objekt in einer statischen Variable gehalten. Es ist also eine gültige Referenz auf das Objekt. Da der Garbage Collector nur Objekte ohne gültigen Referenzen bearbeiten kann, wird das Singleton niemals aus dem Speicher entfernt. Es ist jedoch möglich, eine zusätzliche Methode, wie z.B. `release(){ instance=null;}` bereitzustellen, um die Referenz zu zerstören.

▶ `getInstance()` ist aufwendiger (Tipparbeit, Dokumentation etc.) als der typische Konstruktoraufruf mit `new`.

1.2 Factory

1.2.1 Kurzbeschreibung

Ein Erzeugungsmuster. Die Factory kapselt die Erzeugung der Objekte vor dem Client. Die Factory stellt die Unabhängigkeit der zu erzeugenden Objekte von ihr und dem Client sicher.

1.2.2 Anwendungsfall

Die wichtigsten Komponenten eines Frameworks sind Interfaces. Sie bestimmen die internen Abläufe der Applikationen und spezifizieren die Businessschnittstellen nach Außen hin. Das richtige Verhalten wird aber erst mit der Implementierung der Interfaces erzeugt. Somit ist es möglich z.B. auf verschiedene SQL-Datenbanken zuzugreifen ohne den Clientcode zu ändern. »Nur« die Implementierung des Interfaces muss ausgetauscht werden. Die Implementierungen müssten aber vor der Benutzung erzeugt werden. Hier stoßen wir auf die ersten Probleme. Bei der konventionellen Erzeugung müssten die Objekte zur Kompilierzeit bereits bekannt sein.

```
DatenbankIF db = new OracleDB();
DatenbankIF db = new DB2();
```

Bei der Einführung einer neuer Implementierung, müsste *Package* neu kompiliert werden. Stellen Sie sich vor, Sie müssten beim Kunden die *MS-Access*-Implementierung einbinden...

Die *Factories* sorgen dafür, dass die Erzeugung der Implementierungen für ein gegebenes Interface in einer Klasse gekapselt wird. Bei der Benutzung einer *Factory* wissen wir also nicht unbedingt, wie und wann die benötigten Objekte erzeugt werden. Die Realisierung von *ObjectPools* wird somit bedeutend erleichtert.

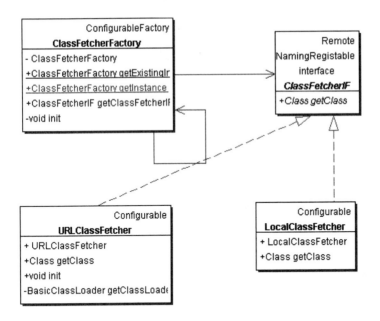

Abbildung 1.3: Die Factory mit den Produkten

Aus Abbildung 1.3 kann man leicht entnehmen, dass für das Interface ClassFetcherIF zwei Implementierungen existieren. Die ClassFetcherFactory kennt aber die Implementierungen nicht. Wie ist das möglich? Wie kann eine Factory Objekte erzeugen, ohne sie zu kennen? Die Frage ist relativ einfach zu beantworten. Alle Implementierungen des spezifischen Interfaces ClassFetcherIF erben von der abstraken Klasse Configurable. Die ClassFetcherFactory (und alle anderen Factories des Frameworks auch), sind in der Lage, beliebige Configurables zu erzeugen. Da die dynamische Erzeugung von Objekten relativ fehlerträchtig sein kann, erledigt diese Aufgabe der ConfigurableCreator. Die eigentliche Logik befindet sich in der statischen Methode instantiateConfigurable.

```
public static Configurable instantiateConfigurable(PropertiesManager props,String
className) throws DynamicInstantiationException {
Configurable retVal = null;
try {
    Class classes[] = new Class[1];
    classes[0] = PropertiesManager.class;
    Object args[] = new Object[1];
    args[0] = props;
    Constructor constructor = Class.forName(className).getConstructor(classes);
    retVal = (Configurable) constructor.newInstance(args);
} catch (Exception e) {
    throw new
```

```
DynamicInstantiationException("ConfigurableCreator.instantiateConfigurable",
e.toString());
}
return retVal;
}
```

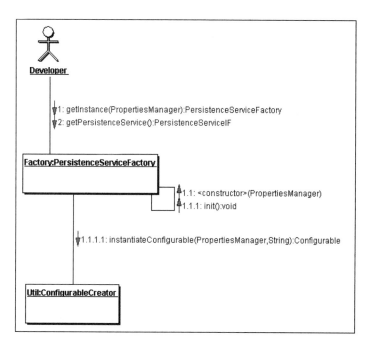

Abbildung 1.4: Die Funktionsweise einer Factory

Es wird also der Konstruktor der Klasse Configurable mit Hilfe des Reflection-Mechanismus gesucht und dann mit Hilfe des übergebenen Parameters PropertiesManager instanziiert. Da die Klasse mit der statischen Methode Class.forName() geladen wird, muss sie nicht zur Laufzeit bekannt sein. Wir können beliebige Implementierungen des Interfaces bereitstellen, die Klassen müssen nur vom jeweiligen *ClassLoader* gefunden werden.

Bei unseren Frameworks-*Factories* handelt es sich um eine Mischung aus dem reinen *Factory*-Pattern und dem *Singleton*-Pattern. Falls man also eine Referenz auf eine *Factory* erhalten möchte, muss man die statische getExistingInstance() aufrufen. Die Methode getInstance() wird normalerweise (zumindest bei allen »Core-Factories«) vom StartupManager aufgerufen. Der relativ »teure« Prozess der dynamischen Instanziierung wird also am Anfang und nur einmal durchgeführt. Die Methode getExistingInstance() gibt lediglich eine bestehende Referenz auf die fertig initialisierte Factory zurück. Auch der Aufruf getPersistenceService(), der die Schnittstelle

`PersistenceServiceIF` zurückgibt, ist sehr schnell. Die Implementierung der Interfaces wurde nämlich zusammen mit der *Factory* erzeugt.

1.2.3 Konsequenzen

Vorteile

- Die *Factory* muss die Implementierungen der Interfaces, die sie erzeugen möchte, nicht zu Kompilierzeit kennen. Nur das Interface muss der *Factory* bekannt sein.
- Bei der Erzeugung von neuen Objekten kann zusätzliche Funktionalität implementiert werden. Die Produkte können sofort bei der Initialisierung der *Factory*, oder erst bei Bedarf erzeugt werden (*Lazy Initializing*). Auch die Wiederverwendung von Objektinstanzen (z.B *Objectpooling*), ist mit Hilfe einer *Factory* möglich.
- Obwohl die Objekterzeugung mittels *Factory*-Patterns langsamer ist, kann man die Laufzeitperformance trotzdem erhöhen. Es ist möglich, alle Objekte beim Hochfahren der *Factory* zu instanziieren (es spielt keine Rolle wie lange ein Applikationsserver benötigt, bis alle seine Komponenten initialisiert wurden), zur Laufzeit werden nur noch Referenzen auf bereits bestehende Objekte zurückgegeben (dies ist bei weitem schneller als ein Aufruf »new«).

Nachteile

- Die Erzeugung der Produkte mit dem *Factory*-Pattern ist in der Regel langsamer als ein direkter Konstruktoraufruf. Die dynamische Methode (mittels des Reflection – Mechanismus) ist noch langsamer als die statische (einfache `switch`-Schleife oder `if - else` Abfragen).

1.3 Adapter

1.3.1 Kurzbeschreibung

Ein Stukturmuster. Es stellt die Kompatibilität von zwei inkompatiblen Interfaces sicher.

1.3.2 Anwendungsfall

Der typische *Adapter* implementiert ein Interface (*Target*), das allen Clients bekannt ist. Die Clients (andere Objekte) können also direkt auf die Adapterklasse zugreifen. Mit der Benutzung des Adapters greifen die Clients indirekt auf unbekannte Interfaces oder Klassen zu. Alle beteiligten Klassen, die wegen ihrer inkompatibler Schnittstellen ansonsten dazu nicht in der Lage wären, können also zusammenarbeiten.

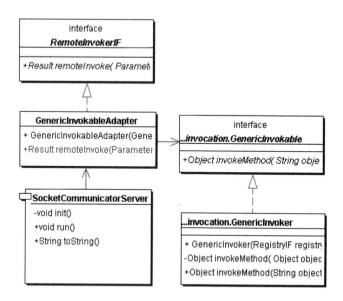

Abbildung 1.5: Der Adapter

In Abbildung 1.5 implementiert der `GenericInvokableAdapter` das Interface `RemoteInvokerIF`. Ferner kennt er auch ein Interface `GenericInvokable` (das *Adaptee*). Dem `SocketCommunicatorServer` (der Client) ist aber nur der `RemoteInvokerIF` bzw. seine Implementierung, nämlich der Adapter selber, bekannt. Der Adapter nimmt also die Aufrufe des `SocketCommunicatorServer` entgegen und delegiert diese an die Implementierung des `GenericInvokable` Interfaces. Folglich muss also der `SocketCommunicatorServer` das Interface `GenericInvokable` nicht kennen, es reicht eine Referenz auf unseren *Adapter*, um die Funktionalität des Interfaces `GenericInvokable` zu benutzen.

Bei näherer Betrachtung des Sequenzdiagrammes stellt sich die Frage, warum man diesen Aufwand betreiben muss, um die Entkopplung des `SocketCommunicatorServers` zu erreichen? Es sprechen mehrere Gründe dafür. In unserem Fall basiert das ROI- (*RemoteObjectInvocation*)Package auf der Funktionalität des Packages *invocation*. Die Methoden unterscheiden sich aber in Ihren Signaturen, so dass noch eine Konvertierung der Parameter stattfinden muss.

```
public Result remoteInvoke(Parameter param){
    Object     temp      = null;
    Exception  exception = null;
    int        status    = Result.SUCCESS;
    String     message   =" ok ";
    try{
```

```
    if(invokable == null)
    throw new Exception("GenericInvokable is null in adapter !");

    temp =
this.invokable.invokeMethod(param.getObjectName(),param.getMethodName(),param.getO
bjectArray());
    }catch(Exception e){
    exception = e;
    status    = Result.ERROR;
    temp = e;
    message = e.toString();
    System.err.println(e.toString());
    }
    Result result = new Result(temp,message,exception,status);
    return result;

  }
}
```

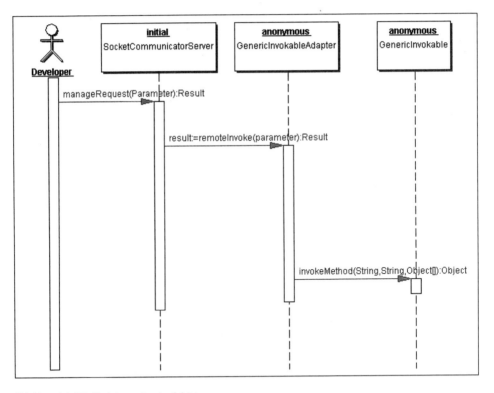

Abbildung 1.6: Die Funktionsweise des Adapters

SocketCommunicatorServer **ruft die Methode** remoteInvoke **mit einem Parameter** Object **auf. Dieses Objekt enthält alle Informationen für den Aufruf der Methode** invokeMethod, der lokal stattfinden wird. Die Rückgabewerte des lokalen Aufrufs invokeMethod, werden noch in ein Objekt Result verpackt und an den SocketCommunicatorServer zurückgegeben. Dem SocketCommunicatorServer ist egal, wer diese Funktionalität bereitstellt (in unserem Fall war es der GenericInvokableAdapter). Es ist denkbar einfach, den Adapter gegen eine andere Implementierung auszutauschen und die Aufrufe an die nächste Implementierung des Interfaces RemoteInvokerIF weiterzuleiten. So könnte man leicht einen echten ROI-*ProxyServer* implementieren.

Eine weitere Anwendung fand dieses Pattern bei der Implementierung eines Schedulingdienstes im Package com.abien.framework.services. Bei der Entwicklung dieses Dienstes wollte ich mich an die bereits vorhandene JDK1.3-Funktionalität anlehnen. Um diesen Dienst zu nutzen, reicht es aber nicht aus, nur ein Interface zu implementieren, sondern man muss von einer abstrakten Klasse java.util.TimerTask ableiten. Da Java keine Mehrfachvererbung unterstützt, ist man auf das *Adapter*- oder *Wrapper*-Pattern angewiesen.

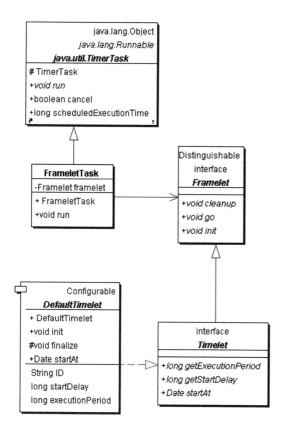

Abbildung 1.7: Die Anwendung des Adapters aus dem Services-Package

In diesem Fall ist man einerseits auf die bereits bestehende Funktionalität der Klasse `TimerTask` angewiesen, anderseits möchte man auf die Flexibiltät des SJF (z.B. das dynamisches Laden von Klassen) nicht verzichten. Zu diesem Zweck wurde hier die Klasse `FrameletTask` definiert, die die eigentliche Rolle des Adapters übernimmt.

```
class FrameletTask extends TimerTask {
  private Framelet framelet = null;

  public FrameletTask(Framelet framelet) {
    this.framelet = framelet;
  }
  public void run() {
   try{
    this.framelet.go();
    this.framelet.cleanup();
   }catch(Exception e){
      FSystem.err.println("TimeletTask exception during executing " +
this.framelet.getClass().getName() + " Exception " + e.toString());
    }
   }
 }
```

Die eigentliche Funktionalität der Klasse ist die Umsetzung des Aufrufs `run()` in `go()`. Das Objekt `FrameletTask` kann also der Klasse `java.util.Timer` übergeben werden. Das Framework kann zugleich die Komponenten `Framelet`, `Timelet` erzeugen und nutzen. Bei Bedarf wird die *Adapter*-Klasse erzeugt und an den *Scheduler* übergeben.

```
    new Timer().scheduleAtFixedRate(new
FrameletTask(temp),temp.getStartDelay(),temp.getExecutionPeriod());
```

Diese Vorgehensweise wurde hier gewählt, da die Timelets und Framelets frameworkunabhängige Komponenten darstellen sollen, die lediglich die bestehende Infrastruktur nutzen. Diese Komponenten sollen bei Bedarf auch von einem Webserver heruntergeladen werden können. Diese Logik wurde im SJF in der `ConfigurableFactory` bzw. dem `ConfigurableCreator` implementiert. Um sie zu nutzen, muss man sie aber von der Klasse `Configurable` ableiten. Da Java die Mehrfachvererbung nicht unterstützt, ist diese Architektur nur mit dem *Adapter*-Pattern realisierbar. Sonst könnte man sowohl von `Configurable` und von `TimerTask` ableiten, um die Vorteile der JDK-Implementierung und des Frameworks zu nutzen.

Vorteile

- ▶ Die Client- (in unserem Beispiel der `SocketCommunicatorServer`) und die *Adaptee*-Klasse bleiben voneinander unabhängig. Der Client muss also nicht wissen, dass seine Aufrufe an den *Adaptee* weitergeleitet werden und nicht direkt vom Adapter verarbeitet werden.

▶ Es ist möglich, verschiedene Adapter für einen Client bereitzustellen. Die unterschiedlichen Adapter würden dann die Clientaufrufe an unterschiedliche *Targets* delegieren.

Nachteile

▶ Der Adapter enthält die Businesslogik für die Anpassung unterschiedlicher Methodensignaturen. Bei Änderung der Schnittstellen muss also auch der Adapter geändert werden.

▶ Die Methodenaufrufe der Clients werden nicht direkt ausgeführt. Der Adapter muss zuerst die Konvertierungen vornehmen, der »indirekte« Aufruf ist also langsamer als der ohne Adapter.

1.4 Façade

1.4.1 Kurzbeschreibung

Ein Strukturmuster. Es definiert eine einfache Schnittstelle zu einem komplexen Subsystem. Die Fassade verbirgt gleichzeitig die Komplexität des Subsystems vor dem Client.

1.4.2 Anwendungsfall

Das *Façade*-Pattern ermöglicht die Unterteilung eines komplexen Systems in mehrere einfachere Subsysteme. Es existiert eine einfache Schnittstelle, die den Zugriff auf anderere Schnittstellen ermöglicht. Die Clients greifen über die einfache Schnittstelle auf die komplexen Objekte zu. Die »Fassadenschnittstelle« kennt also die Schnittstellen der Subsysteme und weiß, wie man die Clientaufrufe an die Subsysteme delegieren kann. Die Clients werden von den Subsystemen abgeschirmt.

In unserem Framework wird das *Façade*-Pattern im Package `com.abien.framework.classloader` genutzt. Dieses Package ermöglicht uns das Laden, Cachen und die Auflösung von Klassen. Um eine Klasse mit einem von der Factory voreingestellten Classloader laden zu können, wird das Interface `ClassFetcherIF` benötigt.

```
public interface ClassFetcherIF {
/**
 * @return an instance of loaded Class
 * @throw com.abien.framework.classloader.ClassRemotelyNotFoundException
 */
public Class getClass(String name) throws ClassRemotelyNotFoundException;
}
```

Alles, was man tun muss, um eine Klasse namens test.Hugo laden zu können, ist den Aufruf getClass("test.Hugo")ausführen. Im Hintergrund wird die Klasse und alle referenzierten Klassen mit dem aktuellen *Classloader* geladen, danach wird das Ergebnis mit der aktuellen Implementierung des Interfaces com.abien.framework.persistence.PersistenceServiceIF *zwischengespeichert*. In der Rolle des Anwendungsentwicklers bekommen wir nichts von der Komplexität der *Cachingstrategie*, der aktuellen Implementierung des ClassFetchersIF oder dem momentan aktiven *ClassLoader* mit. Für uns ist es wichtig, eine gültige Klasseninstanz zu erhalten oder mit einer ClassRemotelyNotFoundException benachrichtigt zu werden.

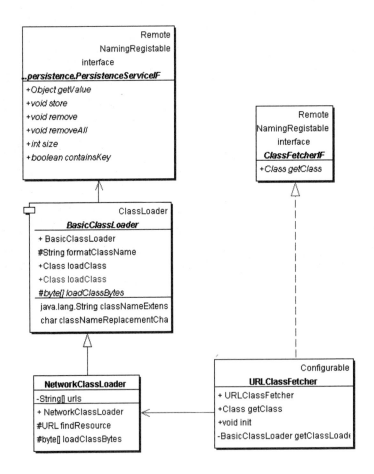

Abbildung 1.8: Die Fassade und ihre Klassen

Façade

Für das Fassadenverhalten ist eigentlich das Interface `ClassFetcherIF` verantwortlich. Wie Abbildung 1.8 zeigt, reicht die Benutzung der Interface-Implementierung `ClassFetcherIF`, um die komplexe Funktionalität aller beteiligten Klassen zu nutzen. Das Interface `ClassFetcherIF` wurde nur eingeführt, um die Entkopplung der Clients vom Subsystem (hier dem Package `classloader`) zu erreichen. Bei (logisch) unabhängigen Systemen wird oft die *Fassade* eingesetzt, um eine gemeinsame Kommunikationsschnittstelle zu definieren. In Abbildung 1.8 benutzt der `BasicClassLoader` eine Schnittstelle `PersistenceServiceIF`, die ihm einfache Persistenzdienste erweisen kann. Die Komplexität der eigentlichen Implementierung der Schnittstelle ist dem `BasicClassLoader` unbekannt. Sie kann von einem einfachen `Hashtable` bis zu komplexen mehrstufigen *Cachingalgorithmen* reichen.

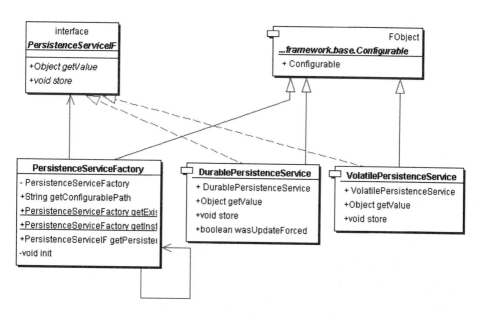

Abbildung 1.9: Das Subsystem »persistence«

Das Interface `PersistenceServiceIF` wurde im Package `classloader` als eine Kommunikationsschnittstelle benutzt. Das Interface selber kann auch als eine Schnittstelle zu einem Subsystem (hier der Persistenz) gesehen werden. Es ist also wieder ein *Façade*...

Im Sequenzdiagramm erhält man die dynamische Sicht auf das Gesamtsystem. Der Client muss also nur das `ClassFetcherIF` kennen, um die Funktionalität des Gesamtsystems zu nutzen.

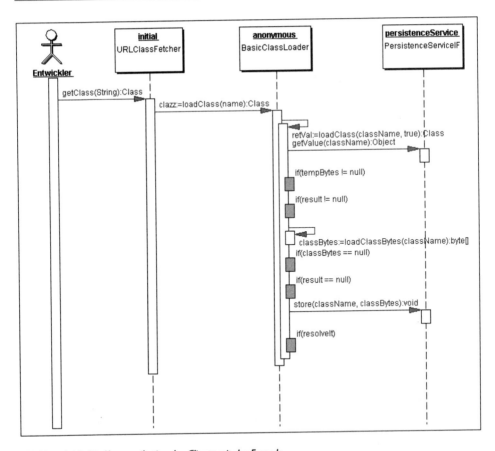

Abbildung 1.10: Die Kommunikation des Clients mit der Fassade

1.4.3 Konsequenzen

Vorteile

▶ Der Client wird komplett von den Subsystemen entkoppelt.

▶ Mit dem *Facade*-Pattern ist es möglich, auch die Teilsysteme voneinander zu entkoppeln. Es ist somit möglich, die Teilsysteme auszutauschen ohne die clientseitige Schnittstelle ändern zu müssen.

▶ Die Anzahl der Objekte, die ein Client kennen muss, wird reduziert. Das macht die Systeme für den Client leichter benutzbar.

Nachteile

▶ Durch die Zusammenfassung der Funktionalität der Subsysteme kann der Clientcode als »proceduralisiert« gesehen werden. Es reichen nur wenige sequentielle Methodenaufrufe der *Fassade*, um das komplexe System zu nutzen.

▶ Die *Fassade* delegiert die Aufrufe der Clients an die zuständigen Teilsysteme. Da die Schnittstellen der Subsysteme vom Client nicht direkt angesprochen werden können, muss er den Umweg über die Fassade nehmen. Die Performance des Gesamtsystems ist mit der Fassade im allgemeinen schlechter als ohne sie.

1.5 Value Objects

1.5.1 Kurzbeschreibung

Kein Standardpattern. Es ermöglicht das Zusammenfassen von mehreren Parametern zu einem Objekt. Es wird benutzt um die Performance von verteilten Applikationen zu erhöhen.

1.5.2 Anwendungsfall

»*Value Objects*« ist eigentlich kein typisches Pattern. Es handelt sich hierbei um einen »Datenhalter«, der dazu benutzt wird, die Methodensignaturen zu vereinfachen. Zu diesem Zweck werden die Informationen, die nötig sind um mehrere Methoden aufzurufen, in einem Objekt zusammengefasst und auf einmal übergeben. *Value Objects* werden oft in verteilten Anwendungen verwendet, da dort die Methodenaufrufe besonders »teuer« sind. Um dem verteilten Ansatz gerecht zu werden, wird das Interface `java.io.Serializable` implementiert. Dieses Marker-Interface ist die Voraussetzung für die Benutzung des Serialisierungsmechanismus. Die Serialisierbarkeit der Objekte wird von den meisten Objektprotokollen verlangt. Der Zugriff auf die Daten wird durch die »*getters*« ermöglicht. Ein `Value Object` besteht also aus einem Konstruktor und einer Reihe von *get*-Methoden, die den Zugriff auf die gehaltenen Daten ermöglichen. In unserem Framework sind die typischen Vertreter dieses Patterns `Parameter` und `Result`. Beide kommen aus dem Package `com.abien.framework.roi`, sind also für die Objektkommunikation zuständig.

```
public class Parameter implements Serializable
{
private String objectName = null;
private String methodName = null;
private Object[] objectArr = null;

public Parameter(String objectName, String methodName, Object[] objectArr)
{
```

```
            this.objectName = objectName;
            this.methodName = methodName;
            this.objectArr = objectArr;
    }
    public String getMethodName()
    {
    return this.methodName;
    }
    public Object[] getObjectArray()
    {
       return this.objectArr;
     }
    public String getObjectName()
    {
     return this.objectName;
    }
    }
```

Der Parameter returnValue stellt einen Ersatz für eine Reihe von echten Parametern dar, die benötigt werden, um eine Methode aufzurufen. Es wird also nur der Parameter Object zum Server geschickt, anstatt alle benötigten Informationen nacheinander zu schicken. Die Klasse Result wurde ähnlich aufgebaut, sie enthält jedoch zusätzliche Informationen über den Ablauf der Aktion.

```
    public class Result implements Serializable {
        private String message = null;
        private Object returnValue = null;
        private int status = 0;
        private Exception exception = null;

        public Result(Object returnValue, String message, Exception exception, int
    status) {
            this.returnValue = returnValue;
            this.message = message;
            this.exception = exception;
            this.status = status;
        }

        public Exception getException() { return this.exception; }

        public String getMessage() { return this.message; }

        public Object getReturnValue() { return this.returnValue; }

        public boolean wasSuccessful() {
            return (status == SUCCESS);
        }
```

Das Server-Objekt erhält hier die Möglichkeit, den Client über die Zustände der Transaktion zu informieren. Es kann so die Exception (normalerweise null) den Status des Methodenaufrufs, eine Nachricht (z.B. Profilinginformationen) und natürlich den eigentlichen Rückgabewert zurückschicken.

Eine andere Anwendung in unserem Framework fand dieses Pattern im Package com.abien.framework.proxy. Das Holder-Objekt fasst mehrere Parameter zusammen, die dann in einem HashMap abgelegt werden können. Das Objekt besteht lediglich aus Methoden, die den Zugriff auf die Daten der Instanz ermöglichen.

```
class Holder implements Serializable{
  private Method method = null;
  private Object args[] = null;
  Holder(Method method, Object args[]){
    super();
    this.method = method;
    this.args   = args;
  }
  Method getMethod(){ return this.method;}
  Object[] getArgs(){ return this.args; }
  public boolean equals(Object param){
      if(!(param instanceof Holder))
          return false;
      Holder holder = (Holder)param;
      if(this.method.equals(holder.getMethod()) && (args.length == holder.getArgs().length)){
          for(int i=0;i<args.length;i++){
             if(!args[i].equals(holder.getArgs()[i]))
                return false;
          }
      }
      return true;
  }

      public int hashCode(){ return getMethod().hashCode(); }
```

Die Methoden equals() und hashCode() wurden überschrieben, da nur die Inhalte (gehaltene Objekte) die Identität des Holders bestimmen sollen. Der CachingHandler verwendet den Holder, um die Aufrufparameter als Schlüssel in einem PersistenceServiceIF ablegen zu können. Eine gültige Implementierung des Services kann aber auch eine gewöhnliche Hashtable übernehmen. Diese vergleicht ihre Inhalte nach den hashCodes und equals der Schlüssel.

1.5.3 Konsequenzen

Vorteile

▶ Mit »Value Objects« lassen sich mehrere Parameter zu einem Objekt zusammenfassen. Die Gültigkeit der Parameter kann gleichzeitig überprüft werden.

▶ In verteilten Umgebungen ist das Laufzeitverhalten besser als bei der seriellen Übertragung jedes einzelnen Parameters.

▶ In der Klasse `javax.servlet.http.HttpServlerRequest` aus der Servlet-API wurden unter anderem folgende Methoden deklariert: `getParameterNames()` und `getParameter()`. Mit diesen Methoden lassen sich leicht »Value Objects« nach jedem Request erzeugen, die dann leichter verarbeitet werden können.

Nachteile

▶ Bei falscher Benutzung können künstliche Holder-Strukturen entstehen, die nur dazu dienen, nicht zusammengehörige Parameter zusammenzufassen.

1.6 Decorator

1.6.1 Kurzbeschreibung

Ein Strukturmuster. Es bietet eine echte Alternative zur Vererbung und wird benutzt, um die Funktionalität einer Klasse zu erhöhen.

1.6.2 Anwendungsfall

Ein *Decorator* sollte die Funktionalität eines Objekts, auf (für die Clients) transparente Art und Weise erweitern. Der *Decorator* sollte auch eine Alternative zur Unterklassenbildung darstellen. Ein flexibler Ansatz ist das Ursprungsobjekt zu »wrappen«. Der *Decorator* umhüllt das Originalobjekt und kann somit zusätzliche Funktionalität bereitstellen.

In Abbildung 1.11 implementiert der `Decorator` (hier der `ConcreteDecorator`) die gleiche Schnittstelle wie die zu dekorierende Komponente. Die Clients können somit die spezielle Klasse `ConcreteDecorator` anstelle von `Component` benutzen. In der Rolle des Systementwicklers sind wir in der Lage, die Funktionalität der Klasse `Component` zu erweitern, ohne eine spezifische Unterklasse bilden zu müssen.

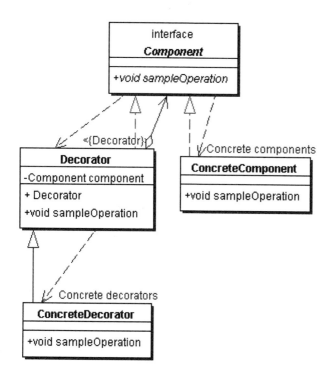

Abbildung 1.11: Der klassischer Decorator

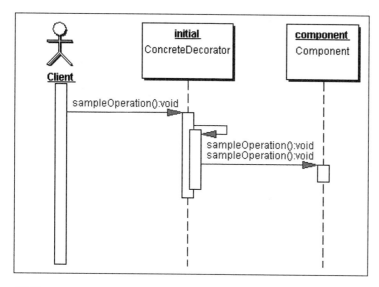

Abbildung 1.12: Die Erweiterung der Klasse Component

Im SJF gibt es drei konkrete Implementierungen eines *Decorators*.

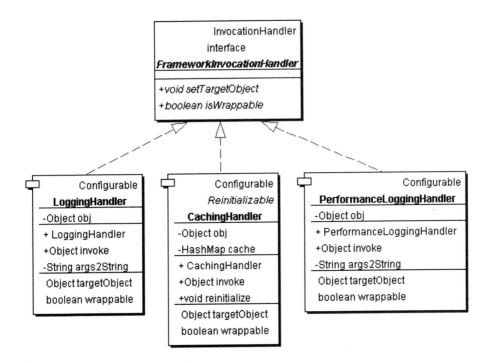

Abbildung 1.13: Frameworkspezifischer Decorator

- Der LoggingHandler überprüft die Aufrufe jeder Methode von registrierten Objekten. Es werden also alle Aktivitäten aufgezeichnet. Diese Klasse ist besonders nützlich, wenn man Komponenten in unser Framework eingebunden hat. Es steht in dem Fall kein Sourcecode zur Verfügung, was das Debugging erheblich erschwert. In diesem Fall wird also die Funktionalität der Komponenten nicht erweitert.

- Der CachingHandler zeichnet auch die Aufrufe der Methoden auf, wobei er besonders an den Methoden und ihren Parametern interessiert ist. Er sammelt die Eingabeparameter und verpackt sie mit Hilfe des Objekts com.abien.framework .proxy.Holder, um sie zusammen mit dem Rückgabetyp in den momentan gültigen PersistenceServiceIF abzulegen. Mit diesem Objekt ist es möglich, einen »universellen Cache« aufzubauen.

- Der PerformanceLoggingHandler arbeitet ähnlich wie der LoggingHandler, wobei die Zeit eines Aufrufes gemessen und in die aktuelle Ausprägung des *Debugstreams* geschrieben wird.

- In allen drei Fällen lag die Betonung auf »...jeder Methode...«. Wie ist das möglich?

▶ Ab JDK1.3 ist es möglich, so genannte »*Dynamic Proxies*« zu erzeugen. Es handelt sich hierbei um echte *Proxy*-Objekte, die zur Laufzeit erzeugt werden. Sie stehen dann zwischen dem Client und dem »*gewrappten*« Objekt. Die *Proxies* implementieren eine Liste von Interfaces, die in unserem Fall vom Originalobjekt übernommen wird. Da *Proxies* typischer sind, können sie als echter Stellvertreter des Ursprungsobjekts dienen. Alle Methodenaufrufe werden an den zuständigen java.lang.reflect.InvocationHandler delegiert. Dieser hat dann die Möglichkeit, mit den Eingabeparametern die Funktionalität des »dekoriertem« Objektes zu erweitern.

▶ Nachdem geklärt wurde, wie *Dynamic Proxies* verwendet werden, stellt sich die Frage, wie sie erzeugt werden.

▶ Fast alle Objekte des Frameworks, die bestimmte Informationen von Außen benötigen, leiten von der abstrakten Klasse Configurable ab. Diese Klasse ist jederzeit in der Lage, die für sie bestimmten Informationen (java.util.Properties) zu empfangen. Da es sich hierbei um eine abstrakte Klasse handelt, können nur ihre Unterklassen instanziiert werden. Die Unterklassen werden aber nicht mit »new«, sondern mit Hilfe einer speziellen *Factory*, die von der ConfigurableFactory ableitet, erzeugt.

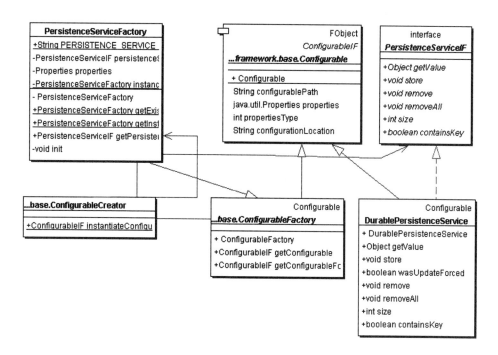

Abbildung 1.14: Die Erzeugung der Configurables

Aus Abbildung 1.14 kann man entnehmen, dass der `ConfigurableCreator` von der `ConfigurableFactory` gehalten wird. Bei dem `ConfigurableCreator` handelt sich um eine Utility-Klasse, die nur für das dynamische Erzeugen von `Configurables` zuständig ist. Die zuständige *Factory* delegiert also die Erzeugung der `Configurables` an den `ConfigurableCreator` weiter. Sie »castet« lediglich den `Configurable` auf das Interface `PersistenceServiceIF`. Die anderen Factories arbeiten ähnlich. Der `ConfigurableCreator` ist also für die Erzeugung aller `Configurables` verantwortlich – die ideale Stelle für die »Dekorierung« der Erzeugnisse...

```
public static ConfigurableIF instantiateConfigurable(PropertiesManager
props,String className) throws DynamicInstantiationException {
.. // dynamische Erzeugung der Configurables
   if(temp instanceof FrameworkInvocationHandler)
// sollen Proxies ggf nochmal dekoriert werden ?
      if(!((FrameworkInvocationHandler)temp).isWrappable()){
         FSystem.deb.println("The Proxy " + className + " wants not to be wrapped
!");
         return retVal;
      }

   try{
      FSystem.out.println("Trying to find the default proxy for " + className);
// hier findet die Dekorierung statt...
retVal = (ConfigurableIF)ProxyFactory.getProxy(retVal,InvocationHandlerFactory.
getExistingInstance().getDefaultInvocationHandler());
      FSystem.out.println("Proxy was found for " + className);
   }catch(Exception e){
      FSystem.deb.println("Default Proxy was not found for " + className + " " +
e.toString());

   }
   }
// das dekorierte Objekt wird zurückgegeben...
   return retVal;.
```

`ConfigurableCreator` erzeugt zunächst das Objekt `Configurable`. Die erzeugte Instanz wird an die `ProxyFactory` übergeben. Die *Factory* versucht das Objekt mit der aktueller *Proxy*-Implementierung zu *wrappen*. Falls ein *Decorator* gefunden wurde, wird dieser, sonst das eben erzeugte Objekte zurückgeben.

Mit Hilfe dieser Architektur ist es also möglich, für alle Objekte des Frameworks eine gemeinsame *Decorator*-Implementierung zu generieren.

Eine andere Anwendung fand dieses Pattern im Package `com.abien.framework.io`. Diesmal handelt es sich um eine klassische Ausprägung. Es wird dazu benutzt, die Loggingausgaben zu formatieren.

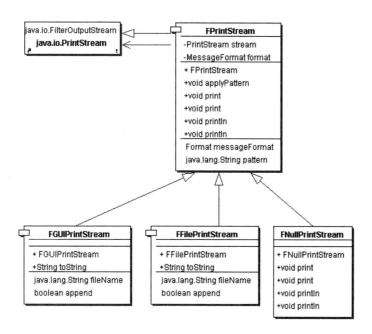

Abbildung 1.15: Das package io

Das Objekt FPrintStream umhüllt das Objekt java.io.PrintStream um zusätzliche Formatierungen durchzuführen. Die speziellen Ausprägungen des FPrintStreams stellen lediglich eine weitere »Zwiebelschicht« dar. Sie sind nämlich für die eigentliche Umlenkung der Streams zuständig. Da es sich hier um einen klassischen *Decorator* handelt, merkt der Entwickler zunächst einmal nicht, dass seine Aufrufe nicht direkt ausgeführt werden. Der folgende Aufruf FSystem.out.println("Hi Duke !") erzeugt folgende Ausgabe: *Mon Oct 23 17:33:10 GMT+02:00 2000 FOut info »Hi Duke !«*. In diesem Fall kann man wirklich von einer Dekorierung sprechen ...

1.6.3 Konsequenzen

Vorteile

▷ Da Vererbung statisch ist, legt sie das Verhalten aller Unterklassen fest. Der Decorator bietet viel mehr Möglichkeiten als die Vererbung.

▷ Die Benutzung der dekorierten Klassen ist für den Entwickler vollkommen transparent. Falls dieses Pattern konsequent umgesetzt wurde, ist er immer noch davon überzeugt, dass er die eigentliche Komponente verwendet.

- Es lassen sich mehrere Schichten der Decorator-Klassen erzeugen. Die Kompatibilität wird mit Hilfe von Interfaces sichergestellt.
- Mit der Kombination von nur wenigen Decorator-Objekten kann man die Funktionalität des Objekts erheblich erweitern.
- Um die gleiche Funktionalität wie bei der konventionellen Vererbung zu erreichen, werden weniger Klassen benötigt. Das Design ist leichter zu verstehen.

Nachteile

- Die dekorierten Objekte werden vom eigentlichen Decorator umhüllt. Die Identität der Objekte lässt sich deswegen nur schwer feststellen.
- Es lassen sich mehrere Schichten von Dekoratoren aufbauen. Diese Vorgehensweise verlässt sich auf die Typsicherheit der Interfaces. Alle Dekoratoren sind miteinander kompatibel. In einer solcher Architektur können auch Beziehungen entstehen, die zirkulare Referenzen verursachen.
- Um die gleiche Funktionalität zu implementieren, werden mehr Objekte benötigt, als bei der konventionellen Vererbung. Das Debugging kann somit erschwert werden.
- Bei dem Decorator-Pattern handelt es sich um ein dynamisches Verfahren. Das Laufzeitverhalten ist hier im Allgemeinen schlechter als bei der klassischen Vererbung.

1.7 Marker Interface

1.7.1 Kurzbeschreibung

Ein Strukturmuster. Es wird verwendet um zusätzliche, klassenunabhängige Informationen (z.B. Berechtigungen) über ein Objekt zu erhalten.

1.7.2 Anwendungsfall

Das Marker-Interface-Pattern besteht aus einem Interface mit keiner einzigen Methode. Ein typischer Vertreter dieses Patterns ist das Interface `java.io.Serializable`. Falls man den Zustand einer Klasse mit Hilfe der *Serialisierung* sichern möchte, muss man das Interface `java.io.Serializable` implementieren. Dieses Interface bildet lediglich den Typ des Objekts. Diese Eigenschaft wird oft benutzt, um das Verhalten einer Klasse zu definieren, ohne dieses erst von einem bestimmten Typ ableiten zu müssen.

Die Klasse `FrameworkContext` verwendet diese Eigenschaft, um die Identität der Objekte sicherzustellen. So wird es bei dem Methodenaufruf `shutdown()`, nur den Klassen `CoreComponent` erlaubt, die Serveranwendung zu beenden.

```
public static void shutdown(Object object,String reason){
    if(object instanceof CoreComponent){
        FSystem.out.println("Shutting down Generic Framework. Caused by: " +
 object.getClass().getName() + " Reason: " + reason);
        FSystem.out.flush();
        System.exit(-1);
    }else{
        FSystem.err.println("You " + object.getClass().getName() + " have no
 permission for shutting down the server");
    }
}
```

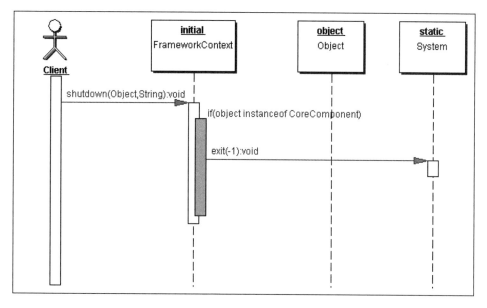

Abbildung 1.16: Das Marker-Interface

1.7.3 Konsequenzen

Vorteile

▶ Das Marker-Interface bestimmt allein die Interpretation der Klasse, die eigentliche Vererbungshierarchie der Klasse ist für den Nutzer des Marker-Interfaces unbedeutend.

▶ Mit diesem Pattern lassen sich leicht Berechtigungen oder Kriterien für bereits vorhandene Klassen bestimmen.

Nachteile

▶ Der Dokumentationsaufwand erhöht sich, da hier erklärt werden muss, warum dieses Interface keine Methoden enthält.

1.8 Virtual Proxy (Serverside)

1.8.1 Kurzbeschreibung

Ein Strukturmuster. Es wird dazu verwendet, um das Laden von Klassen nur bei der Benutzung durchzuführen. Dieses Prinzip wird auch »*Lazy Initialization*« genannt.

1.8.2 Anwendungsfall

In komplexen Applikationen müssen oft seltene, aber nicht immer benötigte, rechenintensive Aktionen ausgeführt werden. Ein extremes Beispiel dafür wäre ein Office-Paket, das als Applet implementiert wurde. Beim Starten des Applets würde man sämtliche Teilanwendungen laden, obwohl man vielleicht heute nur mit einer Textverarbeitung arbeiten möchte. Die Tabellenkalkulation, Bildbearbeitung und andere Tools könnten eigentlich auf dem Server bleiben. Die Tatsache, dass es sich hier um Applets handelt, macht dieses Problem noch schwerwiegender, da die Bandbreite der Übertragung begrenzt ist.

Um den Benutzer nicht unnötig langweilen zu müssen, wird versucht, die selten benötigten Programmteile so spät wie möglich zu laden. Dieses Pattern ist auch als *Lazy Instantiation* bekannt.

Der *Virtual Proxy* basiert auf der Tatsache, dass die Clients auch mit anderen »Zwischenobjekten« kommunizieren können, so lange von den Proxies das gleiche Interface implementiert wird. Für die Clients ist also die Tatsache, dass die eigentlich benötigten Objekte zur Laufzeit noch gar nicht existieren können, noch völlig unbekannt. Man versucht demnach, die Objekte so spät wie möglich zu instanziieren, um das Laufzeitverhalten der Gesamtanwendung zu verbessern.

Diese Technik lässt sich nur durch die Überlistung der JVM realisieren. Die benötigten Klassen werden nicht durch den Aufuf `new` instanziiert, sondern mittels der Methode `Class.forName()`. Somit ist der *ClassLoader* nicht in der Lage, die Klasse automatisch nachzuladen, sie wird nur beim expliziten Aufuf geladen.

Virtual Proxy (Serverside)

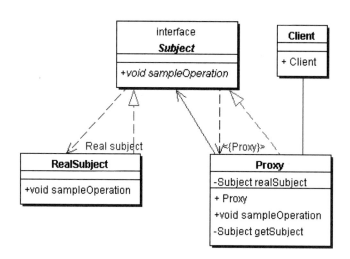

Abbildung 1.17: Das Virtual-Proxy-Pattern

```
public class Proxy implements Subject {
    private Subject realSubject;

    public Proxy() {
        super();
        this.realSubject = realSubject;
    }

    public void sampleOperation() {
        if (this.realSubject == null)
            this.realSubject = getSubject();
        realSubject.sampleOperation();
    }

    private Subject getSubject() {
        RealSubject retVal = null;
        Constructor constructor =
Class.forName("RealSubjectXXX").getConstructor(classes);
        System.out.println("Class and constructor found !");
        return (Subject)constructor.newInstance(null);
    }
```

Der Client instanziiert zwar das Proxy-Objekt, aber er nutzt nur die Eigenschaften des Interfaces.

```
public class Client {
    private Proxy lnkProxy = null;

    public Client(){
        // RealSubject noch nicht geladen
```

```
        this.lnkProxy = new Proxy();
        // laden und ausführen
        this.lnkProxy.sampleOperation();
    }

}
```

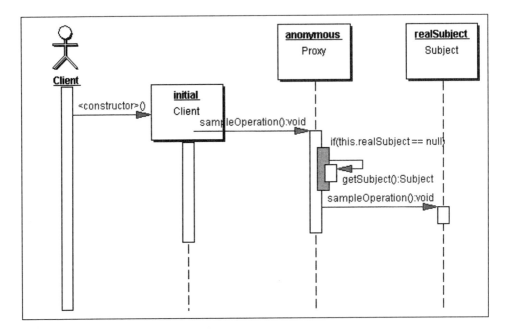

Abbildung 1.18: Die Lazy Instantiation des Subject-Objeks

Bei ausreichender Partitionierung unserer Office-Anwendung könnte man die Ladezeit des Applets erheblich verkürzen.

In unserem Framework wird dieses Pattern in der reinen Form nicht benötigt. Anders als bei Applets sind wir eher daran interessiert, alle benötigten Klassen schon beim Hochfahren des Servers zu laden und zu initialisieren. Das Framework wurde aber so aufgebaut, dass auch einzelne Komponenten wiederverwendet werden können. Es ist nicht erforderlich alle bekannten Klassen nachzuladen, sondern nur die, die zu einer logischen Einheit gehören. Welche Teile des Frameworks instanziiert werden sollten und welche nicht, wird im StartupManager festgelegt.

```
public void enterLevel(int level) throws FrameworkException{
    FSystem.out.println("Trying to reach the " + level2String(level) + " Level !");
    if(level >= SYSTEM_INITIAL_STARTUP){
        FSystem.out.println("Entering the " + level2String(SYSTEM_INITIAL_STARTUP));
        this.systemProperties = new SystemProperties();
        FSystem.deb.println("System properties successfully initialized !");
```

Virtual Proxy (Serverside)

```
      this.propertiesFactory = PropertiesFactory.getInstance(this.systemProperties);
      FSystem.deb.println("Properties Factory succefully initialized !");
      this.propertiesManager =
➥ PropertiesManager.getInstance(this.propertiesFactory.getCurrentProperties());
      FSystem.deb.println("Properties Manager successfully initialized !");
   }
   if(level >= SYSTEM_STREAM_STARTUP){
      FSystem.out.println("Entering the " + level2String(SYSTEM_STREAM_STARTUP));
      ReinitializationManager.getInstance();
      FSystem.out.println("ReinitializationManager successfully initialized !");
      InvocationHandlerFactory.getInstance(this.propertiesManager);
      FSystem.out.println("InvocationHandlerFactory successfully initialized !");
      this.systemStreamFactory =
➥ FSystemStreamFactory.getInstance(this.propertiesManager);
      FSystem.deb.println("FSystemStreamFactory successfully initialized !");
      FSystem.init();
      FSystem.out.println("Framework Core successfully initialized !");
   }
   if(level >= SYSTEM_SERVICES_STARTUP ){
      FSystem.out.println("Entering the " + level2String(SYSTEM_SERVICES_STARTUP));
      PersistenceServiceFactory.getInstance(this.propertiesManager);
      FSystem.out.println("PersistenceServiceFactory successfully initialized !");
   }
}
```

Vom eigentlichen Runlevel abhängig werden hier nicht sofort alle Klassen aufgelöst. Im SYSTEM_INITIAL_STARTUP Level werden also nur die folgende Klassen geladen: `SystemProperties, PropertiesFactory, PropertiesManager` und auch indirekt die Klasse `FSystem`. Die Factories werden versuchen, die benötigten Klassen nachzuladen, um die Robustheit des laufenden Systems zu erhöhen. Diese Vorgehensweise ließe sich durch das echte *Lazy Initializing* ersetzen, damit das Starten der Applikation beschleunigt wird. Alle Klassen, die anderen Runlevels zugehören, werden nicht geladen.

Das Prinzip »*Virtual Proxy*« hilft uns, auch unser Framework erweiterbar zu halten. Die konkreten Implementierungen der Interfaces müssen zur Laufzeit so nicht bekannt sein – sie müssen nicht einmal in unserem CLASSAPTH liegen. Nur die Interfaces beschreiben so das Verhalten der Objekte. Bei der Implementierung von eigenen *Class-Loaders* ist es sogar möglich, Teile des Frameworks physikalisch zu verteilen (paradox – aber genau das wollten wir bei der Appletanwendung vermeiden). Bekanntlich werden zumindest alle Objekte `CoreComponent` durch die `ConfigurableFactory` erzeugt. Die Factories übernehmen hier die Rolle des »Virtual Proxy« und sorgen dafür, dass alle durch sie erzeugten Komponenten zur Laufzeit eigentlich noch nicht bekannt sind. Da Clients nicht in der Lage sind, selber die benötigten Objekte zu erzeugen, sind sie auf die Factories angewiesen. Mit diesem Verfahren kann man sicherstellen, dass alle Core-Komponenten über zuständige *Factories* erzeugt wurden.

1.8.3 Konsequenzen

Vorteile

▸ Die Klassen werden nicht geladen, bis sie explizit angefordert werden.

▸ Zur Kompilierzeit muss nicht bekannt sein, welche konkrete Implementierung ein Interface erhält. Das Framework bleibt somit erweiterbar, weil man nicht auf bereits vorhandene Implementierungen angewiesen ist.

▸ Für die Clients ist die Strategie der Initialisierung vollkommen transparent. Sie merken nichts vom »*Lazy Initializing*« und denken, dass sie direkt mit den Zielobjekten arbeiten.

Nachteile

▸ Die Verwendung dieses Pattern wird oft mit Hilfe des Reflection-Mechanismus implementiert. Die hohe Flexibilität des Patterns wird also mit hoher Komplexität der Implementierung »erkauft«.

▸ Das dynamische Nachladen von Klassen ist fehleranfälliger als der Standardweg. Die Klassen sind zu Kompilierzeit noch nicht bekannt. Sie werden erst zur Laufzeit aufgelöst und geladen. Es können so Fehler auftreten, sie sonst schon beim Kompilieren aufgedeckt werden könnten.

1.9 Command

1.9.1 Kurzbeschreibung

Ein Verhaltensmuster. Es ermöglicht die Kapselung der Befehle in einzelne Objekte, die jedoch eine gemeinsame Schnittstelle besitzen. Die Befehle können dann verwaltet und zu Makros zusammengefasst werden.

1.9.2 Anwendungsfall

Viele der neuen J2EE-APIs basieren auf dem »Container«-Prinzip. Die meisten Komponenten wie Servlets, EJB, Spotlets und sogar die einfachen Applets bauen auf einigen wenigen, generischen Methoden auf. Die Methoden der Komponenten werden bei der Initialisierung, Ausführung und dem nachträglichen »Aufräumen« der Komponente aufgerufen. Der Lebenszyklus wird aber vom Container selber (bei den Applets vom Browser) und nicht von den Komponenten vorgegeben.

Ein einfaches Applet besteht aus folgenden Methoden:

```
/**Das Applet initialisieren*/
  public void init() {
// notwendige Initialisierungen
  }
  /**Das Applet starten*/
  public void start() {
// die eigentliche Arbeit wird hier erleigt
  }
  /**Das Applet anhalten*/
  public void stop() {
// die "Arbeit" unterbrechen
  }
  /**Das Applet löschen*/
  public void destroy() {
 // Ressourcen freigeben
  }
```

Ein generisches Servlet sieht so aus:

```
// Servlet
  public void init(ServletConfig config) throws ServletException {
    super.init(config);
// Initialisierung
  }
  /**Die HTTP-Anforderung Get bearbeiten*/
  public void doGet(HttpServletRequest request, HttpServletResponse response)
throws ServletException, IOException {
    response.setContentType(CONTENT_TYPE);
    PrintWriter out = response.getWriter();
    out.println("<html>");
    out.println("<head><title>Servlet1</title></head>");
    out.println("<body>");
    out.println("<p>Das Servlet hat ein GET empfangen. Das ist die Antwort.</p>");
    out.println("</body></html>");
  }
  /**Ressourcen bereinigen*/
  public void destroy() {
  }
```

Wie wir festgestellt haben, ähneln sich die beiden Komponenten, obwohl sie in anderer Umgebung ablaufen und völlig unterschiedliche API's benutzen. Die einzelnen Methoden könnten auch als abstrakte Befehle angesehen werden, die vom Container ausgeführt werden. Das spezielle Verhalten wird von der jeweiliger Komponente festgelegt. Der Container kann nur die entsprechende Operation anstoßen, der Inhalt der ausgeführten Operation ist ihm aber nicht bekannt.

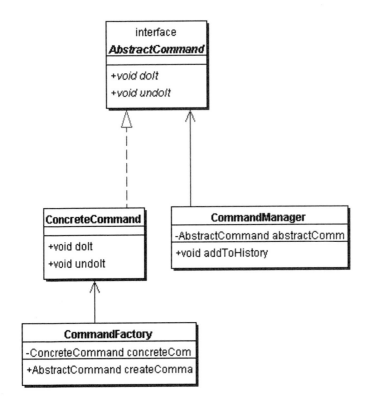

Abbildung 1.19: Das klassische Command-Pattern

In Abbildung 1.19 wird die klassische Verwendung dieses Patterns dargestellt. Ein Interface spezifiziert zunächst die genaue Signatur der benötigten Methoden. In unserem Beispiel sind das die Methoden doIt() und undoIt(). Die Methode undoIt()ist aber optional und wird verwendet, um das ausgelöste Ereignis rückgängig zu machen. Die konkrete Implementierung des Interfaces (die Klasse ConcreteCommand) legt das eigentliche Verhalten fest. Der CommandManager verwaltet alle speziellen Ausprägungen des Interfaces AbstractCommand, wobei er nur das Interface selber kennt. Er muss deswegen die speziellen Implementierungen des Interfaces nicht kennen, die Import-Statements können weggelassen werden. Die CommandFactory ist in der Lage, die Concrete Klassen zur Laufzeit zu erzeugen, sie abstrahiert den kompletten Erzeugungsprozess der Implementierungen. Mit der Benutzung des Virtual-Proxy-Patterns ist es sogar möglich, die Erzeugnisse zur Laufzeit nachzuladen. Der Factory sind die speziellen Klassen unbekannt, sie kennt nur den vollqualifizierten Klassennamen.

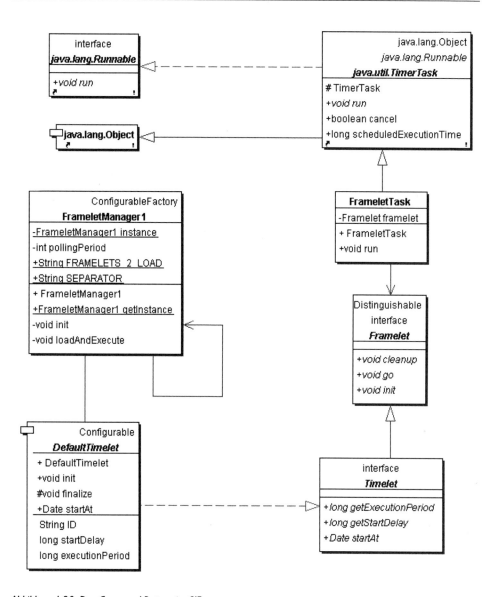

Abbildung 1.20: Das Command-Pattern im SJF

Im SJF wird dieses Pattern im Package com.abien.framework.services bei der Implementierung eines Schedulers verwendet. Das JDK 1.3 stellt uns bereits eine gute Lösung zur Verfügung, nämlich die Klassen java.util.Timer und java.util.TimerTask. Die Klasse Timer ist für das eigentliche Scheduling verantwortlich. Bei ihr können neue TimerTask registriert werden, sie werden dann automatisch verwaltet und – falls nicht mehr benötigt – freigegeben. Die Klasse Timer übernimmt somit die Rolle des CommandManagers. Die Klasse TimerTask besteht aus drei Methoden:

```
boolean cancel()
abstract void run()
public long scheduledExecutionTime()
```

Da es sich dabei um eine abstrakte Klasse handelt, kann man sie nicht direkt instanziieren. Um eigene Tasks implementieren zu können, muss man sie folglich von der abstrakten Klasse TimerTask ableiten und die Methode run() überschreiben. Die Methode run() entspricht hier der Methode doIt(). In unserem Fall sind wir nicht daran interessiert, die bereits ausgeführten Befehle rückgängig zu machen, es gibt also keine Methode, der undoIt() entspricht. Alle Commands können deswegen nicht rückgängig gemacht werden. Die Klasse TimerTask entspricht aber nicht ganz unserer Frameworkarchitektur. Die CoreComponenten des Frameworks werden nämlich als Unterklassen von Configurable definiert und mit einer speziellen Implementierung der ConfigurableFactory erzeugt. Die *Factory* ist dann in der Lage, die Klassen auch aus einem entfernten Web-Server nachzuladen. Falls erforderlich werden für die Erzeugnisse zur Laufzeit entsprechende Proxies generiert. Diese Problem lässt sich mit Hilfe des *Adapter*-Patterns lösen. Die Aufgabe der CommandFactory übernimmt die Klasse FrameletManager. Sie erzeugt, verwaltet und führt sowohl die Framelets als auch Timelets aus. Die Ausführung der Timelets übernimmt an dieser Stelle die Klasse java.util.Timer.

Das Prinzip des *Command*-Patterns wird auch intensiv in der JDBC 2.0 Standard Extension-API genutzt. Eine Erweiterung des java.sql.ResultSet, nämlich das Interface javax.sql.RowSet.

```
public interface RowSet extends ResultSet {

// viele Methoden...
void setCommand(String cmd) throws SQLException;
void execute() throws SQLException;
//...
}
```

nutzt dieses Prinzip, um verschiedene SQL-Statements ausführen zu können. Eine interessante Implementierung dieses Interfaces, die Klasse javax.sql.CachedRowSet, ist sogar in der Lage, die Ergebnisse der Abfragen zu cachen.

```
// die Verbindung mit der Datenbank besteht bereits
CachedRowSet set = new CachedRowSet();
set.setCommand("SELECT test1,test2 from table");
set.execute();
```

Die Funktionsweise ist denkbar einfach. Nach dem Konstruktoraufruf kann man ein »SELECT«-Statement bestimmen, das dann ausgeführt wird. Dazu muss man die Methode execute() aufrufen, die für die Ausführung zuständig ist.

1.9.3 Konsequenzen

Vorteile

- Die Auslösung und die Durchführung der Aktionen werden voneinander entkoppelt. Die Aktionen werden vom FrameletManager ausgelöst, die eigentliche Ausführung findet aber im java.util.Timer statt. Beide Objekte sind austauschbar.
- Neue Befehle lassen sich ohne Änderung der bestehender Klassen (z.B des FrameletManagers) einfügen.
- Da alle Objekte die gleiche Schnittstelle implementieren müssen (im SJF das Framelet bzw. Timelet-Interface), lassen sich die einzelnen Befehlsobjekte zu einem Makroobjekt zusammenfassen, das die einzelnen Befehle hintereinander ausführen kann.

Nachteile

- Die indirekte Ausführung von Befehlsobjekten ist etwas langsamer als die direkte Ausführung einer Methode. Die Verpackung von bestehenden Klassen in eine »Command-kompatible« Art erfordert etwas mehr Programmieraufwand als die herkömmliche Vorgehensweise.

1.10 (Primitive) Wrapper

1.10.1 Kurzbeschreibung

Ein Strukturmuster. Es ermöglicht die Konvertierung von einfachen Datentypen in vollwertige Objekte.

1.10.2 Anwendungsfall

Die *Wrapper*- und die *Decorator*-Patterns werden oft als eine Einheit angesehen. Der klassischer *Wrapper* ist jedoch viel einfacher als der Decorator. Dieses Pattern wird häufig verwendet, um einfache Datentypen zu »umhüllen«, um so vollwertige Objekte zu erhalten. Im java.lang Package befinden sich fünf Objekte dieser Sorte:

- Double
- Float
- Integer
- Long
- Boolean

Diese Objekte sind nicht nur in der Lage, einfache Datentypen in Objekte zu konvertieren, sondern sie verfügen auch über eine Methode, die die Konvertierung eines Strings in einfache Datentypen ermöglicht. Diese Methode ist dafür zuständig, Zeichenketten in die Grunddatentypen zu umwandeln. Die Integer.parseInt("5") erzeugt also einen int mit dem Wert 5.

Die Systemkomponenten des SJF-Frameworks basieren auf dem Reflection-Mechanismus. Dieser erlaubt uns nur mit einer Referenz auf ein Class-Objekt, einen Methodennamen und den dazugehörigen Parametern, eine bestimmte Methode aufzurufen. Beispiel:

```
String dummy ="test";
String retVal = null;
Try{
Method m = dummy.getClass().getMethod("toString",null) ;
retVal = m.invoke(dummy,null); // => dummy.toString()
}catch(Exception e){
}
```

Die Methode getMethod() erwartet einen String und ein Array von Class-Objekten, um das benötigte Methodenobjekt zu erhalten. Nachdem wir die Referenz auf das Objekt java.lang.Method erhalten haben, können wir unsere »toString-Methode« auch wirklich aufrufen. Das geschieht mit der Methode invoke(), die eine Referenz auf das aufrufende Objekt und ein Objektarray mit den Parametern erwartet. Die Betonung liegt hier auf *Objektarray*. Was geschieht mit einfachen Datentypen? Um zunächst die zugehörige Methode finden zu können, kann man den Datentyp als *double.class, boolean.class,...* festlegen (kleingeschrieben). Schwieriger wird es, die Methode aufzurufen. Die Methode invoke() benötigt ja als Parameter ein Objektarray, die einfachen Datentypen sind aber keine Objekte. In diesem Fall können wir aber unseren Wrapper verwenden. Es ist also erlaubt, den Parameter-Array so zu generieren: *new Object[]{ new Boolean(true),new Boolean(false)}*, obwohl die eigentliche Methode eigentlich so ausschaut: *test(boolean par1, boolean par2.)*. Die *Wrapper*-Objekte werden von der JVM automatisch entpackt.

Wenn wir uns jetzt genauer die Signatur der Methode des Interfaces com.abien.framework.invocation.GenericInvokable anschauen,

```
public Object invokeMethod(String objectName,String method,Object[] paramsArray)
throws FrameworkException;
```

stellt sich heraus, dass sie nur drei Parameter erwartet. Der erste Parameter spezifiziert den Namen des in der Registry registrierten Objektes, der zweite Parameter legt die aufzurufende Methode und der letzte Parameter sowohl die Inhalte als auch die Inhalttypen fest. Da ein Objektarray nur aus Objekten bestehen kann, dürfen hier nur die *JDK-Wrapper* übergeben werden. Mit diesem Prinzip ist es also nicht möglich, eine Methode mit einfachen Datentypen aufzurufen. Eine mögliche Lösung wäre vielleicht

(Primitive) Wrapper

ein zusätzlicher Parameter, der die Interpretation des Arrays vereinfachen könnte. Die Signatur der erweiterten Methode könnte also so ausschauen: `invokeMethod(String objectName,String method,Object[] paramsArray, boolean arePrimitive)`. Mit dem letzten Parameter kann also festgelegt werden, ob alle *Wrapper*-Objekte als einfache Datentypen interpretiert werden sollen oder nicht. Dieser Weg ist aber auch nicht optimal, da hier die Bedeutung aller Parameter festgelegt wird. Die folgende Methode: `test(Boolean test, int parameter)` könnte nie aufgerufen werden, da die Parameter aus einem *Wrapper* und einem einfachen Datentyp bestehen.

Da es sich hier um eine verteilte Anwendung handelt und jeder Parameter zusätzliche Übertragungszeit kostet, wurde ein anderes Verfahren angewandt. Ein zusätzliches, generisches Objekt wurde eingeführt, das alle einfachen Datentypen verpacken kann. Dieses Objekt wird sowohl auf der Server- wie auch auf der Clientseite erkannt und gesondert behandelt. Das `PrimitiveWrapper`-Objekt kann also auch als ein Marker-Pattern angesehen werden, da hier nur der Typ des Objekts ein anderes Verhalten auslösen kann.

```java
public class PrimitiveWrapper extends FObject {
  private Object content = null;

  public PrimitiveWrapper(boolean content){
      this.content = new Boolean(content);
  }
    public PrimitiveWrapper(float content){
        this.content = new Float(content);
  }
    public PrimitiveWrapper(int content){
        this.content = new Integer(content);
  }
    public PrimitiveWrapper(long content){
        this.content = new Long(content);
  }
    public PrimitiveWrapper(double content){
        this.content = new Double(content);
     }
  public Object getContent(){ return this.content;}

  public Class contentType() throws Exception{
    String temp = this.content.getClass().getName().replace('.','_').toLowerCase()
 + "_Type";
    FSystem.deb.println("methodToInvokeForType Method name: " + temp);
    return (Class)this.getClass().getMethod(temp,null).invoke(this,null);
  }

  public Class java_lang_boolean_Type(){ return boolean.class; }
  public Class java_lang_integer_Type(){ return int.class; }
  public Class java_lang_long_Type(){ return long.class; }
  public Class java_lang_float_Type(){ return float.class; }
```

```
public Class java_lang_double_Type(){ return double.class; }

}
```

Diesem Objekt können alle einfachen Datentypen übergeben werden. Aus diesen werden dann intern die zugehörigen Wrapper-Objekte instanziiert und in einer Instanzvariable abgelegt.

Die Klasse `GenericInvoker` aus dem Package `com.abien.framework.invocation` stellt eine zusätzliche Abstraktionsschicht des Reflection-Mechanismus dar. Sie sucht zuerst mit den gegeben Parametern die entsprechende Methode. Nachdem die Methode erfolgreich gefunden wurde, wird sie auch mit den gegebenen Parametern aufgerufen. Sowohl in der lokalen als auch in der verteilten Variante, ist nur diese Klasse für diese Aufgabe zuständig. Die Erkennug und somit das Verhalten des `PrimitiveWrappers` wird in den folgenden Methoden bestimmt.

```
public class GenericInvoker extends FObject implements GenericInvokable {
...

private Class checkPrimitive(Object parameter){
    PrimitiveWrapper primitive = null;
    if(parameter == null)
        return null;
    if(parameter instanceof PrimitiveWrapper){
        primitive = (PrimitiveWrapper)parameter;
        try{
          return (Class)primitive.contentType();
        }catch(Exception e){
          FSystem.err.println("Error during checking the type of PrimitiveWrapper "
+ e.toString());
          return parameter.getClass();
        }
    }else{
       return parameter.getClass();
    }
}

private Object[] extractRealArgs(Object realArgs[]) throws Exception{
  if(realArgs == null )
     return null;
  Object temp              = null;
  PrimitiveWrapper wrapper = null;
  Object retVal[] = new Object[realArgs.length];
  for(int i=0;i<realArgs.length;i++){
    temp           = realArgs[i];
    wrapper = null;
  if(temp instanceof PrimitiveWrapper){
     wrapper=(PrimitiveWrapper)temp;
     retVal[i] = wrapper.getContent();
  }else{
```

```
      retVal[i] = temp;
   }

}
   return retVal;
}
```

Bei jedem aus dem Objektarray erhaltenen Parameter wird mittels `checkPrimitive(Object parameter)` die Identität des Parameters festgestellt. Es wird mit der Anweisung `instanceof` der Typ des Objekts untersucht. Falls es sich dabei um den `PrimitiveWrapper` handelt, wird seine Methode `getContentType()` aufgerufen. Diese Methode gibt je nach dem, um welchen Wrapper es sich handelt (`Boolean`, `Float`, `Integer`, `Double` oder `Long`), den zugehörigen Typ des umhüllten Feldes zurück.

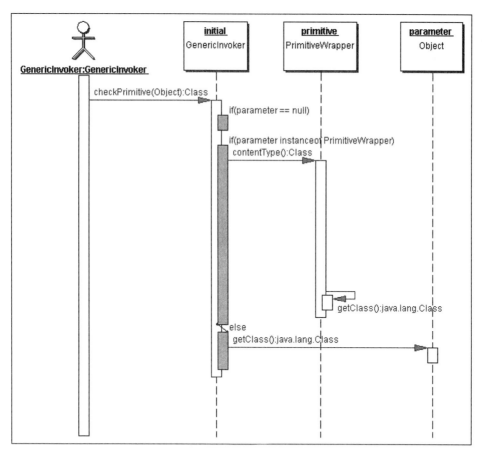

Abbildung 1.21: Die Suche nach dem Primitive-Wrapper

Die Methode `extractRealArgs()` untersucht noch einmal alle Parameter-Objekte. Falls ein `PrimitiveWrapper` gefunden werden sollte, wird seine Methode `getContent()` aufgerufen. Diese Methode gibt lediglich das umhüllte Wrapper-Objekt wieder. Durch den (`invoke()`) Methodenaufruf ist Java in der Lage, die Wrapper-Objekte automatisch in die einfachen Datentypen zu konvertieren.

1.10.3 Konsequenzen

Vorteile

▶ Einfache Datentypen können leicht zu vollwertigen Objekten konvertiert werden.

▶ Die Rückkonvertierung von Objekten zu einfachen Datentypen wird erleichtert.

Nachteile

▶ Die höhere Flexibilität geht auf Kosten der Performance. Um einen einfachen Datentyp in ein Objekt umwandeln zu können, muss jedes Mal eine neue Instanz der Wrapper-Klasse gebildet werden. Die Standard-Wrapper aus dem Package `java.lang` können nicht verändert werden. Es ist also unmöglich, den Inhalt der bestehender Instanz zu ändern.

1.11 Template Method

1.11.1 Kurzbeschreibung

Ein Verhaltensmuster. Dieses Anwendungsmuster definiert eine »Schablone«, die ein Standardverhalten festlegt. Die einzelne Ausführungsschritte werden jedoch an die Unterklassen delegiert.

1.11.2 Anwendungsfall

Bei der Entwicklung von Frameworks legt der Architekt oft das Defaultverhalten einer Applikation in Form von abstrakten Klassen vor. Die Logik wird in den Klassen fest verdrahtet, um die Kompatibilität der Unterklassen zum Gesamtsystem zu gewährleisten. Um dem Entwickler Möglichkeiten zur Anpassungen der speziellen Implementierungen zu geben, werden von der »Schablone« manche abstrakte Methoden aufgerufen. Diese Methoden werden dann in den Unterklassen automatisch aufgerufen.

Die Klasse `BasicClassLoader` legt das Verhalten fest, mit dem die Klassen innerhalb des SJF geladen werden sollen.

Um maximale Flexibilität und Erweiterbarkeit zu bieten, wird loadClassBytes(String name) nicht implementiert. Diese Funktionalität muss von den Unterklassen bereitgestellt werden. Unter welchen Voraussetzungen diese Methode aufgerufen wird, wurde aber in der Oberklasse definiert und kann auch nicht von der jeweiligen Implementierung beeinflusst werden. So kann man die Reihenfolge der Aufrufe und das Verhalten aller ClassLoader, die im SJF benutzt werden, garantieren.

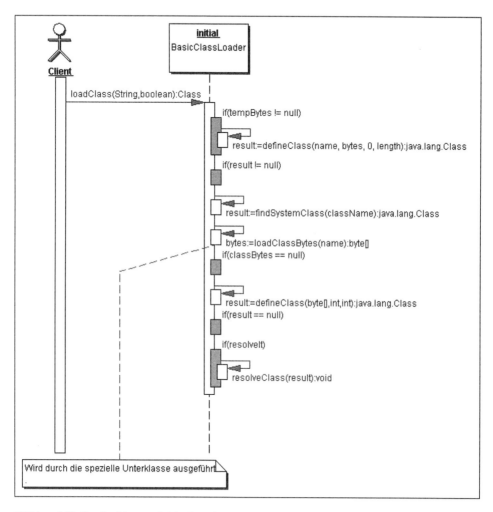

Abbildung 1.22: Der Ausführungspfad des BasicClassLoaders

```
public synchronized Class loadClass(String className, boolean resolveIt) throws
↪ClassNotFoundException {
    Class result = null;
    byte[] classBytes;
```

```
        try {
                byte[] tempBytes = (byte[]) persistenceService.getValue(className);
                if (tempBytes != null)
                        result = defineClass(className, tempBytes, 0,
➥tempBytes.length);
        } catch(Exception e) {                                  }
        if (result != null) {
                return result;
        }
        try {
                result = super.findSystemClass(className);
                return result;
        } catch(ClassNotFoundException e) {
        }
        try {
                classBytes = loadClassBytes(className);
        } catch(Exception e) {
                throw new ClassNotFoundException("BasicClassLoader.loadClassBytes()
➥" + e.toString());
        }
        if (classBytes == null) {
                throw new ClassNotFoundException("Class: " + className + " cannot be
➥loaded !");
        }
        result = defineClass(className, classBytes, 0, classBytes.length);
        if (result == null) {
                throw new ClassNotFoundException("Class: " + className + " format
➥exception !");
        }
        try {
                persistenceService.store(className, classBytes);
        } catch(Exception e) {                                  }
        if (resolveIt)
                resolveClass(result);
        return result;
}
```

Die Klasse wird zuerst in der momentan aktuellen Implementierung des Persistence-ServiceIF gesucht. PersistenceServiceIF übernimmt hier die Cachingfunktionalität des Classloaders. Falls die Klasse nicht im Cache gefunden wurde, wird überprüft, ob es sich hier um eine Systemklasse handel. Diese kann nämlich lokal geladen werden. Die meisten Applikationsklassen gehören aber nicht zu den Systemklassen, sodass die abstrakte Methode loadClassBytes aufgerufen wird.

Diese wird von den Unterklassen bereitgestellt. NetworkClassLoader kann zwar die Art und Weise bestimmen, wie die Bytearrays geladen werden, er hat aber überhaupt keine Möglichkeit z.B. das Laden von den Systemklassen zu unterbinden.

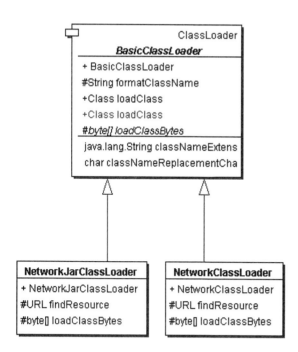

Abbildung 1.23: BasicClassLoader als Template Method

```
class NetworkClassLoader extends BasicClassLoader {
private String[] urls = null;
public NetworkClassLoader(PersistenceServiceIF persistenceService, String[] urls,
↪String classExtension, char replacement) {
      super(persistenceService, classExtension, replacement);
      this.urls = urls;
}
protected synchronized byte[] loadClassBytes(String classname) throws
↪LoadingException {
String className = formatClassName(classname);
int port = 80;
try {
      if (this.urls == null || this.urls.length <= 0)
      throw new Exception("NetworkClassLoader.loadClassBytes() empty URL list ");
      URL url = new URL(this.urls[0] + className);
      URLConnection connection = url.openConnection();
      DataInputStream inputStream = new
↪DataInputStream(connection.getInputStream());
      int length = connection.getContentLength();
      byte[] data = new byte[length];
      inputStream.readFully(data); // Actual byte transfer
      inputStream.close();
      return data;
} catch(Exception ex) {
```

```
            throw new LoadingException(this, "Error by loading: " + className + "
↪exception: " + ex.toString());
    }
  }
}
```

1.11.3 Konsequenzen

Vorteile

▶ Bei der Implementierung einer Unterklasse ist der Entwickler gezwungen, die vorgegebenen Methoden zu überschreiben, um die Geschäftslogik der Superklasse zu ergänzen.

Nachteile

▶ Bei falscher Anwendung des Patterns kann der Zusammenhang der eigenen Methode mit der ganzen Geschäftslogik der Komponenten unklar werden.

1.12 Memento

1.12.1 Kurzbeschreibung

Ein Verhaltensmuster. `Memento` erlaubt den internen Zustand eines Objekts persistent abzulegen. Das Objekt kann zu einem späteren Zeitpunkt wieder hergestellt werden.

1.12.2 Anwendungsfall

In unserem SJF gibt es viele Situationen, in denen der momentane Zustand eines Objekts festgehalten werden muss. Eine Implementierung des Interfaces `PersistenceServiceIF`, nämlich der `DurablePersistenceService`, ist sogar darauf angewiesen, dass sein interner Zustand persistent abgelegt wird. Diese Klasse stellt einen Dienst dar, der mit einer sehr einfachen Datenbank vergleichbar ist.

```
public interface PersistenceServiceIF {
  public Object getValue(Object entry) throws FrameworkException;
  public void store(Object entry, Object value) throws FrameworkException;
  public void remove(Object entry) throws FrameworkException;
  public void removeAll() throws FrameworkException;
  public int size() throws FrameworkException;
  public boolean containsKey(Object entry) throws FrameworkException;
}
```

Das Interface stellt im Wesentlichen die Funktionalität von java.util.HashMap. Die jeweilige Implementierung entscheidet, wie dieses Interface realisiert wird. Falls die Implementierung des Interfaces DurablePersistenceService verwendet wird, werden alle Objekte auf der Festplatte abgelegt.

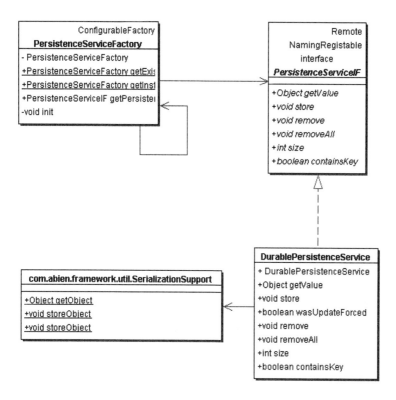

Abbildung 1.24: Der DurablePersistenceService

DurablePersistenceService nutzt zur Verwaltung der Objekte eine einfache HashMap. Bei jedem put() wird ihr momentaner Zustand mit Hilfe des SerializationSupports persistent gespeichert.

```
public void store(Object entry, Object value) throws StorageException {
synchronized(this.storage) {
try{
this.storage.put(entry, value);
this.serialSupport.storeObject(this.storage,this.fileName,true);
}catch(Exception e){
   throw new StorageException(this,e.toString());
}
  }
}
```

Die Klasse SerializationSupport verlässt sich auf den Serialization-Mechanismus. Es können also nur Objekte, die das (*Marker*) Interface java.io.Serializable implementieren, gespeichert werden. Die HashMap implementiert bereits dieses Interface, so kann sie ohne Modifikationen an SerializationSupport übergeben werden.

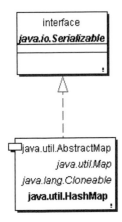

Abbildung 1.25: Die Serialisierbarkeit der HashMap

Die SerializationSupport besteht lediglich aus drei Methoden.

```
public class SerializationSupport {
public static synchronized Object getObject(String fileName) throws Exception {
      File objectFile = new File(fileName);
      Object retVal = null;
      if (!objectFile.exists())
            throw new FileNotFoundException("SerializationSupport" + fileName +
" not found !");
      ObjectInputStream stream = new ObjectInputStream(new
FileInputStream(objectFile));
      retVal = stream.readObject();
      stream.close();
      return retVal;
}
public static synchronized void storeObject(Object o,String fileName) throws
Exception{
      File objectFile = new File(fileName);
      if(objectFile.exists())
            throw new Exception("SerialSupport.storeObject(Object object,String
path)" + fileName + " already exists !");
      ObjectOutputStream stream = new ObjectOutputStream(new
FileOutputStream(fileName));
      stream.writeObject(o);
      stream.flush();
```

```
        stream.close();
    }
    public static synchronized void storeObject(Object o,String fileName,boolean
↪override) throws Exception{
        File objectFile = new File(fileName);
        if(objectFile.exists() && !override)
            throw new Exception("SerialSupport.storeObject(Object object,String
↪path)" + fileName + " already exists !");
        ObjectOutputStream stream = new ObjectOutputStream(new
FileOutputStream(fileName));
        stream.writeObject(o);
        stream.flush();
        stream.close();
    }
```

Die Methoden store(Object o, String fileName, boolean override) und store(Object o, String fileName) speichern den übergeben Parameter in einer Datei ab. Dazu wird zuerst FileOutputStream erzeugt, der dann an den ObjectOutputStream übergeben wird. Falls das übergebene Objekt die Schnittstelle java.io.Serializable nicht implementiert, wird NotSerializableException geworfen. Für die Verbesserung der Performance, könnte man noch BufferedOutputStream zwischen die beiden Streams schalten.

Das Wiederherstellen der Objekte sieht ähnlich aus. Zuerst wird FileInputStream erzeugt, der das eigentliche Lesen der Datei ermöglicht. ObjectInputStream ist dann für das eigentliche Lesen von InputStreams zuständig. Die Methode readObject() gibt dann eine Kopie des Originalobjekts zurück.

DurablePersistenceService **versucht zuerst ein Objekt mit Hilfe von** SerializationSupports **zu lesen.**

```
    try {
    this.storage = (HashMap)this.serialSupport.getObject(this.fileName);
    } catch(Exception e) {          }
        if (this.storage == null || this.updateForced) {
    this.storage = new HashMap();
    this.serialSupport.storeObject(this.storage,this.fileName);
        }
    }
```

Bei Erfolg wird das Objekt in ein HashMap gecastet. Ab diesem Moment wird nur noch mit dem frisch geladenem HashMap gearbeitet. Falls kein Objekt gefunden wurde, oder die Datei korrupt war, wird eine neue Instanz der HashMap gebildet. Diese Instanz wird sofort mit der Methode store()des SerializationSupport **persistent gespeichert.**

1.12.3 Konsequenzen

Vorteile

▶ Bei der Benutzung der Serialisierung gibt es bereits einen Standardweg, um dieses Pattern leicht zu implementieren.

▶ Mit Hilfe des Mementos lassen sich einfach echte Kopien von Objekten erstellen, das Klonen von Objekten kann so erleichtert werden.

Nachteile

▶ Die Serialisierung der Objekte ist relativ langsam. Eine schnellere Variante erfordert zusätzlichen Programmieraufwand (`java.io.Externalizable`).

▶ Um den Serialisierungsmechanismus nutzen zu können, muss das Interface `java.io.Serializable` implementiert werden.

1.13 Chain Of Responsibility

1.13.1 Kurzbeschreibung

Ein Verhaltensmuster. Dieses Muster erlaubt das Senden von Nachrichten, ohne zu wissen, welches Objekt oder Objektgruppe sie empfangen wird. Jedes Objekt weiß, wie es auf diese Nachricht reagieren soll. Die Nachricht kann direkt verarbeitet oder zu anderen Objekten weitergereicht werden.

1.13.2 Anwendungsfall

Chain Of Responsibility (COR) wird im SJF nur in sehr vereinfachten Art und Weise verwendet.

Eine der vielen Anforderungen, die ich mir beim Design gestellt habe, war die »Rekonfigurierbarkeit« des Frameworks im laufendem Betrieb. Es sollten alle wichtigen Konfigurationen ohne Neustart des Servers vorgenommen werden. Auch Komponenten, die nicht zum Kern des Servers gehören, sollten diese Infrastruktur nutzen können. Zu diesem Zweck dient das Interface `com.abien.framework.base.Reinitializable`. Dieses muss von Klassen implementiert werden, die bei der Rekonfiguration benachrichtigt werden wollen.

```
public interface Reinitializable extends Remote{
    public void reinitialize(FrameworkContext context) throws RemoteException;
}
```

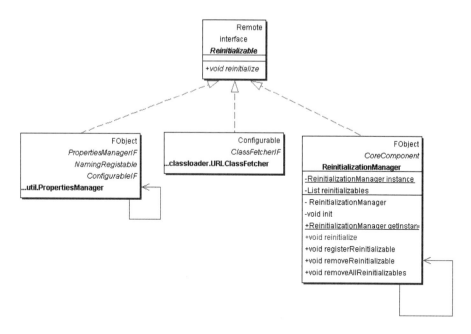

Abbildung 1.26: Das Interface Reinitializable

Die Reihenfolge des Aufrufs ist für die richtige Reinitialisierung des Servers ausschlaggebend. Zuerst muss die Konfiguration gelesen werden, mit der dann die nötige Neuinitialisierung durchgeführt werden soll. Für das Management der Interfaces ist com.abien.framework.base.ReinitializationManager zuständig. Um interessierte Objekte verwalten zu können, werden zwei Methoden benötigt:

```
public void registerReinitializable(Reinitializable reinitializable){
    FSystem.sys.println("Register new Reinitializable " +
➥reinitializable.getClass().getName());
    this.reinitializables.add(reinitializable);
}
public void removeReinitializable(Reinitializable reinitializable){
    this.reinitializables.remove(reinitializable);
}
```

ReinitializationManager implementiert auch das Interface Reinitializable um selber über das Ereignis benachrichtigt zu werden. Um die Kette der Ereignisse auslösen zu können, muss die Methode reinitialize des ReinitializationManagers »per Hand« aufgerufen werden. Dieser geht die Liste mit interessierten Objekten durch und ruft hintereinander die Methode reinitialize des jeweiligen Objekts auf. Bei diesem Aufruf wird das (hoffentlich) frisch initialisiertes FrameworkContext übergeben, mit dem neue Servereinstellungen ausgelesen werden können. Die Registrierung der Objekte, die mit einer »Systemfactory« erzeugt wurden, geschieht vollautomatisch. Es genügt die Implementierung des Interfaces Reinitializable.

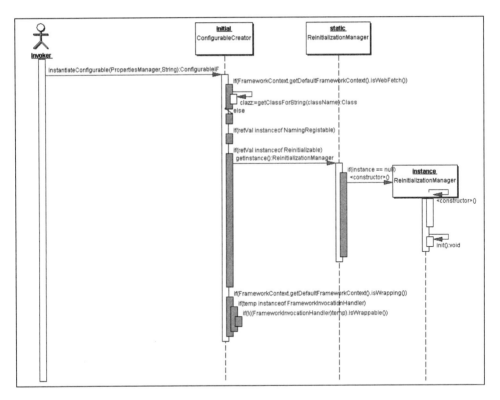

Abbildung 1.27: Die Anmeldung des Reinitializable Interfaces.

Da alle Objekte normalerweise mit dem ConfigurableCreator erzeugt werden, ist das die optimale Stelle, um diese Funktionalität zu implementieren.

```
    if(retVal instanceof Reinitializable){
    try{

ReinitializationManager.getInstance().registerReinitializable((Reinitializable)ret
Val);
    }catch(Exception e){
       FSystem.sys.println(className + " was not registered for reinitialization.
Reason: " + e.toString());
    }
    }
```

ReinitializationManager mit seinen Komponenten entspricht aber nicht dem reinen *Chain Of Responsibility*-Pattern. Die einzelnen Reinitializables können zwar diese Funktionalität abbilden, sie müssen es aber nicht. Im Normalfall ist die Struktur eher flach. Die klassische Umsetzung des Patterns ist hierarchisch aufgebaut.

Chain Of Responsibility

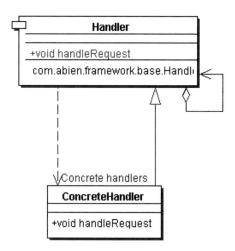

Abbildung 1.28: Das pure Chain Of Responsibility

Das Handler-Objekt kann eine andere Instanz von gleichen Typ (Handler) halten. Somit lassen sich ganze Hierarchien von Handlern aufbauen, die eine Zuständigkeitskette abbilden. Der Aufruf handleRequest wird dann so lange weiter gereicht, bis sich ein Objekt findet, das für die Abarbeitung zuständig ist.

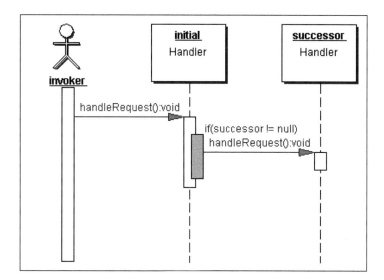

Abbildung 1.29: Die Funktionsweise des Chain Of Responsibility-Patterns

Nachdem ein Objekt die Anfrage bearbeiten konnte, wird die Suche nach weiteren Handlern abgebrochen.

1.13.3 Konsequenzen

Vorteile

- COR entkoppelt Clients (Objekte die Ereignisse auslösen) von Objekten, die Anfragen bearbeiten sollen (Handler).
- Mit der Reihenfolge der Handler lässt sich die Funktionalität des Gesamtsystems festlegen. Es können auch zur Laufzeit neue Handler-Objekte hinzugefügt werden, die an bestimmten Ereignissen interessiert sind.

Nachteile

- Es wird nicht garantiert, dass sich für ein bestimmtes Ereignis überhaupt irgendwelche Handler interessieren. In diesem Fall wird dieses Ereignis nicht abgearbeitet (keine Aktion ausgelöst).
- Mit der Länge der Kette wächst auch die Laufzeit der Abarbeitung.

Die Laufzeiten zwischen Ereignissen, die am Anfang der Kette stehen und den Ereignissen, die am Ende abgearbeitet werden können, unterscheiden sich stark.

2 Framework-Architekturen

Dieses Kapitel gibt einen Überblick über die Java Enterprise Edition (J2EE). Ich werde versuchen die wichtigsten API's aus der Sicht des Anwendungsentwicklers zu beschreiben. Besonders wichtig ist für mich hier die Architektur und Philosophie des Frameworks. Die eigentliche Implementierung bzw. Realisierung der Schnittstellen war für mich zweitrangig. Bei der Vorstellung der einzelnen Spezifikationen fällt einem sofort die Konsequenz des Designs auf. Alle APIs wurden, obwohl sie mit anderen Herstellern zusammen entwickelt wurden (IBM, Novell), so allgemein gehalten, dass man die Implementierung bequem austauschen kann. Mit der Austauschbarkeit der Komponenten hat man eine hohe Stabilität und Herstellerunabhängigkeit der eigentlicher Anwendung und der Geschäftslogik erreicht. Diese Unabhängigkeit hat man durch die Teilung fast des ganzen Frameworks in zwei Teile – API und SPI – erlangt.

Im zweiten Teil beschreibe ich die Architektur des SJF-Frameworks. Auch hier war das Design des Frameworks sehr wichtig. Das SJF ist ein horizontales Framework, das die Infrastruktur für verteilte Anwendungen bereitstellt.

2.1 Die J2EE-Architektur

Das J2EE 1.2 Framework spezifiziert im Wesentlichen eine Reihe von Interfaces, die vom Hersteller des Applikationsservers implementiert werden müssen. Diese Vorgehensweise garantiert die Herstellerunabhängigkeit der Komponente. Der Entwickler kann sich auf eine Reihe festgelegter Interfaces, die eigentliche API, verlassen. Die SPI interessiert nur den Hersteller, der die Funktionalität in Form der eigentlichen Implementierung der API bereitstellen muss.

Der Entwickler muss normalerweise nur die Bezeichnung des Treibers kennen, der geladen werden soll. Da in den meisten Fällen eine String-Angabe vollkommen ausreicht, vermeidet man die Neukompilierung der Anwendung im Falle eines Herstellerwechsels. Bei dem J2EE-Framework handelt es sich also nur um eine gemeinsame Schnittstelle für mehrschichtige, serverseitige Anwendungen. Der Entwickler kann sich voll und ganz auf die eigentliche Aufgabe konzentrieren (die Geschäftslogik) und muss sich nicht mit der Implementierung der Infrastruktur beschäftigen.

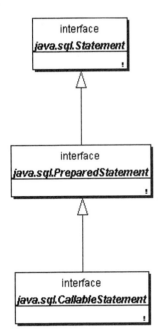

Abbildung 2.1: Die Trennung der API- und SPI-Interfaces

Abbildung 2.2: Die Infrastruktur wird vom J2EE-Framework bereitgestellt.

Mit diesem Framework ist es möglich, serverseitige Komponenten zu entwickeln und zu kompilieren, aber nicht zu testen. Für die eigentliche Ausführung ist ein in der Regel kommerzieller Applikationsserver nötig. Es existiert auch eine Referenzimplementierung aller »Provider«, nämlich die J2EE RI (steht für *Reference Implementation*), die zu Testzwecken benutzt werden kann.

2.1.1 Die Bestandteile der J2EE

Die einzelnen Bestandteile des Frameworks ergänzen sich gegenseitig und bilden eine durchgängige Architektur. Eine typische J2EE-Anwendung besteht aus mehreren austauschbaren Schichten. Jede einzelne Schicht erledigt ihren Zweck und kommuniziert über wohldefinierte Schnittstellen mit der nächsthöheren bzw. nächstniedrigeren Nachbarschicht.

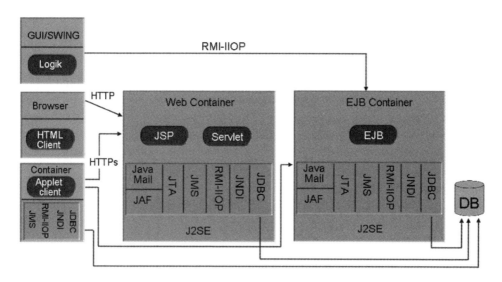

Abbildung 2.3: Eine J2EE-Anwendung

Die einzelne Schichten können, müssen aber nicht, physikalisch getrennt sein. Um die Performance oder Ausfallsicherheit zu erhöhen, können auch mehrere, parallele Schichten definiert werden. Die Nutzung von Zwischenschichten, welche Aufgaben wie Caching oder Logging erledigen, ist hier auch denkbar. In Abbildung 2.3 kommunizieren eine Swing-Anwendung, ein HTML-Browser und ein Applet mit dem J2E-Server. Weitere Clients wie ein Handy (WML) oder sogar Business to Business (B2B)-Anwendungen, können nahtlos integriert werden.

2.1.2 Die Enterprise JavaBeans (EJB)-Architektur

Die EJB-Spezifikation definiert eine API, die von den Entwicklern benutzt werden kann, um portable, serverseitige und herstellerunabhängige Komponenten zu entwickeln und einzusetzen. Es handelt sich dabei um verteilte, transaktionale Komponenten. Der Entwickler ist durch diese Architektur gezwungen, die Geschäftslogik und die Infrastrukturlogik zu trennen. Es müssen dafür vorgegebene Interfaces implementiert werden. Die EJB's werden entweder in der letzten Schicht benutzt, um auf Daten zugreifen zu können, oder in der Mittelschicht, um eine wiederverwendbare Geschäftslogik aus dem Client in die EJB's auszulagern. Eine Enterprise Bean besteht grundsätzlich immer aus drei Teilen:

▶ **Remote Interface:** Dieses Interface definiert alle Methoden, die dann von anderen Komponenten genutzt werden können. Es handelt sich dabei um eine Schnittstelle nach Außen. Dieses Interface muss vom `javax.ejb.EJBObject` erben. Da es sich bei den EJBs um echte verteilte Komponenten handelt, müssen hier deklarierte Methoden die `java.rmi.RemoteException` werfen. Die Implementierung des Interfaces wird beim Einsatz generiert. Diese kommuniziert mit der Bean-Implementierung, es kann also als ein Proxy gesehen werden. Ein Beispiel:

```
package com.abien.framework.ejb.example;

import javax.ejb.EJBObject;
import java.rmi.*;

public interface Kunde extends EJBObject{

    public String getName() throws RemoteException;
    public String getVorname() throws RemoteException;
    public String getStrasse() throws RemoteException;
    public String getID() throws RemoteException;
    public void setName( String name ) throws RemoteException;
    public void setVorname( String vorname ) throws RemoteException;
    public void setStrasse( String strasse ) throws RemoteException;
    public void setID( String id ) throws RemoteException;
}
```

▶ **Home Interface:** Mit diesem Interface sind die Clients in der Lage, eine Referenz auf das Remote-Interface zu erhalten. Es handelt sich hier um ein Factory-Pattern. Die Implementierung für dieses Interface wird beim Einsatz generiert und ist herstellerspezifisch. Beispiel:

```
package com.abien.framework.ejb.example;

import javax.ejb.*;
import java.rmi.RemoteException;
import java.util.Collection;

public interface KundeHome extends EJBHome{

    public Kunde create(String id,String name,String vorname,String strasse)
    throws CreateException,RemoteException;
    public Kunde findByPrimaryKey( String id ) throws
    CreateException,RemoteException;

}
```

▶ **Bean-Implementierung:** Obwohl diese Klasse unseres Remote-Interface nicht implementiert ist, müssen hier alle Methoden, die in dem Remote-Interface angegeben wurden, implementiert werden. Die einzige Anforderung an diese Klasse ist die Implementierung des javax.ejb.Entity, javax.ejb.Session oder javax.jms.MessageListener Interfaces. Es ist also auch notwendig, die Methoden des Interfaces zu implementieren. Beispiel (eine Entity Bean mit *Container Managed Persistence*):

```
package com.abien.framework.ejb.examples;
import javax.ejb.*;
public class KundeBean implements EntityBean{
  public String id      = null;
  public String strasse = null;
  public String name    = null;
  public String vorname = null;
  private EntityContext context = null;

  public void ejbActivate(){
  this.id = (String)context.getPrimaryKey();
  }

  public void ejbLoad(){}
  public void ejbStore(){}
  public String ejbCreate(String id, String name,String vorname,String strasse){
  this.id      = id;
  this.name    = name;
  this.vorname = vorname;
  this.strasse = strasse;
   System.out.println("++++++ Principal name: " +
  this.context.getCallerPrincipal().getName());
    return null;
  }
  public void ejbPostCreate(String name,String vorname,String strasse,String id ){}
  public void ejbPassivate(){ this.id = null;}
  public void ejbRemove(){}
  public void setEntityContext( EntityContext context ){ this.context = context;}
  public void unsetEntityContext(){ this.id = null;}
  public String getName(){ return this.name;}
  public String getVorname(){ return this.vorname;}
  public String getStrasse() { return this.strasse;}
  public String getID() { return this.id;}

  public void setName( String name ){ this.name = name;}
```

```
            public void setVorname( String vorname ){ this.vorname = vorname;}
            public void setStrasse( String strasse ){ this.strasse = strasse;}
            public void setID( String id ) { this.id = id;}

}
```

Spätestens bei der Implementierung dieser Klasse muss festgesetzt werden, für welche »Bohnenart« man sich nun entscheidet.

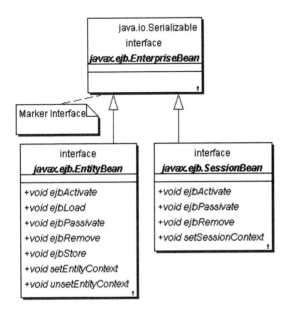

Abbildung 2.4: Die zu implementierenden Interfaces

Bei der Kodierung der Beanklasse muss man zumindest an die leere Implementierung der Interfaces denken, sonst erinnert uns der Compiler daran, dass wir etwas vergessen haben.

Neben den Javadateien muss noch eine XML-Datei angegeben werden, die zusätzliche Umgebungsinformationen enthält (*Deployment Descriptor*). Die Struktur dieser Datei wurde festgelegt, was die Herstellerunabhängigkeit garantiert. Ferner werden noch zusätzliche Informationen über das Verhalten der Bean bereitgestellt. Beim Deployment-Vorgang werden nicht nur der *Deployment Descriptor* gelesen und die benötigte Implementierungen des Interfaces und die Kommunikationsklassen (*Stub* und *Skeletons*) generiert, sondern es wird auch noch die ganze Anwendung verpackt. Beim Verpacken werden alle Dateien in ein Archiv, das EAR (*Enterprise Archive*), zusammengefasst. Das EAR-Format ist im JAR-Format ähnlich, es kann also mit dem jar-Tool gelesen und entpackt werden.

Die J2EE-Architektur

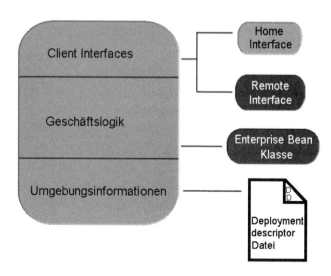

Abbildung 2.5: Die Bean-Komponenten

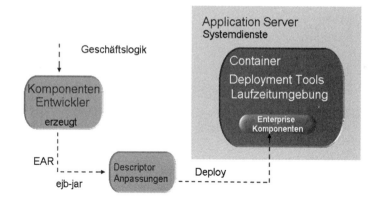

Abbildung 2.6: Der Deployment-Vorgang

Zur Laufzeit kommunizieren die Clients lediglich mit den generierten Home- und EJB-Object-Klassen. Die vom Entwickler bereitgestellte Bean-Klasse kann nie direkt angesprochen werden. Das Proxy-Objekt (die Implementierung des Remote-Interfaces) nimmt alle Aufrufe entgegen und leitet sie an die Bean-Klasse weiter. Mit diesem Mechanismus kann der Container über die Businessaufrufe benachrichtigt werden. Obwohl das Kommunikationsprotokoll zwischen Client und Server noch nicht festgelegt wurde, ist es meistens »RMI over IIOP«. In den nächsten Versionen der Spezifikation wird das Protokoll festgelegt. Um die Kommunikation mit dem Server auf transparente Art und Weise sicherzustellen, werden die Stubs und Skeletons beim Einsatz generiert. In J2EE Version 1.3 geschieht das mit dem Compiler `rmic` und dem Schalter `-iiop`.

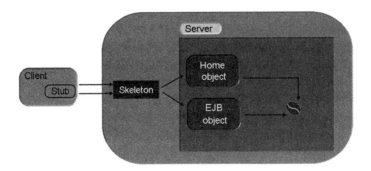

Abbildung 2.7: Die Client-Server-Kommunikation

Beim Design von J2EE-Anwendungen muss man berücksichtigen, dass alle EJB-Aufrufe *remote* sind. Diese Art von Methodenaufrufen ist wesentlich teurer als die der direkten.

Session-Beans

Session Beans müssen ab der Spezifikation EJB 1.0 unterstützt werden. Bei den Session-Beans handelt es sich eigentlich um eine logische Erweiterung des Clients. Eine Session-Bean erledigt oft bestimmte Aufgaben und liefert die Ergebnisse an den Client zurück. Die Verarbeitung der Aufgaben erfolgt synchron, d.h. der Client muss warten, bis die Bean mit der Erledigung der Aufgabe fertig geworden ist. Obwohl die Aktionen dieser Beans sich persistent auswirken können, z.B. durch neue Einträge in der Datenbank, repräsentieren die Bohnen selber keine persistenten Objekte. Session-Beans werden für die Modellierung von Prozessen oder Aktivitäten verwendet.

Stateless Session Beans

Diese Sorte der Session-Beans kann als eine Klasse mit nur statischen Methoden gesehen werden. Die Instanz dieser Klasse befindet sich auf dem Server und wartet auf die clientseitigen Aufrufe. Die *Stateless Session Beans* sind nicht in der Lage, sich den Zustand zwischen den Methodenaufrufen zu merken. Sie sind also zustandslos. Beispiel:

```
import javax.ejb.*;
import java.rmi.RemoteException;
```

Die J2EE-Architektur

```
public interface MathServer extends EJBObject{
    public int[] findePrimzahlen(int maxWert ) throws RemoteException;
}
```

Der EJB-Container kann relativ leicht die Session Beans managen, da alle Instanzen einer Bean identisch und somit auch zwischen den Methodenaufrufen austauschbar sind. *Stateless Session Beans* können am schnellsten verarbeitet werden.

Stateful Session Beans

Stateful Session Beans sind in der Lage, ihren Zustand zwischen den Methodenaufrufen, meistens in ihren Instanzvariablen, pro Client zu merken. Es handelt sich dabei um ein so genanntes Konversationsgedächtnis. Nachdem ein Client eine Bean erzeugt hat, werden alle seine weiteren Geschäftsaufrufe zu der gleichen Instanz gerouted. Es wird also eine Art Session gestartet, die mit dem Beseitigen der Bean beendet wird. Für den Applikationsserver ist es wesentlich schwieriger, die Beans zu verwalten (»pagen«, »poolen« etc.). Die einzelnen Instanzen der gleichen Beans unterscheiden sich voneinander durch ihren Zustand. Die Bohnen sind somit nicht mehr zwischen den Methodenaufrufen austauschbar. Die Peformance der Stateful-Bohnen ist im Allgemeinen etwas schlechter als die der Stateless Beans. Eine beliebte Anwendung, die die Funktionsweise der Beans veranschaulicht, ist der Warenkorb: solange der Kunde sich auf der Homepage befindet und sich die einzelnen Artikel anschaut (also innerhalb einer Session die Businesslogik der Beans nutzt), kann er auf bestehende Inhalte im Warenkorb zugreifen und sie verwalten. Hier ein anderes Beispiel:

```
import javax.ejb.*;
import java.rmi.RemoteException;

public interface MathServer extends EJBObject{
    public void   findePrimzahlen(int maxWert ) throws RemoteException;
    public int[] naechsteZahlen(int anzahl) throws RemoteException;
    public int[] alleZahlen() throws RemoteException;
}
```

Der Client hat hier die Möglichkeit die Bean mit findePrimzahlen zu initialisieren. Der Parameter maxWert legt fest, im welchem Bereich die Primzahlen gesucht werden sollen. Mit den restlichen Methoden kann man die Ergebnisse abfragen.

Ein anderes »Real World«-Beispiel: Während der Entwicklung des SJF ist es öfters vorgekommen, dass meine Frau versucht hat, sich mit mir zu unterhalten. Obwohl ich während der Konversation genau gewusst habe, worum es ging, ist es häufiger passiert, dass diese Informationen später »garbage collected« wurden – ein typisches Beispiel für das Konversationsgedächtnis. Bei einem Servercrash (also bei mir mit einem berühmten »Bluescreen« oder Word-Absturz vergleichbar) kann es passieren, dass unser Gespräch plötzlich beendet wird (bzw. sich zu einem Monolog entwickelt). Ein normaler Client würde dann mit java.rmi.RemoteException von diesem Crash benachrichtigt werden – bei mir sind die Konsequenzen normalerweise schwer wiegender, viel schwer wiegender ... . Die einzige Möglichkeit, diese Situation aus Sicht meiner Frau zu verbessern, wäre, aus mir eine Entity Bean zu machen ... (so könnte man die jeweiligen Gespräche einzeln aufzeichnen und später mit Hilfe von *Primary Keys* nach ihnen suchen).

Entity-Beans

Entity-Beans verhalten sich grundsätzlich anders als Session-Beans. Sie werden benutzt, um echte Geschäftsobjekte zu modellieren, die persistent sind. Eine Entity-Bohne kann man an ihrem Namen erkennen: sie werden oft mit Substantiven benannt (Kunde, Bestellung, Rechnung etc.). Obwohl nicht unbedingt eine relationale Datenbank für die Persistenz der Beans sorgen muss, ist es hilfreich, die Bean-Klasse als eine Tabelle und die Bean-Instanz als eine Zeile (die Daten) aus dieser Tabelle zu verstehen. Alle Operationen wirken sich persistent auf die darunter liegende Datenstruktur aus. Anders als bei den Session-Beans haben die create- bzw. remove-Methoden eine andere Bedeutung. Die Create-Methode erzeugt einen neuen Datensatz in der Datenbank, die Remove-Methode entfernt diesen. Es werden also nicht die Instanzen der Beans manipuliert, sondern die Daten in der Datenbank (egal, welche Art der Datenbank). Die Parameter der Create-Methode müssen zumindest die Eindeutigkeit der Bean sicherstellen (sie müssen für den Primärschlüssel der Datenbank reichen). Die Create-Methode ist also mit SQL INSERT vergleichbar.

Die Remove-Methode bezieht sich wiederum auf die aktuelle Instanz der Bean. Die Funktionlität des SQL DELETE-Statements passt am besten zur Logik dieser Methode. Alle Geschäftslogikaufrufe der Methoden, die im Remote Interface deklariert wurden, verursachen normalerweise ein SQL UPDATE auf die Backend-Datenbank.

Die Entity-Bohnen lassen sich grob in folgende zwei Kategorien unterteilen:

Bean Managed Persistenz (BMP)

Falls der Entwickler sich für die BMP entschieden hat, muss er zumindest JDBC-Code schreiben, um die Persistenz der Bean sicherzustellen. Andere Technologien wie SQLJ oder Java Data Objects (JDO) sind auch denkbar. In der BMP sind wir also selber für die Persistenz der Bean verantwortlich. Die BMP ist somit viel flexibler als die CMP. Der Bean-Provider ist nicht auf die Implementierung des Containers angewiesen. Es ist möglich andere Mechanismen wie z.B. die Serialisierung zu wählen. Bei der Nutzung von Standardtechnologien wie JDBC ist der Entwickler in der Lage, komplexere SQL Statements zu definieren. Mit diesen Statements (z.B. JOIN-Statements) ist es möglich, eine Entity-Bean in mehreren Tabellen aufzunehmen. Ferner ist es leichter, komplexere »Finder« (also Methoden, die in der Tabelle nach bestimmten Datensätzen suchen, um sie dann als die Entity-Bean-Instanz bzw. mehrere Instanzen zurückzugeben) zu definieren. Folgende »Finder« wären denkbar:

```
Collection findKundeAelterAls(int alter)
Collection findKundeWeiblich()
```

In diesem Fall ist der Entwickler gezwungen, sich mit komplexen Technologien zu befassen. Die Benutzung von »Cursor«, »Prefetching« usw. muss man selbst implementieren. Allerdings lassen sich diese Mechanismen gut in so genannte »Helperklassen« oder *Data Access Objects* (DAO) auslagern.

Container Managed Persistenz (CMP)

In diesem Fall hat der Entwickler fast nichts mehr zu tun. Alle Methoden (außer der Geschäftslogik) werden vom Container bereitgestellt und dürfen leer implementiert werden:

```
public void ejbActivate(){this.id = (String)context.getPrimaryKey(); }
 public void ejbLoad(){}
 public void ejbStore(){}
 public String ejbCreate(String id){
 this.id    = id;
  return null;
 }
 public void ejbPostCreate(String id){}
 public void ejbPassivate(){ this.id = null;}
 public void ejbRemove(){}
 public void setEntityContext( EntityContext context ){ this.context = context;}
 public void unsetEntityContext(){}
```

Ein guter Container ist in der Lage, die Performance des Persistenzmechanismus zu optimieren. Spezielle JDBC-Treiber ermöglichen dem Container die Benutzung von JDBC-Cursoren und das Prefetching. Ein guter Applikationsserver cached die Daten der Datenbank im Speicher, um die Anzahl der Datenbankzugriffe zu reduzieren. Ferner ist er auch in der Lage, mehrere Datenbanken miteinander zu synchronisieren, um die Datenkonsistenz zu gewährleisten.

Die Nutzung des CMP- oder BMP-Mechanismus muss schon beim Deployment angegeben werden.

Falls sich der Entwickler für die CMP entschieden hat, muss noch eine Data-Source, also eine gültige Datenbankquelle, angegeben werden.

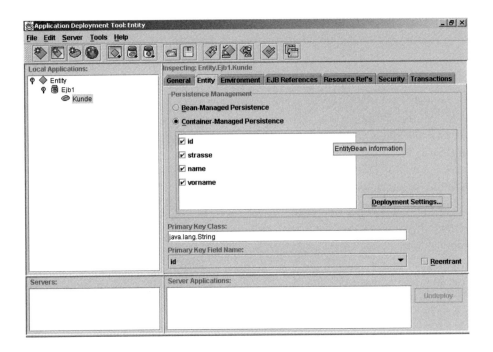

Abbildung 2.8: Die Einstellung der CMP beim Deployment

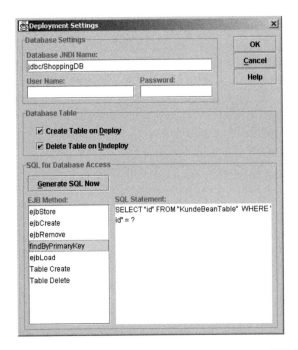

Abbildung 2.9: Festlegung der JNDI-Datenquelle mit Hilfe der J2EE 1.2.1 RI

Die Leistungsfähigkeit der Entwicklungswerkzeuge variiert sehr stark. Mit der J2EE 1.2.1 RI hat der Entwickler die Möglichkeit, die bereits generierten SQL-Statements nachträglich zu verändern. Ferner ist es auch möglich, SQL-Statements für eigene »Finder« zu ergänzen.

Message Driven Beans

Die *Message Driven Beans* (MDB) ermöglichen die asynchrone Verarbeitung der Nachrichten. Eine MDB kann als *Message Consumer* angesehen werden. Sie wird bei der Ankunft einer *Java Message Service* (JMS)-*Message* aufgerufen. Der Container wartet also auf die Ankunft von JMS-Nachrichten und ruft dann die entsprechenden Methoden auf.

Eine MDB ist mit einer Stateless-Bean vergleichbar – sie besitzt weder einen Zustand noch eine eigene Identität. Für den Container sind sie dann genauso einfach zu verwalten wie die *Stateless Session Beans*, da alle Instanzen einer Bohne identisch und somit austauschbar sind. Das »Pooling« und »Preloading« beim Hochfahren des Servers wird somit erleichtert.

Aus Clientsicht sind MDBs einfache JMS-Konsumenten. Die Clients kommunizieren lediglich mit der JMS-Destination. In den folgenden EJB-Spezifikationen (>2.0) wurde auch die Nutzung anderer Messaging-Systeme als nur JMS vorgesehen. Für den Client ist die Existenz der MDB unbekannt. Die MDB verbirgt sich hinter der JMS-API. Der Client weiß also nichts von der MDB, er kommuniziert lediglich mit dem JMS-System.

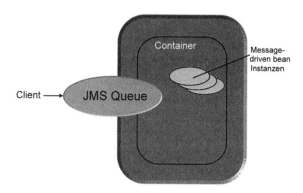

Abbildung 2.10: Die Client-MDB-Kommunikation

Anders als bei den synchronen Beans ist die Existenz des Home-Interfaces nicht notwendig. Die Clients suchen im *Java Naming and Directory Interface* (JNDI) lediglich nach den JMS-Destinations und nicht nach den Home-Interfaces (den eigentlichen Factories der synchronen Beans). Diese Vorgehensweise ist vorteilhaft, da man so auf eine für den Client transparente Art und Weise die MDBs beliebig auf verschiedene Container und Server verteilen kann. Es handelt sich dabei um eine echte, physikalische Verteilung. Um eine MDB implementieren zu können, müssen folgende Interfaces implementiert werden:

- javax.jms.MessageListener: Dieses Interface hat im Prinzip mit der EJB-Spezifikation gar nichts zu tun. Dieses Interface gehört zur Java Message Service-API (JMS) und muss implementiert werden, wenn man am Empfangen von Nachrichten interessiert ist. Dieses Interface besteht aus einer einzigen Methode, die bei der Ankunft von einer Nachricht asynchron aufgerufen wird. public void onMessage (Message message) enthält die Geschäftslogik, die in der Lage ist, die Nachricht (javax.jms.Message) zu verarbeiten. Die Logik ist mit den Businessmethoden der Entity- bzw. Session-Beans vergleichbar und muss natürlich vom Bean-Provider bereitgestellt werden. Eine Entity- bzw. Session-Bean darf die Nachrichten nur synchron verarbeiten, sie dürfen also dieses Interface nicht implementieren.

- javax.ejb.MessageDrivenBean: Dieses Interface muss von jeder Bohne implementiert werden, die Nachrichten asynchron verarbeiten möchte. Es besteht lediglich aus den folgenden zwei Methoden: void ejbRemove() und void setMessageDrivenContext(MessageDrivenContext ctx). Die ejbRemove-Methode wird kurz vor der Zerstörung der Bean aufgerufen, setMessageDrivenContext wird aufgerufen, um den Kontext zu übergeben. Dieser Kontext bleibt so lange erhalten, bis die Bean zerstört wird. Alle Methoden aus diesem Interface werden in einem unspezifizierten Transaktionskontext aufgerufen werden.

Obwohl das MessageDrivenBean-Interface die Methode ejbCreate nicht definiert, muss diese in der Bean-Klasse implementiert werden. Die Methode ejbCreate darf keine Parameter erwarten. Diese Methode wird aufgerufen, kurz nachdem die Bean-Instanz (normalerweise mit der Methode newInstance) erzeugt wurde. Ferner ist es auch notwendig, einen parameterlosen Konstruktor zu definieren, damit der Container überhaupt in der Lage ist, die Bean zu instanziieren.

Alle Nachrichten werden asynchron verarbeitet. Die Reihenfolge der ankommenden Nachrichten muss nicht mit der Reihenfolge der gesendeten Nachrichten übereinstimmen. Die momentan gültige EJB-Spezifikation (EJB 2.0) schreibt die Benutzung der JMS-API vor. Mit dieser API ist es möglich, verschiedene Modi der Benachrichtigung der Klasse javax.jms.Session zu benutzen.

Die J2EE-Architektur

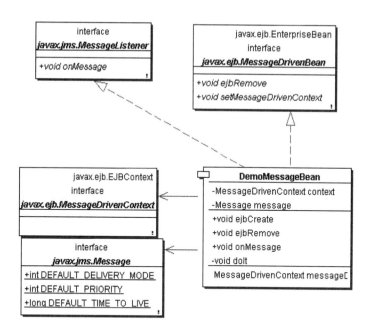

Abbildung 2.11: Die Struktur einer MDB

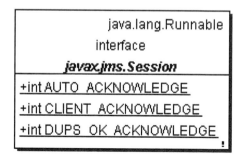

Abbildung 2.12: Die verbotenen Modi der Session-Klasse

Diese sollten aber nicht explizit benutzt werden, sie werden vom Container zusammen mit der jeweiligen Transaktion verwaltet. Der »Acknowledgement-Modus« lässt sich aber leicht vom Entwickler im *Deployment Descriptor* beeinflussen. Es muss lediglich ein neuer acknowledge-mode-Tag angegeben werden. Die MDB wird also beim Hochfahren des Servers in folgenden Schritten erzeugt:

▶ Aufruf newInstance: Nachdem die Klasse aufgelöst werden konnte (mit dem Aufruf Class.forName()), ruft der Container die statische Methode newInstance auf. Die erzeugte Objekt-Instanz muss noch auf einen bestimmten Typ, hier die DemoMessage-Bean, gecastet werden.

- `setMessageDrivenContext`: Ähnlich wie bei den gewöhnlichen Bohnen wird sofort nach der Erzeugung der Bean `javax.ejb.MessageDrivenContext` gesetzt.

- `ejbCreate`: Diese Methode wird aufgerufen, um zusätzliche, bean-abhängige Nachinitialisierungen zu ermöglichen.

- `onMessage`: Nachdem die MDB initialisiert wurde, ist sie bereit, asynchrone Nachrichten zu verarbeiten. Diese Methode wird vom Container aufgerufen um ankommende Message zu verarbeiten.

- `ejbRemove`: Diese Methode wird kurz vor der Zerstörung der Bohne aufgerufen. Der Entwickler hat hier noch die Möglichkeit beanspruchte Ressourcen freizugeben.

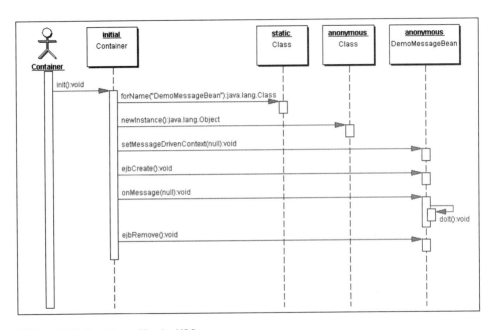

Abbildung 2.13: Der Lebenszyklus der MDB

Die synchronen Clients der Beans

Bei den EJB-Clients muss es sich nicht unbedingt um echte, visuelle Clients handeln. Normalerweise sind es JavaBeans, Servlets, einfache Java-Objekte oder sogar andere EJBs, die als Wrapper dienen, um aus den JSP auf die EJB zugreifen zu können. Bei den synchronen Beans ist die Vorgehensweise immer dieselbe.

```
package com.abien.framework.ejb.examples;
import java.util.*;
import javax.naming.Context;
import javax.naming.InitialContext;
import javax.rmi.PortableRemoteObject;
```

```
public class HelloClient{

  public static void main( String args[] ){

  try{
     Context initial = new InitialContext();
     Object reference = initial.lookup("ejb/Hello");
     HelloHome home =
(HelloHome)PortableRemoteObject.narrow(reference,HelloHome.class);
     Hello hello = home.create();
     hello.remove();
   }catch( Exception e ){ }
   }
 }
```

Um eine gültige Referenz auf die Factory zu erhalten (das Home Interface), müssen die JNDI-Dienste in Anspruch genommen werden. Dazu muss `InitialContext` erzeugt werden, wofür mehrere Möglichkeiten existieren. Bei der J2EE 1.3 RI genügt es, den parameterlosen Konstruktor aufzurufen. Die JNDI-Initialisierung sieht dann folgendermaßen aus:

```
Context initial = new InitialContext();
```

Manche SPI, also die Hersteller, fordern die Übergabe von mehreren Parametern in Form von `java.util.Properties`. Mit Hilfe der `Properties` ist auch die Identifizierung des Clients durch den JNDI-Provider möglich.

```
Properties properties = new Properties();
                   properties.put(Context.SECURITY_PRINCIPAL,args[0]);
                   properties.put(Context.SECURITY_CREDENTIALS,args[1]);
       Context initial = new InitialContext(properties);
```

Andere Hersteller können für die Verbindung mit dem JNDI-Namespace noch zusätzliche Schalter verlangen. Mit Hilfe der Methode `lookup` des Interfaces `javax.naming.Context` erhält man eine gültige Referenz auf das `Home`-Objekt. Diese Referenz muss noch gecastet werden. Das geschieht auf eine etwas ungewöhnliche Art und Weise, da man sich hier auf das IIOP-Protokoll verlassen muss. Zu diesem Zweck dient die statische Methode `narrow` der Klasse `PortableRemoteObject`. Das Ergebnis des »Narrowings« ist wieder die Referenz auf das Home-Objekt. Mit der Factory erhalten wir schließlich die Referenz auf das Interface, das die Geschäftslogik enthält. Ab jetzt ist die Benutzung der Bohne für den Client vollkommen transparent. Falls die Bean nicht mehr benötigt werden sollte, kann sie entfernt werden. Dazu dient die Methode `remove` des `Home`-Interfaces. Nach dem Aufruf dieser Methode verursachen alle anderen Geschäftsaufrufe Exceptions, da die Remote-Referenz nicht mehr verfügbar ist.

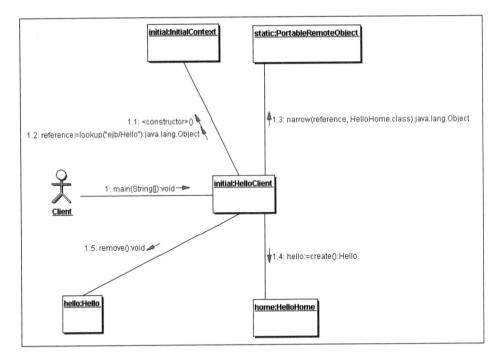

Abbildung 2.14: Die Clientsicht auf die Beans

Die MDB-Clients

Ein *Message Driven Bean*-Client weiß nichts von der Existenz einer MDB. Er kommuniziert lediglich mit javax.jms.Queue.

```
Context initialContext = new InitialContext();
Queue demoQueue = (javax.jms.Queue)initialContext.lookup
("java:comp/env/jms/demoQueue");
```

2.1.3 Java Data Base Connectivity (JDBC)

Die JDBC-API wurde bereits mit dem JDK 1.1 ausgeliefert. JDBC ermöglicht den Entwicklern die Interaktion mit einer relationalen Datenbank. Mit der JDBC sind die Entwickler in der Lage, datenbankunabhängigen Code zu schreiben. Die interne Implementierung der Datenbank bleibt verborgen. Es ist somit möglich, auch zur Laufzeit die Datenbank auszutauschen, da die herstellerspezifischen Eigenschaften der Datenbank gekapselt wurden. Der Entwickler benutzt nur einen Satz von Interfaces – nämlich die API. Der Datenbankhersteller muss für die Implementierung der Interfaces sorgen – das eigentliche SPI. Um alle Features einer Datenbank nutzen zu können, ist es allerdings möglich, datenbankabhängige SQL-Statements direkt an den Treiber zu schicken.

Die J2EE-Architektur

JDBC-Treiberarchitekturen

Man kann die JDBC-Treiber in vier Kategorien unterteilen:

- `JDBC-ODBC Bridge`: Der einziger Treiber, der mit jedem JDK ab Version 1.1 ausgeliefert wird. Es handelt sich dabei um einen JDBC-Treiber, der auf eine bestehende ODBC-Schnittstelle zugreift. Dieser Treiber wird benutzt, um auf Datenbanken zuzugreifen, für die es keine echten JDBC-Treiber gibt. Die JDBC-ODBC-Bridge wurde als eine Technologiestudie entwickelt und sollte auch so verstanden werden. Ich selber hatte einige Probleme (die sich als Exceptions offenbart haben) mit dem Zugriff auf eine MS-Access-Datenbank. Ein weiterer Nachteil ist die notwendige Installation des Treibers auf jedem Rechner, auf dem der Client läuft. Diese Technologie kann nicht zusammen mit Applets benutzt werden, ein Applikationsserver könnte aber problemlos auf die Datenbankquelle zugreifen.

- `Native Treiber`: Dieser Treiber muss genauso installiert werden, wie die JDBC-ODBC-Bridge, da hier Native-Code notwendig ist. Ankommende JDBC-Aufrufe werden unmittelbar in native Aufrufe konvertiert. Zu diesem Zweck bedient man sich der JNI (Java Native Interface)-Technologie, die den Zugiff auf C++-Routinen aus Java-Methoden ermöglicht. Ein typischer Vertreter wäre der OCI-Treiber der Oracle Datenbank (ab Version 7.xx). Dieser Treiber bietet auch die beste Performance. Die C++-Routinen können in der Regel schneller ausgeführt werden als der Java-Code. Man muss aber bedenken, dass ein JNI-Aufruf auch ziemlich teuer ist, da die aufzurufende Methode erstmals mitttels *Reflection* gefunden werden muss. Eventuelle Probleme mit dem *Garbage Collector* und der *Thread Synchronization* müssen in Kauf genommen werden.

- `Pure Java Treiber`: Bei diesem Treiber handelt es sich um eine pure Java-Implementierung, was die Installation des Treibers auf den Client überflüssig macht. Die Performance dieses Treibers ist im Allgemeinem etwas schlechter als die native Version. Er besteht aus zwei Schichten: der Mittelschicht und dem Backend. Der Client kommuniziert also direkt über ein festgelegtes Protokoll mit austauschbarer Zwischenschicht. Die Middleware konvertiert die ankommenden Nachrichten in datenbankspezifische Aufrufe. Falls die Mittelschicht mit verschiedenen Datenbanken kommunizieren kann, reicht eine clientseitige Implementierung aus. Dieser Treiber kann auch problemlos von Applets benutzt werden, da die clientseitige Installation hier wegfällt.

- `Native Protocol Pure Java Treiber`: Obwohl das Protokoll als *native* bezeichnet wird, handelt sich dabei auch um eine pure Java-Implementierung. Allerdings kommuniziert der Client direkt mit der Datenbank. Es wird also das gleiche Protokoll verwendet, das auch von den nativen Treibern benutzt wird. Der Oracle »*thin driver*« benutzt beispielsweise das Net*8 Protokoll. Dieser Treiber kann auch von

Applets benutzt werden. Die Größe des Treibers (also des Archivs, wo sich der Treiber befindet) muss in dem Fall auch berücksichtigt werden (das Archiv classes111.zip ist ca. 1 MB groß ...).

JDBC-Driver

Der eigentliche Treiber der Datenbank besteht aus einer Ansammlung von Implementierungen der SPI. Das Interface java.sql.Driver muss vom jeweiligen Hersteller implementiert werden. Erst diese Implementierung ermöglicht die eigentliche Kommunikation mit der Datenbank.

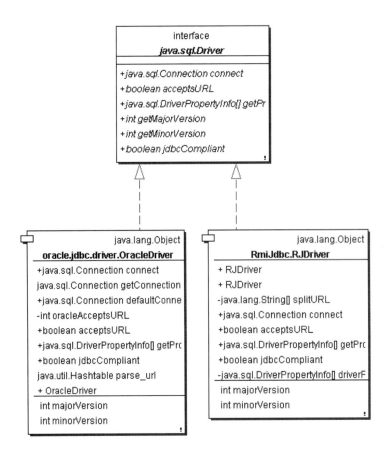

Abbildung 2.15: Beispielimplementierungen des Interfaces java.sql.Driver

In Abbildung 2.15 wird dieses Interface von zwei Datenbankherstellern implementiert. Es handelt sich dabei um die Oracle 8i- und die Cloudscape-Implementierung aus der J2EE 1.2.1 RI. Die Implementierung des Interfaces Driver wird von java.sql.DriverManager benutzt, um eine Verbindung mit der Datenbank zu erstellen.

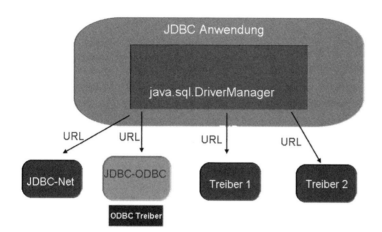

Abbildung 2.16: Die JDBC-Treiber

Um eine Verbindung mit der Datenbank aufnehmen zu können, muss zuerst der Treiber geladen werden. Das geschieht bereits beim Laden der Klasse. Es genügt also der Aufruf Class.forName("com.xyz.Treiberxyz"), um den Treiber zu initialisieren.

```
package com.abien.framework.jdbc.test;
import java.sql.*;
public class JDBCTest {
    public static void main (String [] args) throws Exception {
        String url = "url";
        String driver = "oracle.jdbc.driver.OracleDriver";
        String query = "select * from DUKE";
        Class.forName(driver);
        Connection con = DriverManager.getConnection(url);
        Statement stmt = con.createStatement();
        ResultSet rs = stmt.executeQuery(query);
        while (rs.next()) {
            System.out.println("Duke Name: " + rs.getString(1));
            System.out.println("Duke weight: " + rs.getInt(2));
            System.out.println("Duke LastName     : " + rs.getFloat("name"));
        }
        rs.close();
        stmt.close();
        con.close();
    }
}
```

Eine weitere Möglichkeit für die Initialisierung des Treibers wäre die Übergabe der Systemproperty `jdbc.drivers`. Der Aufruf könnte so ausschauen: `java -Djdbc.drivers=oracle.jdbc.driver.OracleDriver,com.imaginary.sql.msql.MsqlDriver com.abien.framework.jdbc.test.JDBCTest`. Die einzelnen Treiber werden in der gleichen Reihenfolge initialisiert, in der sie auch angegeben wurden. Die Initialisierung könnte auch direkt durch den Konstruktoraufruf geschehen. Also wäre der Aufruf `new oracle.jdbc.driver.OracleDriver()` eine gültige Initialisierung des Treibers. Diese Version ist aber nicht optimal, da hier dieser Aufruf fest kodiert wäre, was die Flexibilität deutlich einschränkt. Bei einem Datenbankwechsel wäre eine Neukompilierung der Anwendung notwendig.

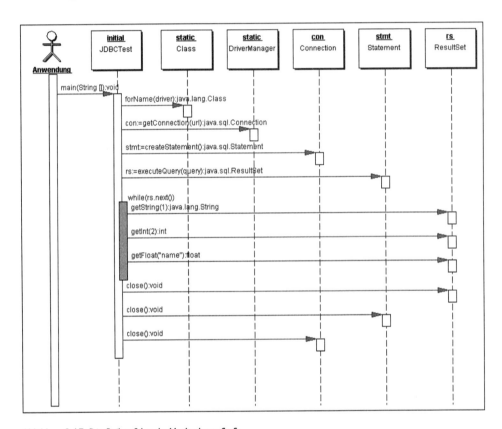

Abbildung 2.17: Die Reihenfolge der Methodenaufrufe

Wie wir festgestellt haben, genügt das Laden der Klasse, um den Treiber zu registrieren. Beim Laden der Klasse wird aber der Konstruktor nicht aufgerufen – oder doch? Alle Treiber besitzen einen »*static initializer*« der beim Laden aufgerufen wird.

```
package com.abien.framework.jdbc.test;
import java.sql.*;
public class ABienTreiber implements Driver{
    static{
      try{
        new ABienTreiber();
      }catch(Exception e){      }
    }
    public ABienTreiber() throws Exception{
      DriverManager.registerDriver(this);
    }
}
```

Schon beim Laden der Klasse (also natürlich auch beim direkten Konstruktoraufruf), wird der Static-Initializer durchlaufen. Dieser ruft den Standardkonstruktor der Treiberklasse auf und registriert sich selber mit der statischen Methode registerDriver des DriverManagers. Ab diesem Zeitpunkt kennt DriverManager den Treiber.

JDBC-URL

Der Datenbankserver läuft im Normalfall nicht auf der gleichen JVM, auf der die Anwendung läuft. Um die Datenbank finden zu können, muss sie eindeutig gekennzeichnet werden. Zu diesem Zweck verwendet man den *Uniform Resource Locator* (URL). Die URL besteht immer aus folgenden Teilen:

    jdbc:subprotokol:parameter

In der Praxis sieht die URL (*Uniform Resource Locator*) folgendermaßen aus: jdbc:oracle:thin:@dlsun511:1721:dbms733. Dabei handelt es sich um den Oracle »thin«-Treiber, der auf dem Server dlsun511 liegt. Die Portadresse ist 1721 (Standard wäre 1521). Die Datenbankinstanz, mit der wir uns verbinden wollen, heißt dbms733.

Die gleiche Datenbank wäre aber auch mit mit dem OCI-Treiber (*Open Call Interface*) erreichbar. Die URL würde dann so aussehen: jdbc:oracle:oci8:@.

JDBC-Connection

Nachdem ein oder mehrere Treiber registriert wurden, kann man sich mit der Datenbank verbinden. Dazu wird die Methode getConnection der Klasse DriverManager benötigt. Der URL-String muss auch übergeben werden, um die Datenbank finden zu können. DriverManager versucht, die Treiber zu registrieren. Dazu wird die Methode connect(String url) des Interfaces Driver aufgerufen. Falls NULL zurückgegeben wird, wird weiter gesucht, sonst wird java.sql.Connection an den Aufrufer zurückgegeben. Die einzelnen Treiberimplementierungen werden in der gleichen Reihenfolge überprüft, in der sie auch angegeben wurden.

JDBC-Statements

Nachdem wir endlich eine Verbindung mit der Datenbank eingerichtet haben, wollen wir natürlich die Daten der Datenbank entweder lesen oder manipulieren. Dafür gibt es wieder mehrere Möglichkeiten.

- java.sql.Statement: Die einfachste und langsamste Möglichkeit um die Datenbank manipulieren zu können. Wir erhalten eine Referenz auf das Statement, indem wir die Methode createStatement()der Connection aufrufen. java.sql.Connection kann als eine Statement-Factory angesehen werden. Mit der gültigen Referenz auf das Objekt Statement sind wir in der Lage, sowohl lesend als auch schreibend auf die Datenbank zuzugreifen. Dafür gibt es die beiden Methoden statement.executeQuery und statement.executeUpdate. Beide Methoden erwarten ein SQL-String als Parameter, der unbearbeitet zu der Datenbank geschickt wird.

- java.sql.PreparedStatement: Um ein Prepared-Statement nutzen zu können, muss man das SQL-Statement im Voraus kennen. Eine Referenz auf das Prepared-Statement-Objekt erhält man mit der Methode prepareStatement(String sqlStatement) der Klasse Connection. Es wird direkt ein SQL-Statement verlangt. Dabei handelt es sich aber nicht um einen gewöhnlichen SQL-Ausdruck. Alle Variablen oder Parameter des Ausdrucks werden mit Fragezeichen angegeben. Beispiel: *SELECT * from DUKE WHERE name = ?*. Mit diesen Informationen ist die Datenbank in der Lage, den Ausdruck zu kompilieren Ab der nächsten Ausführung wird bereits mit dem vorkompilierten Statement gearbeitet, was die Performance der Anwendung deutlich erhöht. Die Parameter können mit datentypabhängigen Set-Methoden gesetzt werden. Wenn die Parameter sinnvoll belegt wurden, kann man dieses Statement ausführen lassen. Dazu werden die Methoden executeQuery für den lesenden Zugriff (SELECT) und executeUpdate (UPDATE, DELETE, INSERT) für den schreibenden Zugriff der Statement-Klasse benötigt.

Beispiel:

```
Class.forName("oracle.jdbc.driver.OracleDriver");
Connection conn =
    DriverManager.getConnection ("jdbc:oracle:oci8:@", "adam", "bien");
Statement stmt = conn.createStatement ();
PreparedStatement pstmt =
    conn.prepareStatement ("insert into DUKE (NAME,LASTNAME) values (?, ?)");
pstmt.setInt (1, "DUKE");
pstmt.setString (2, "EARL");
pstmt.execute ();
pstmt.setInt (1, "ADAM");
pstmt.setString (2, "BIEN");
pstmt.execute ();
pstmt.close();
conn.close();
```

Die J2EE-Architektur

▶ java.sql.CallableStatement: Obwohl diese Möglichkeit bei vielen Datenbankherstellern die beste Performance bietet, wird sie nicht sehr oft benötigt. Man ruft im Wesentlichen die bestehenden Routinen einer Datenbank auf. Jede ernstzunehmende Datenbank besitzt aber eine eigene Programmiersprache, mit der man die Routinen programmieren kann. Bei ORACLE ist es beispielweise der PL/SQL-Code, der geschrieben werden muss. Die Portierung der Routinen kann sich wirklich (ich spreche aus Erfahrung) als schwierig bzw. unmöglich erweisen. Falls aber bereits Routinen existieren, ist das der einfachste Weg, eine bestehende Geschäftslogik wiederzuverwenden. Um eine Referenz auf diese Objekte zu erhalten, muss die Methode prepareCall der java.sql.Connection aufgerufen werden.

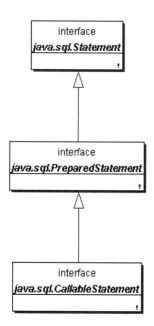

Abbildung 2.18: Die Vererbungshierarchie der SQL-Statements

Beispiel:

```
Class.forName("oracle.jdbc.driver.OracleDriver");
Connection conn =
    DriverManager.getConnection ("jdbc:oracle:oci8:@", "adam", "bien");
CallableStatement cstmt = conn.prepareCall ("{? = call RAISESAL (?, ?)}");
cstmt.registerOutParameter (1, Types.INTEGER);
cstmt.setString (2, "DUKE");
cstmt.setInt (3, 20000);
cstmt.execute ();
int new_salary = cstmt.getInt (1);
```

```
cstmt.close();
conn.close();
}
```

JDBC 2.1

Die JDBC 2.0-API besteht aus zwei Teilen:

- JDBC 2.0 Core API: Diese API basiert auf bereits bestehenden JDBC-APIs (also z. B. API 1.0). Alle Features dieser API befinden sich im Package `java.sql`.

- JDBC 2.0 Standard Extension API: Dabei handelt es sich um eine Reihe von Erweiterungen, die im Prinzip mit der Core-Technologie nichts zu tun haben. Diese Features befinden sich im Package `javax.sql` (wobei das javaX für eXtension steht.)

JDBC 2.1 Core-API

Bereits in der Kern-API wurden einige Erweiterungen vorgenommen. Alle Erweiterungen müssen vom jeweiligem Datenbankhersteller implementiert werden, um einen mit JDBC 2.0 kompatiblen Treiber ausliefern zu können. Es ist nun möglich, das `java.sql.ResultSet` upzudaten oder innerhalb des `ResultSets` zu scrollen. Ferner kann man auf das Statement bzw. seine Unterklassen, so genannte »*batch updates*« absetzen.

Die Java 2 Plattform wird bereits mit der JDBC 2.1-API ausgeliefert, man kann somit programmierte Anwendungen kompilieren. Für das Testen benötigt man allerdings eine JDBC 2.1-fähige Datenbank. Die JDBC 2.1-Spezifikation ist eine echte Erweiterung der JDBC 1.0-Spezifikation, so dass sie natürlich abwärtskompatibel ist. Falls die neuen Features nicht benutzt werden, lassen sich alte Treiber ohne Modifikationen weiterhin benutzen.

Das `java.sql.ResultSet` ist wahrscheinlich das meist benutzteste Interface der JDBC-API. Bis jetzt war es nur möglich, vorwärts zu scrollen (mit der Methode `rs.next()`). Ab der Java 2 Plattform ist es nun möglich, den Cursor absolut und relativ zu positionieren. Ferner ist es erlaubt innerhalb eines `ResultSets` auch rückwärts zu scrollen. Bei der Erzeugung des Objekts `java.sql.Statement` ist es nun möglich, das Verhalten des Cursors zu beeinflussen. Es lässt sich einstellen, ob man eine dynamische Sicht auf die Datenbank haben möchte (*scroll-sensitive*) oder eher an einem Snapshot während der Erstellung des Cursors interessiert ist.

Mit folgenden Methoden lässt sich innerhalb eines `ResultSets` navigieren:

Rückgabetyp	Methodenname	Beschreibung
boolean	absolute(int zeile)	Positioniert den Cursor auf die angegebene Position (absolute Positionierung).
void	afterLast()	Positioniert den Cursor hinter den letzten Datensatz.
void	beforeFirst()	Positioniert den Cursor vor den ersten Datensatz.
boolean	first()	Positioniert den Cursor auf den ersten Datensatz.
boolean	last()	Positioniert den Cursor auf den letzten Datensatz.
boolean	next()	Positioniert den Cursor eine Stufe nach unten (Bereits seit der JDBC 1.0 bekannt).
boolean	previous()	Positioniert den Cursor eine Stufe nach oben.
boolean	relative(int zahl)	Positioniert den Cursor um den angegebenen Wert von der aktuellen Position aus je nach Vorzeichen entweder nach oben oder unten.

Um die Navigation zu vereinfachen, wurden auch Methoden bereitgestellt, mit denen man die aktuelle Position des Cursors innerhalb des Result-Sets erhalten kann.

Rückgabetyp	Methodenname	Beschreibung
boolean	isAfterLast	Zeigt an, ob sich der Cursor hinter der letzten Position befindet.
boolean	isBeforeFirst	Zeigt an, ob sich der Cursor vor der ersten Position befindet.
boolean	isFirst	Zeigt an, ob der Cursor gerade auf dem ersten Datensatz liegt.
boolean	isLast	Zeigt an, ob der Cursor gerade auf dem letztem Datensatz liegt.

Beispiel:

```
Class.forName("oracle.jdbc.driver.OracleDriver");
Connection conn =
  DriverManager.getConnection ("jdbc:oracle:oci8:@", "adam", "bien");
Statement stmt = conn.createStatement (ResultSet.TYPE_SCROLL_SENSITIVE,
                                ResultSet.CONCUR_UPDATABLE);
stmt.setFetchSize (1);
ResultSet rset = stmt.executeQuery ("SELECT name, vorname FROM duke");
while (rset.next()){
  System.out.println (rset.getString(1)+" "+rset.getString("vorname"));
}
// neu seit JDBC 2.0
rset.beforeFirst ();
while (rset.next()) {
  System.out.println (rset.getString(1)+" "+rset.getString(2));
}
rset.close();
stmt.close();
conn.close();
```

Eine weitere wichtige Neuerung des ResultSet ist die Möglichkeit eines Updates. Mit den Methoden resultSet.update ist es nun möglich, bestimmte Zeilen innerhalb eines ResultSets zu verändern. Die Veränderungen werden erst stattfinden, wenn die Methode updateRow aufgerufen wird. Die Methode cancelRowUpdate kann aufgerufen werden, um die Veränderung explizit zu stoppen. Diese Methode muss aber vor dem eigentlichen updateRow aufgerufen werden. Ferner ist es möglich, einzelne Zeilen zu löschen oder hinzufügen.

```
resultSet.first();
resultSet.deleteRow();
```

Um eine neue Zeile hinzufügen zu können, muss folgender Code geschrieben werden:

```
resultSet.movetoInsertRow();
resultSet.updateInt1,12345);
resultSet.updateString(2,"test2");
resultSet.insertRow();
```

Leider lassen sich nicht alle ResultSet updaten. Um einen update-fähigen ResultSet zu erhalten, müssen folgende Kriterien erfüllt werden:

▶ Das SQL-Statement darf keine JOINS enthalten,

▶ man muss sich auf alle Spalten beziehen, die nicht mit NULL besetzt werden dürfen und mit keinen Defaultwerten belegt wurden,

▶ das SELECT-Statement bezieht sich nur auf eine Tabelle.

Die Batch-Updates

Mit dem *Batch Processing* ist es möglich, mehrere SQL-Statements an die Datenbank zu schicken, die aber auf einmal verarbeitet werden. Diese Methode kann die Performance der Anwendung spürbar erhöhen. Während der Verarbeitung des Batches sind keine Operationen mit der JDBC-API erlaubt, die ein ResultSet produzieren könnten.

```
Class.forName("oracle.jdbc.driver.OracleDriver");
Connection  con = DriverManager.getConnection(
        "jdbc:oracle:oci8:@", "addam", "bien");
  stmt = con.createStatement() ;
  stmt.addBatch("INSERT INTO duke VALUES ('duke','earl')");
  stmt.addBatch("INSERT INTO duke VALUES ('adam','bien')");
int results[] = stmt.executeBatch();
    pstmt = con.prepareStatement("INSERT INTO duke values (?, ?)");
    pstmt.setString(1, "DUKE");
    pstmt.setString(2, "row 1");
    pstmt.addBatch();
    pstmt.setString(1, "EARL");
    pstmt.setString(2, "row 2");
    pstmt.addBatch();
    pstmt.executeBatch();
```

JDBC 2.1 Standard Extensions

Bei den *Standard Extensions* handelt es sich um optionale Features, die nicht unbedingt vom Datenbankhersteller implementiert werden müssen, um mit JDBC 2.1 kompatibel zu bleiben. Aus Sicht des Anwendungsprogrammierers enthalten diese Erweiterungen allerdings sehr interessante Eigenschaften.

- Row Sets
- Verteilte Transaktionen
- JNDI Unterstützung
- Connection Pooling

RowSets können als erweiterte ResultSets angesehen werden, da sie sich von diesem Interface ableiten. Die zusätzliche Funktionalität der RowSets ermöglicht es uns, sie als echte Value-Objekte in verteilten Umgebungen zu nutzen. Zu diesem Zweck eignen sich am besten die *Disconnected RowSets*, also RowSets, die keine ständige Datenbankverbindung erfordern. Die Implementierung des Interfaces java.io.Serializable ermöglicht auch das persistente Speichern der RowSets. Diese Tatsache löst endlich das Problem der Nichtserialisierbarkeit des java.sql.ResultSets. Da RowSet ein ResultSet ist, kann man hier alle Methoden und Eigenschaften des ResultSets transparent nutzen und die Vorteile der Serialisierbarkeit des RowSets genießen. Die typischen Vertreter der unverbundenen Kategorie sind CachedRowSet und WebRowSet aus dem Package sun.jdbc.rowset. Der sun.jdbc.rowset.WebRowSet ermöglicht sogar das Speichern und Lesen seines Zustands im XML-Format. Beide RowSets bestehen nicht auf eine ständige Verbindung mit der Datenbank.

In verteilten Anwendungen ist es oft schwierig, die Ergebnismenge physikalisch zu transportieren. Zu diesem Zweck müssen zuerst Value-Objects bzw. einfache, serialisierbare Container-Objekte erzeugt werden. Diese erleichtern die Client-Server-Kommunikation. Diese Art der Programmierung ist nicht nur unnötig komplex, sondern auch nicht generisch. Es müssen für jede DB-Abfrage die Container-Objekte angepasst werden. Bei der Benutzung generischer Objekte (z.B. Hashtable oder Properties) muss die Struktur (die Schlüssel- und Value-Typen) dem Client bekannt sein. Diese Lösung wäre wiederum zu allgemein ...

```
try {
con = DriverManager.getConnection(url);
stmt = con.createStatement();
ResultSet rs = stmt.executeQuery(query);
while (rs.next()) {
//Verpackung der Ergebnismenge in ein Vektor, da ResultSet nicht Serialisierbar
results.addElement(new Container(rs.getString("CON_NAME"),
    rs.getLong("ID"),
    rs.getFloat("PRICE"),
```

```
            rs.getLong("XXX")));
   }
   stmt.close();
   con.close();
   } catch (Exception e) {}
   communicator.send(results);
```

Die Benutzung des RowSets vereinfacht den Datentransport erheblich, da man das ganze RowSet übertragen kann.

```
   CachedRowSet crs = new CachedRowSet();
   crs.setUrl(url);
   crs.setCommand(query);
   crs.execute();
   //möglich, da CachedRowSet serialisierbar...
   communicator.send(crs);
```

Diese Tatsache erleichtert die Benutzung von Implementierungen in verteilten Umgebungen, die jedoch nicht unbedingt über eine ständige Verbindung mit der Datenbank verfügen. Zu dieser Kategorie zählen zweifellos die PDAs die nur zu Synchronisationsszwecken eine Verbindung mit dem PC bzw. Server aufnehmen.

sun.jdbc.CachedRowSet könnte als eine eigenen Datenquelle für PDAs dienen, um auf Daten zuzugreifen ohne ständig mit der Datenbanken verbunden zu sein.

```
   CachedRowSet crs = new CachedRowSet();
   crs.setUrl("jdbc:oracle:thin:@machine:1521:db");
   crs.setUsername("adam");
   crs.setPassword("bien");
   crs.setCommand("SELECT * FROM duke");
   crs.execute();
```

Für diese Art der Datenhaltung eignen sich nur Tabellen, die nur wenig Zeilen enthalten. Die Tatsache, dass alle Datensätze, die das Ergebnis einer Query darstellen, auf einmal in den Speicher geladen werden, sollte uns bei großen Datenbanken zumindest nachdenklich stimmen. Das Laden von großen Datenmengen in den Hauptspeicher könnte nämlich zu Speicherproblemen führen (zumindest zu java.lang.OutOfMemoryException). Andererseits lassen sich in Serverumgebungen, wo genügend Hauptspeicher zur Verfügung steht, mit dieser Technologie Cachingsysteme implementieren. Falls man die Vorteile der JavaBeans-Technologie nutzen möchte und gleichzeitig mit sehr großen Datenmengen zu tun hat, bleiben einem nur noch die *Connected RowSets* übrig. Eine weitere Möglichkeit wäre die Minimierung des ResultSets durch zusätzliche Einschränkung der Query (z.B. durch zusätzliche WHERE-Statements oder die Ausgabe nur von einer definierten Menge von Ergebnissen).

Die J2EE-Architektur

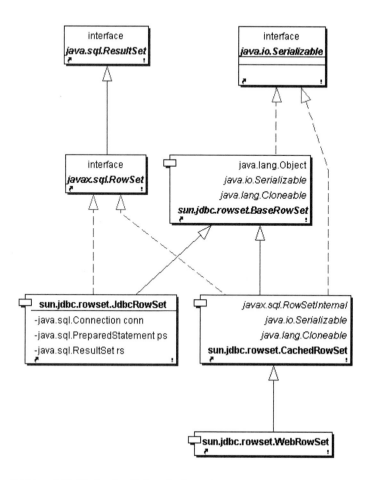

Abbildung 2.19: Die RowSets-Referenzimplementierungen

Die *Connected RowSets* erleichtern die Datenbankmanipulation, da sie eine weitere Abstraktionsschicht der Datenbank darstellen. Im Gegensatz zu den *Disconnected Rowsets* erfordern sie eine ständige Verbindung zur Datenbank. Der typischer Vertreter dieser Kategorie ist sun.jdbc.rowset.JDBCRowSet. Dieses hält eine offene Verbindung (java.sql.Connection) mit der Datenbank. Die Datenmenge, mit der diese Operationen durchgeführt werden können, wird durch java.sql.PreparedStatement bestimmt. Dieses muss mit der Methode setCommand bestimmt werden. Alle Datenbankoperationen werden an java.sql.ResultSet delegiert. Dieses liest bzw. manipuliert die Datenbank unmittelbar nach dem entsprechendem Methodenaufruf. Um mit einem JDBCRowSet arbeiten zu können, müssen folgende Schritte ausgeführt werden:

▶ eine Instanz des JDBCRowSet erzeugen,

▶ Datenbank-URL oder Data-Source angeben,

- Username und Passwort angeben,
- die Datenbankabfrage in der Form eines PreparedStatements übergeben,
- die Methode execute() aufrufen.

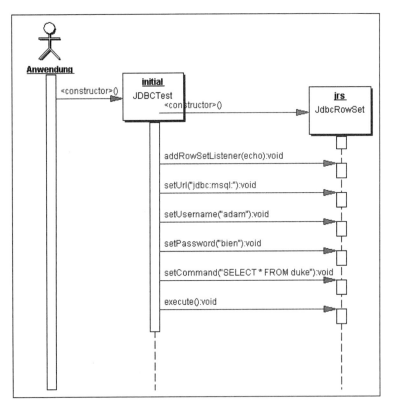

Abbildung 2.20: Erzeugung eines RowSets

Da sich bei sun.jdbc.rowset.JDBCRowSet um eine Java-Bean-Komponente handelt, muss es über ein parameterlosen Konstruktor verfügen. Die Instanz dieser Komponente ist aber für den Anwendungsentwickler so lange nutzlos, bis sie gefüllt wird. Das geschieht mit der Übergabe aller Informationen, die von einer Datenbank gefordert werden, um eine gültige java.sql.Connection einzurichten. Die Verbindung alleine reicht noch nicht, es muss noch ein SQL-(PreparedStatement) übergeben werden, das die eigentliche Ergebnismenge definiert. Nach der Bereitstellung aller Informationen kann man schließlich das RowSet mit dem Aufruf execute() füllen. Das Füllen der Bohne macht sich durch das Füllen der privaten Felder bemerkbar.

Sowohl die unverbundenen als auch die verbundenen Row-Sets entsprechen der Java-Bean-Definition einer Komponente. Alle benötigten Informationen (eigentlich Bean-Properties) können mit Hilfe eines visuellen Editors bereitgestellt werden. Der Inhalt der Variablen java.sql.Connection beschreibt jetzt eine offenen Verbindung mit der Datenbank. Das Feld PreparedStatement ist jetzt mit einem vorkompiliertem Statement gefüllt, das jederzeit ausgeführt werden kann. Das ResultSet definiert dabei die durch das PreparedStatement erzeugte Ergebnismenge.

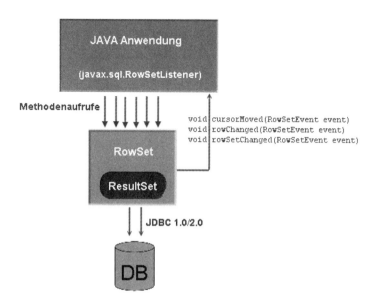

Abbildung 2.21: Connected RowSets

JNDI-Unterstützung

Mit der Einführung des Interfaces DataSource für die Standardisierung und Vereinfachung der Erzeugung der Instanzen der Klasse Connection ergab sich die Möglichkeit, diesen Prozess weiter zu abstrahieren. Mit der JNDI-API ist es möglich, eine einfache, aber allgemeine Schnittstelle für das Suchen nach Objekten in einem Namensraum bereitzustellen. Die Schnittstelle javax.sql.DataSource eignet sich bestens für die gemeinsame Benutzung dieses Interfaces mit der JNDI-Technologie. Ein Applikationsserver oder das Framework müssen zu diesem Zweck zunächst die Implementierung des Interfaces DataSource instanziieren und dann im vorhandenem Namensraum anmelden.

```
DataSource ds = XXXDataSource();
ds.setServerName("JavaDatabaseServer");
ds.setDatabaseName("duke");
```

```
//JNDI Initialisierung
//die Erzeugung des Context wird gekapselt
Context context = getInitialContext();
context.rebind("jdbc/JavaDB",ds);
```

Der Anwendungsentwickler muss natürlich den Schlüssel kennen, mit dem die Instanz der Implementierung des Interfaces DataSource angemeldet wurde (hier »jdbc/JavaDB«). Er benötigt dann aber nur noch diesen logischen Schlüssel, um eine fertig initialisierte Referenz auf die *Connection Factory* zu erhalten. Es wird grundsätzlich nur noch mit dem Interface DataSource gearbeitet, die eigentlich Implementierung spielt hier keine Rolle, sie wird nämlich vom Applikationsserver instanziiert. Im Endeffekt braucht der Entwickler nur ein einfaches String-Objekt, um mit der Datenbank Verbindung aufnehmen zu können.

```
Context ctx = Framework.getInitialContext();
DataSource ds = (DataSource)ctx.lookup("jdbc/JavaDB");
Connection connection = ds.getConnection("adam","bien");
```

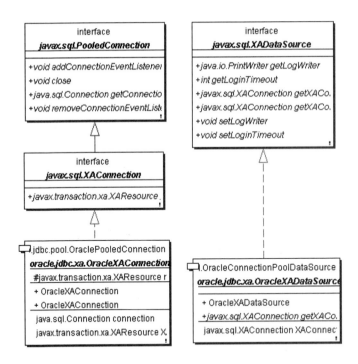

Abbildung 2.22: Beispielarchitektur der XADataSource

Diese Vorgehensweise hat einen entscheidenden Vorteil: Die eigentliche Implementierung des Interfaces DataSource und somit auch die Datenbank sind austauschbar. Der Anwendungscode ändert sich aber nicht – die Anwendungsklassen müssen nicht neu kompiliert werden.

Verteilte Transaktionen

javax.sql.DataSource stellt eine allgemeine Funktionalität zur Verfügung, die benutzt werden kann, um Verbindung mit der Datenbank aufzunehmen. Es handelt sich dabei um eine Datenbankinstanz. Es ist aber oft erforderlich, auf mehrere Datenbanken innerhalb einer Transaktion gleichzeitig zuzugreifen. Um die Konsistenz der Daten zu gewährleisten, wird oft das so genannte »*Two Phase Commit*« angewendet. Um an einer verteilten Transaktion teilnehmen zu können, muss javax.sql.XAConnection verwendet werden. Die Referenz auf diese XAConnection erhält man mit Hilfe der XADataSource-Factory. Bei dem Interface XADataSource handelt es sich nicht um eine Erweiterung des Interfaces DataSource, sondern um eine eigenständige Klasse.

2.1.4 JavaServlet

Die *JavaServlet Standard Extension* bietet eine einfache Möglichkeit, dynamische Seiten zu generieren. Dabei handelt es sich um kleine Javaprogramme die innerhalb einer Container-Serveranwendung ablaufen. Die Servlets könnte man mit den bekannten Java-Applets vergleichen, wobei sie keine GUI-Oberfläche haben. Der Webserver kommuniziert entweder direkt oder indirekt (mittels Connectoren) mit dem Web-Container. Dieser verwaltet den kompletten Lebenszyklus der Servlets. Servlets werden erzeugt, initialisiert, die Geschäftsmethoden aufgerufen, um dann schließlich zerstört zu werden. Da es sich bei den Webcontainern meistens um eine pure Javaanwendung handelt, profitiert man von dem bereits eingebauten Sicherheitsmechanismus der Programmiersprache. Ferner lassen sich alle APIs der J2EE und JSDK außer SWING und AWT benutzen. Da die Servlets nur innerhalb der Containeranwendung ablauffähig sind, handelt es sich hier nicht um eigenständige Anwendungen oder JVMs sondern um leichtgewichtige Prozesse – so genannte Java-Threads. Das Starten eines Threads ist wesentlich effizienter und performanter als das eines echten Prozesses. Beim konventionellen Aufruf eines CGI-Skriptes müssen alle betriebssystemspezifischen Initialisierungen durchgeführt werden. Nachdem die Geschäftslogik abgearbeitet wurde, wird dieser Prozess zerstört. Beim nächsten Aufruf muss der ganze Initialisierungsaufwand erneut wiederholt werden.

Servlets verhalten sich grundlegend anders. Sie werden nur einmal, nämlich beim Hochfahren der Servletengine initialisiert. Die folgenden Aufrufe werden auf einem bereits initialisierten Servlet ausgeführt. Der ganze Initialisierungsaufwand entfällt praktisch. Die Tatsache, dass nur eine einzige Instanz eines Servlets die Anfragen entgegennimmt, erleichtert die Optimierung des Bytecodes. Die HotSpot-JVM ist so in der Lage, die echten Flaschenhälse des Bytecodes zu optimieren. Die HotSpot-JVM versucht nur die Stellen zu optimieren, die öfters ausgeführt werden. Dabei werden die kritischen Stellen mittels der Just In Time-Technologie (JIT) in den native Maschinencode übersetzt. Wie schon erwähnt werden Servlets nur ein einziges Mal initialisiert. In der Initialisierungsphase wird die Methode init(ServletConfig servletConfig) aufgerufen. In dieser Methode hat der Anwendungsentwickler die Möglichkeit, zeitkritische

Objekte zu initialisieren. So können hier die JDBC-Verbindungen mit der Datenbank initialisiert werden, PreparedStatements vorbereitet, oder große Konfigurationsdateien gelesen und geparsed werden. Diese Vorgehensweise bringt einen entscheidenden Vorteil mit sich: der Web-Container fährt zwar länger hoch, das Laufzeitverhalten der Serveranwendung verbessert sich aber dramatisch. Das Gegenstück der Methode init stellt die Methode destroy dar. In dieser Methode sollten alle Ressourcen, die vom Servlet beansprucht wurden, wieder freigegeben werden. Diese Freigabe ist nicht zwingend erforderlich, aber man muss daran denken, dass unseres Servlet nicht die einzige Anwendung ist, die kritischen Ressourcen benötigt. Bestimmte Implementierungen der java.sql.Connection geben die Datenbankverbindung nur zögerlich wieder frei, wenn dies nicht explizit mit close() bewirkt wurde. So kann es besonders in der Testphase, wenn unser Servlet ständig hoch- und heruntergefahren wird, passieren, dass die Datenbank keine neuen Connections mehr erlaubt, da bereits alle verbraucht wurden. Erst nach dem herstellerabhängigem Timeout sind neue Sessions möglich. Dieses Problem lässt sich mit explizitem Schließen der Datenbankverbindungen in der Methode destroy beseitigen.

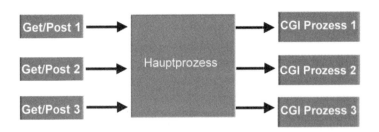

Abbildung 2.23: Das Common Gateway Interface

Beim Methodenaufruf init wird dem Servlet eine Instanz der Klasse javax.servlet.ServletConfig übergeben.

interface
javax.servlet.ServletConfig
+java.lang.String getInitParameter +java.util.Enumeration getInitParameterNames +javax.servlet.ServletContext getServletContext +java.lang.String getServletName

Abbildung 2.24: Das Interface ServletConfig

Mit dieser Instanz kann man die anwendungsspezifischen Einstellungen einer Anwendung auslesen. Es ist aber nur ein lesender Zugriff auf die Informationen möglich. Wie die Informationen verwaltet werden, ist vom Hersteller des Web-Containers abhängig. Der Jakarta Tomcat speichert diese Werte in einer XML-Konfigurationsdatei namens web.xml.

Beispiel:

```xml
<?xml version="1.0" encoding="ISO-8859-1"?>
<!DOCTYPE web-app
    PUBLIC "-//Sun Microsystems, Inc.//DTD Web Application 2.2//EN"
    "http://java.sun.com/j2ee/dtds/web-app_2_2.dtd">
<web-app>
    <servlet>
        <servlet-name>
            RequestStore
        </servlet-name>
      <servlet-class>
            com.abien.internet.prequest.server.RequestStore
      </servlet-class>
      <init-param>
            <param-name>FILE_NAME</param-name>
            <param-value>c:\work\...\ projects.xml</param-value>
      </init-param>
<init-param>
<param-name>com.abien.internet.prequest.storage.PRequestStore</param-name>
<param-value>com.abien.internet.prequest.storage.XMLStore</param-value>
    </init-param>
   </servlet>
</web-app>
```

Der Anwender greift auf die XML-Datei über die Instanz ServletConfig indirekt zu:

```java
public void init(ServletConfig config) throws ServletException {
super.init(config);
            String fileName = config.getInitParameter("FILE_NAME");
            // Inhalt : c:\work\...\ projects.xml
}
```

Andere Implementierungen des Containers können die Einstellungen auch in einer Datenbank oder binär verwalten. Wichtig ist, dass man über die Instanz ServletConfig auf die Informationen zugreifen kann. Diese Möglichkeit sollte unbedingt genutzt werden, um die Hardkodierung der Konstanten zu vermeiden. Die Externalisierung der zugehörigen Werte macht die Neukompilierung des Servlets bei einem Datenbankwechsel überflüssig. Es genügt eine Änderung der JDBC-URL in der XML-Datei und das Neustarten der Servlet-Engine. Die Servlet-Technologie bietet uns eine objektorientierte Sicht auf die Eigenschaften des HTTP-Protokolls. Was man früher mühsam parsen musste, erhält man jetzt bequem mit einem Methodenaufruf.

```java
import java.io.*;
import javax.servlet.*;
import javax.servlet.http.*;
public class RequestInfo extends HttpServlet {
    public void doGet(HttpServletRequest request, HttpServletResponse response)
    throws IOException, ServletException{
        response.setContentType("text/html");
        PrintWriter out = response.getWriter();
        out.println("<html>");
        out.println("<body>");
        out.println("<head>");
        out.println("<title>Request Information Example</title>");
        out.println("</head>");
        out.println("<body>");
        out.println("<h3>Request Information Example</h3>");
        out.println("Method: " + request.getMethod());
        out.println("Request URI: " + request.getRequestURI());
        out.println("Protocol: " + request.getProtocol());
        out.println("PathInfo: " + request.getPathInfo());
        out.println("Remote Address: " + request.getRemoteAddr());
        out.println("</body>");
        out.println("</html>");
    }
    public void doPost(HttpServletRequest request, HttpServletResponse response)
    throws IOException, ServletException{
        doGet(request, response);
    }
}
```

Dieses Servlet besitzt keine Methode init. Das bedeutet lediglich, dass die Originalmethode nicht überschrieben wurde. Servlet RequestInfo ist offensichtlich nicht daran interessiert, externe Informationen zu erhalten oder über das Hochfahren des Servers benachrichtigt zu werden.

Die Methoden doPost und doGet werden je nach Typ der Anfrage aufgerufen. Der Typ der Anfrage wird meistens durch den Tag <FORM METHOD="xxx"> vorgegeben. Der Platzhalter xxx steht hier für die GET- oder POST-Konstante. Aus Sicht des Webdesigners hat diese Konstante zunächst keine Auswirkung. Es müssen jedoch mehrere Dinge beachtet werden. Die Länge des GET-Requests wurde auf 256 Zeichen eingeschränkt. Ein weiterer Nachteil ist die mögliche Manipulation der Formdaten im Browserfenster. Der GET-Request wird vom jeweiligem Browser erzeugt und ist im Location-Textfeld sichtbar. Es besteht aus Schlüssel/Wert-Paaren, die aneinander gefügt wurden. Eine mögliche Anfrage könnte folgendermaßen ausschauen: http://localhost:8080/servlet/Test?mode=test&form1=inhalt1&form2=inhalt2. Wesentlich sicherer ist hier die Postanfrage. Die Inhalte der Postanfrage sind nicht sichtbar – sie werden im HTTP-Body an den Web-Server geschickt. Die Länge des Inhalts wurde auch nicht eingeschränkt, so ist es möglich, größere Dateien an den Web-Container zu schicken. Warum arbeitet man dann immer noch mit den GET-Anfragen? Die Anwort ist relativ einfach:

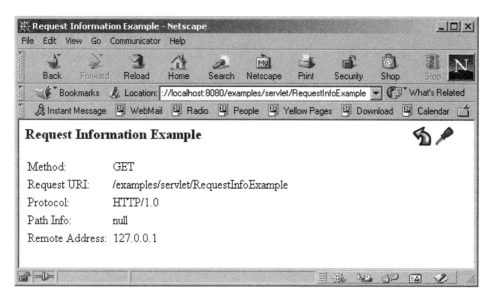

Abbildung 2.25: Die Ausgabe des RequestInfo-Servlets

Nur mit GET-Methode lassen sich dynamische Links aufbauen, die dann ganz konventionell in die HTML-Seite eingebaut werden. Ein solcher Link `<a href=http://localhost:8080/servlet/TestServlet?mode=init>Go</a>` ist nur mit der GET-Methode möglich. Dem Servletenwickler kann es aber wirklich egal sein, welche Methode (GET oder POST) verwendet wurde. Es werden zwar jeweils `doGet` oder `doPost` aufgerufen, sie lassen sich aber bequem in eine Methode umlenken.

```
  public void doGet(HttpServletRequest request, HttpServletResponse response)
    throws IOException, ServletException{
    doBoth(request,response);
}
  public void doPost(HttpServletRequest request, HttpServletResponse response)
    throws IOException, ServletException{
    doBoth(request,response);
}
 private void doBoth(HttpServletRequest request, HttpServletResponse response){
   // wird in beiden Fällen aufgerufen
 }
```

Welche der beiden Methoden aufgerufen wird, entscheidet `javax.servlet.http.HttpServlet` in der Methode `service`. Diese wird unabhängig von der eigentlichen Methode (GET, POST, DELETE ...) immer zuerst aufgerufen.

Falls man die Methode `service` bereits überschrieben hat, sollte man den Aufruf `super.service()` nicht vergessen. Ansonsten funktioniert die Umlenkung zu den Methoden `doPost` bzw. `doGet` nicht. Die abstrakte Implementierug des `javax.serv-`

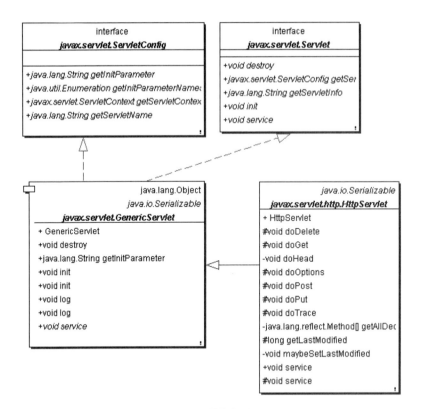

Abbildung 2.26: Die Vererbungshierarchie des HTTP-Servlets

let.GenericServlet kann als allgemeine Basis für eigene serverseitige Komponenten dienen. Diese Komponenten müssen jedoch nicht unbedingt HTTP-spezifisch sein. Eine Applet-Servlet-Kommunikation könnte so auf der Objektebene stattfinden. Ein Applet könnte demnach Nachrichten in Form von Objekten (mit Hilfe von java.io.ObjektInputStream und java.io.ObjektOutputStream) an das Servlet schicken. Dieses könnte die Nachrichten entpacken (also lesen und dann auf das Message-Objekt casten) um dann entsprechend zu reagieren. Diese Form der Kommunikation ist wesentlich leichter zu implementieren als die herkömmlichen Protokolle, die auf der Socketebene implementiert wurden.

Die Funktionalität der Klasse javax.servlet.http.HttpServlet sollte als Basis benutzt werden, wenn man das HTTP-Protokoll als Kommunikationsmedium benutzen möchte. Das Setzen und Lesen von Parametern wird auf Methodenebene unterstützt. Die Methode getParameter gibt beispielsweise den Inhalt des Schlüssels zurück – unabhängig davon, welche Übertragungsmethode gewählt wurde.

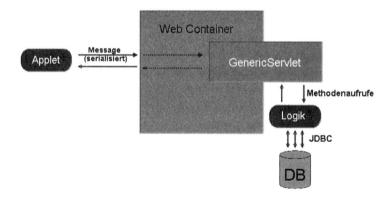

Abbildung 2.27: Die Applet-Servlet-Kommunikation

Die Sessionverwaltung

Da das HTTP-Protokoll zustandslos ist, sind auch Servlets zunächst nicht in der Lage, die Zustände pro Client zu verwalten. Eine Servletinstanz hat zwar einen eigenen Zustand, dieser ist aber global, d.h. nicht clientspezifisch. Für Anwendungen wie einen Warenkorb ist es aber notwendig, dass ein Client einen eigenen Zustand auf dem Server verwalten kann. Dieser muss auch jederzeit von der Clientseite abrufbar sein. Alle Zustände werden in einem Container-Objekt abgelegt Das Interface HttpSession deklariert bereits Methoden, die den Zugriff auf schon abgelegte Objekte ermöglicht. Das geschieht ähnlich wie in einer gewöhnlicher java.util.HashMap mit den Methoden getAttribute und setAttribute.

Um eine Instanz des Interfaces HttpSession zu erzeugen, ist immer die Instanz HttpRequest notwendig. Dieses Objekt kann als eine *Session Factory* angesehen werden.

```
HttpSession session = request.getSession(true);
session.setAttribute("key1", new Date());
String value = session.getAttribute("key1").toString();
```

Es ist also unmöglich, selber mit einem Konstruktoraufruf eine Instanz der HttpSession-Implementierung zu erzeugen. Dazu ist die Methode getSession(boolean flag) des Parameters HttpRequests notwendig. Falls der Parameter flag den Wert true erhält, wird ein neues Session-Objekt erzeugt – wenn keines vorhanden ist. Dieser Parameter kann auch den Wert false erhalten, dann wird allerdings versucht, eine bestehende Session zurückzugeben. Wenn keine Session vorhanden ist (wenn sich z.B. ein Web-Client gerade angemeldet hat), wird null zurückgegeben.

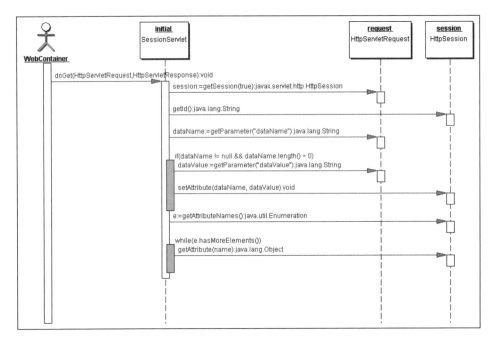

Abbildung 2.28: Das Lesen und Setzen der Session-Attribute

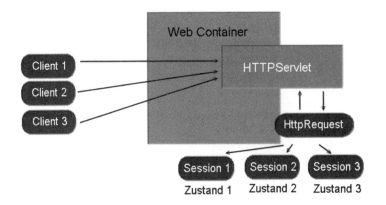

Abbildung 2.29: Das Interface HTTP-Session

Falls wir eine Instanz HttpSession erhalten haben und der Flag den Wert true hatte, ist es nicht unbedingt ersichtlich, ob es sich hier um ein neues Session-Objekt oder um ein bereits bestehendes handelt. Das kann aber mit einer Methode isNew() der Instanz überprüft werden. Oft ist es notwendig, eine Session für ungültig zu erklären. In diesem Fall sollten auch alle gehaltene Objekte freigegeben werden. In echten Webanwendungen wird eine Session für ungültig erklärt, wenn der Client längere Zeit nicht mehr mit unserem Server kommuniziert. Das passiert oft, wenn unser Benutzer z.B. die Homepage gewechselt hat, ohne sich ordentlich abzumelden. In diesem Fall sollte aus Sicherheits- und Effizienzgründen die bestehende Session entfernt werden. Zu diesem Zweck kann man die Methode `invalidate()` des Interfaces `HttpSession` aufrufen. Diese Methode wird häufig zusammen mit der Methode `getLastAccessedTime()` verwendet, da man hier leicht einen Timeout-Mechanismus implementieren kann.

Die Tatsache, dass man eine gültige Instanz nur über einen kleinen Umweg, nämlich über das Objekt `HttpServletRequest` erhält, hat auch ihre Berechtigung. Eine Authentifizierung des Webclients (z.B. eines Browsers) kann nur mit Hilfe der Klasse `HttpServletRequest` stattfinden, da nur die Instanz dieser Klasse über die notwendigen Informationen verfügt. `HttpServletRequest` ermöglicht uns das Lesen von an den Server gesendeten Informationen, die zur Verwaltung von Sessions dienen könnten. Diese Art der Sessionverwaltung wird auch URL-Rewriting genannt. Der Web-Container stellt dabei zusätzliche Informationen bereit, die dann mit jedem Link verschickt werden. Der Server generiert dabei eine eindeutige Session-ID, die dann an den Client übertragen wird. Der Client ist ab jetzt nicht mehr unbekannt, er sendet mit jeder Anfrage an unseren Server diesen Schlüssel mit. Der Schlüssel dient dann der Zuweisung eines Session-Objekts an einen Client (also an eine Instanz der Klasse `HttpServletRequest`). Der Schlüssel wird immer automatisch mitgeschickt, wenn der Internetbenutzer auf einen Link clickt oder ein Formular sendet. Die Sessioninformationen können dabei in einem versteckten Feld abgelegt werden.

Eine andere Möglichkeit des Sessionmanagements sind Cookies. Ein Cookie besteht aus Informationen, die auf dem Webbrowser gespeichert werden. Auf diese Informationen kann man später zugreifen. Wie lange diese Informationen gültig sind, lässt sich mit der Erzeugung der Instanz der Klasse `Cookie`, bestimmen. Cookies werden normalerweise in einer Textdatei abgelegt. Die benötigten Informationen (die Session-ID) werden beim Anlegen einer Session vom Webserver zum Webbrowser geschickt. Der Browser legt diese Information ab und kann später auf diese zugreifen. Diese Form der Sessionverwaltung hat aber einen entscheidenden Nachteil: Bei vielen modernen Browsern lassen sich die Cookies aus sicherheitstechnischen Gründen ausschalten. In diesem Fall ist der Webclient nicht in der Lage, die Sessioninformationen zu speichern. Der Browser kann sich also gegenüber dem Webcontainer nicht mit der nötiger Sessioninformation authentisieren. Der Server nimmt an, dass es sich um einen gerade angemeldeten Benutzer handelt, generiert wieder eine neue Session und schickt die eindeutige Authentisierung zum Browser. Es werden also für jede Client-Server-Anfrage neue Sessions generiert. Der Server ist nicht in der Lage, die Clients den Sessions zuzuordnen. Die ganze Kommunikation findet wieder (ungewollt) auf einer zustandsloser Ebene statt. Es existiert auch eine Klasse, die das Erzeugen von Cookies erleichtert.

```
┌─────────────────────────────────────┐
│            interface                │
│   javax.servlet.http.HttpSession    │
├─────────────────────────────────────┤
│ +java.lang.Object getAttribute      │
│ +java.util.Enumeration getAttribute.│
│ +long getCreationTime               │
│ +java.lang.String getId             │
│ +long getLastAccessedTime           │
│ +int getMaxInactiveInterval         │
│ +javax.servlet.http.HttpSessionCon  │
│ +java.lang.Object getValue          │
│ +java.lang.String[] getValueNames   │
│ +void invalidate                    │
│ +boolean isNew                      │
│ +void putValue                      │
│ +void removeAttribute               │
│ +void removeValue                   │
│ +void setAttribute                  │
│ +void setMaxInactiveInterval        │
└─────────────────────────────────────┘
```

Abbildung 2.30: Die interne Sessionverwaltung des Servlets

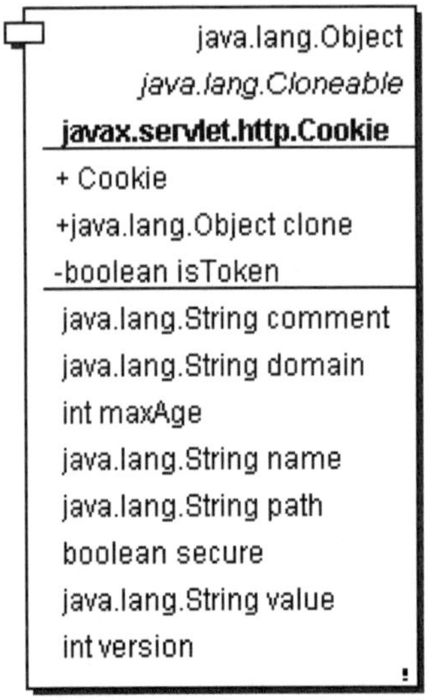

```
┌─────────────────────────────────────┐
│              java.lang.Object       │
│              java.lang.Cloneable    │
│         javax.servlet.http.Cookie   │
├─────────────────────────────────────┤
│   + Cookie                          │
│   +java.lang.Object clone           │
│   -boolean isToken                  │
├─────────────────────────────────────┤
│   java.lang.String comment          │
│   java.lang.String domain           │
│   int maxAge                        │
│   java.lang.String name             │
│   java.lang.String path             │
│   boolean secure                    │
│   java.lang.String value            │
│   int version                       │
└─────────────────────────────────────┘
```

Abbildung 2.31: Die Klasse javax.servlet.http.Cookie

Es handelt sich dabei um die Klasse `javax.servlet.http.Cookie`. Diese Klasse stellt die Funktionalität eines echten Cookies auf dem Server bereit. Man kann sie also als eine Art »Clientverlängerung« oder Proxy ansehen. Mit der Instanziierung dieser Klasse wird aber noch kein echtes Cookie auf dem Browser angelegt.

```
public void doGet(HttpServletRequest request, HttpServletResponse response)
    throws IOException, ServletException{
        response.setContentType("text/html");
        Cookie cookie1 = new Cookie("schluessel", "Wert 1");
        Cookie cookie2 = new Cookie("schluesse2", "Wert 2");
        response.addCookie(cookie1);
        response.addCookie(cookie2);
        }
}
```

Zu diesem Zweck muss zunächst die Methode `addCookie(Cookie cookie)` des `HttpServletResponse` aufgerufen werden. Erst nach diesem Aufruf kann man davon ausgehen, dass unsere Information auf dem Webclient persistent abgelegt wurde. Die Cookies wurden auf eine Größe von 4 KB beschränkt. Ein gängiger Browser sollte in der Lage sein, ca. 300 Cookies zu verwalten. Manche Browser lassen jedoch höchstens 20 Cookies pro Server zu.

Obwohl sich die beiden Technologien (URL-Rewriting und Cookies) technisch unterscheiden, erfüllen sie aus Serversicht die gleichen Aufgabe. Eine einmal zum Webbrowser gesendete Information kann zu einem späteren Zeitpunkt abgefragt werden. Bei dieser Information handelt es sich eigentlich um einen gewöhnlichen Schlüssel, mit dem man auf dem Server ein Sessionobjekt direkt ansprechen kann.

Servlets und Threads

Eine wichtige Frage, die man sich bei der Servletentwicklung stellen sollte, ist die Nebenläufigkeit der Servlets. Wie lässt sich die Threadsicherheit gewährleisten? Diese Frage ist nur schwer zu beantworten. Aus Sicht des Servlets reicht die Implementierung des Interfaces `javax.servlet.SingleThreadModel`. Dieses Interface enthält keine Methoden, es ist also ein typisches Marker-Interface. Die Implementierung dieses Interfaces ändert das Laufzeitverhalten des Servlets. Es wird sichergestellt, dass nur ein Thread die Methode `service` aufrufen kann. Es ist also unmöglich, dass sich zwei oder mehrere Threads gleichzeitig in dieser Methode befinden. Es genügt eigentlich die Synchronisierung der Methode `service`, da diese je nach Anfrage die Methoden `doGet` bzw. `doPost` aufruft ... . Die Tatsache, dass sich lediglich ein Thread zu einem Zeitpunkt in der Methode `service` befindet, kann auf zwei verschieden Weisen vom Web-Container sichergestellt werden. Der Web-Container könnte eine einzige Servletinstanz erzeugen und den Zugriff auf diese synchronisieren. Es wäre aber auch möglich, beim Hochfahren des Servers mehrere Instanzen zu erzeugen, die dann in einem Pool warten. Bei jeder Anfrage kann eine freie Instanz aus dem Pool herausgeholt werden. Diese bearbeitet dann die Anfrage und wird anschließend in den Pool zurückgesteckt. Diese Möglichkeit garantiert zwar, dass nur ein Thread auf eine Servletinstanz zugreifen darf, aber die ganze Anwendung ist noch lange nicht »threadsafe«. Es ist denkbar, dass unser Servlet auf eine gemeinsame Ressource zugreift (z.B. über eine JDBC-Verbindung auf eine relationale Datenbank). Da mehrere Servletinstanzen parallel existieren können, ist auch paralleler Zugriff auf die Datenbank möglich. Diese müsste auch für den Einsatz in einer »multithreaded« Umgebung konfiguriert werden (z.B. durch die Wahl geeigneter Isolationslevel). Wie wir im obigen Beispiel gesehen haben, bedeutet die Implementierung des Interfaces SingleThreadModel nicht immer die Threadsicherheit der Servletanwendung. Welche der beiden Möglichkeiten (eine überwachte Instanz oder mehrere unabhängige Instanzen) gewählt wurde, hängt mit der Implementierung des Web-Containers zusammen und ist somit herstellerabhängig.

Die Weiterleitung der Anfrage

Obwohl anfangs die Servlettechnologie direkt dazu benutzt wurde, die HTML-Seiten dynamisch aufzubauen, wird heute immer mehr die JavaServerPage (JSP)-Technologie zu diesem Zweck verwendet. Servlets übernehmen die Controllerfunktionalität, sie koordinieren also lediglich die Datenhaltung mit der Präsentationsschicht. Zu diesem Zweck ist es aber notwendig, bereits vorhandene Informationen (z.B. Datenbankabfragen) an die Präsentationsschicht weiterzuleiten. Die Weiterleitung soll möglichst flexibel erfolgen, so dass eine direkte Referenz auf die Präsentationskomponente nicht notwendig ist. Diese Arbeit erledigt die Klasse RequestDispatcher aus dem Package javax.servlet.

```
public void doGet(HttpServletRequest request, HttpServletResponse response)
                    throws IOException, ServletException {
    RequestDispatcher reqDis = getServletContext().getRequestDispatcher("/view.jsp");
    reqDis(request,response);
}
```

Dieses Interface enthält lediglich zwei Methoden:

```
void forward(ServletRequest request, ServletResponse response)
void include(ServletRequest request, ServletResponse response)
```

Die Methode forward leitet die ganze Anfrage an die Komponente weiter, die diese dann auch selbstständig bearbeitet. Anders verhält sich die include-Methode. Diese Methode erlaubt eine Nachbildung des *Server Side Include*, jedoch auf der Programmiersprachenebene. Der Aufruf dieser Methode ermöglicht die Integration mehrerer Komponenenten (z.B. JSPs) in eine Seite. Es muss lediglich darauf geachtet werden, dass man den *»response stream«* erst nach dem Aufruf include festsetz. Ferner muss auch die sinnvolle Zusammensetzung der Komponenten beachtet werden. Es bringt nur wenig, wenn jede Komponente <html>- und </html>-Tags in ihrer Ausgabe platziert ...

2.1.5 JavaServer Pages (JSP)

Java Server Pages (JSP) sind Servlets. Hier der lebende Beweis:

```
import javax.servlet.*;
import javax.servlet.http.*;
import javax.servlet.jsp.*;
import javax.servlet.jsp.tagext.*;
import java.io.PrintWriter;
import java.io.IOException;
import java.io.FileInputStream;
import java.io.ObjectInputStream;
import java.util.Vector;
import org.apache.jasper.runtime.*;
import java.beans.*;
import org.apache.jasper.JasperException;
public class _0002fjsp_0002ejspjsp_jsp_1 extends HttpJspBase {
    static { }
    public _0002fjsp_0002ejspjsp_jsp_1( ) { }
    private static boolean _jspx_inited = false;
    public final void _jspx_init() throws JasperException {   }
    public void _jspService(HttpServletRequest request, HttpServletResponse
➥response)
        throws IOException, ServletException {
        JspFactory _jspxFactory = null;
        PageContext pageContext = null;
        HttpSession session = null;
        ServletContext application = null;
        ServletConfig config = null;
        JspWriter out = null;
        Object page = this;
        String _value = null;
        try {
            if (_jspx_inited == false) {
                _jspx_init();
                _jspx_inited = true;
            }
            _jspxFactory = JspFactory.getDefaultFactory();
            response.setContentType("text/html;charset=8859_1");
            pageContext = _jspxFactory.getPageContext(this, request, response,
                "", true, 8192, true);
            application = pageContext.getServletContext();
            config = pageContext.getServletConfig();
            session = pageContext.getSession();
            out = pageContext.getOut();
            // HTML // begin [file="E:\\work\\internet\\servers\\
➥jakarta-tomcat\\webapps\\webdesignerin\\jsp.jsp";from=(0,0);to=(3,60)]
                out.write("<html>\r\n<body bgcolor=\"white\">\r\n<font
face=\"arial\" size=-1>Request Method </font>\r\n<font face=\"arial\" size=-1
➥color=\"blue\">JSP Request Method: ");
            // end
```

```
                    // begin [file="E:\\work\\internet\\servers\\
➥jakarta-tomcat\\webapps\\webdesignerin\\jsp.jsp";from=(3,63);to=(3,84)]
                    out.print( request.getMethod() );
                    // end
                    // HTML // begin [file="E:\\work\\internet\\servers\\
➥jakarta-tomcat\\webapps\\webdesignerin\\jsp.jsp";from=(3,86);to=(7,41)]
                    out.write("</font>\r\n<br>\r\n<hr>\r\n<font face=\"arial\" size=-1
color=\"black\">Dein Browser:</font>\r\n<font face=\"arial\" size=-1
➥color=\"blue\"> ");
                    // end
                    // begin [file="E:\\work\\internet\\servers\\
➥jakarta-tomcat\\webapps\\webdesignerin\\jsp.jsp";from=(7,44);to=(7,77)]
                    out.print( request.getHeader("User-Agent") );
                    // end
                    // HTML // begin [file="E:\\work\\internet\\servers\\
➥jakarta-tomcat\\webapps\\webdesignerin\\jsp.jsp";from=(7,79);to=(11,7)]
                    out.write("</font>\r\n<hr>\r\n</font>\r\n</body>\r\n</html>");
                    // end
            } catch (Exception ex) {
                if (out.getBufferSize() != 0)
                    out.clearBuffer();
                pageContext.handlePageException(ex);
            } finally {
                out.flush();
                _jspxFactory.releasePageContext(pageContext);
            }
        }
    }
```

Diese Datei muss noch kompiliert werden; nachdem sie aber kompiliert und installiert wurde, kann sie als vollwertiges Servlet betrachtet werden. Die Datei jsp.jsp schaut da ein wenig anders aus:

```
<html>
<body bgcolor="white">
<font face="arial" size=-1>Request Method </font>
<font face="arial" size=-1 color="blue">JSP Request Method: <%=
request.getMethod() %></font>
<br>
<hr>
<font face="arial" size=-1 color="black">Dein Browser:</font>
<font face="arial" size=-1 color="blue"> <%= request.getHeader("User-Agent")
➥%></font>
<hr>
</font>
</body>
</html>
```

Sie sieht eher einer HTML-Datei als einer Java-Source ähnlich. Beim Aufruf der JSP wird überprüft, ob bereits eine neue Source existiert. Falls ja, wird wieder eine neue Servlet-Datei generiert, kompiliert und installiert. Das Ergebnis unserer Bemühungen sieht so aus:

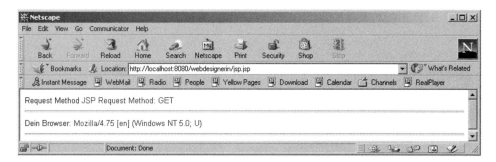

Abbildung 2.32: Das Ergebnis einer JSP-Seite

Man kann also tatsächlich behaupten, dass *Java Server Pages* nichts anderes sind als Servlets, oder? Wenn ja, wozu das Ganze? Die Antwort ist relativ einfach: Ein Webdesigner kann wesentlich besser mit einer JSP umgehen als mit einem Servlet.

Obwohl aus einer JSP schließlich Servlets generiert werden, ist die JSP-Entwicklung wesentlich einfacher als die eines Servlets. Eine JSP besteht normalerweise aus ganz gewöhnlichem HTML-Code, wobei die dynamischen Teile in spezielle Tags eingebettet werden.

```
<% if (Calendar.getIntance().get(Calendar.AM_PM) == Calendar.PM{ %>
    <I> Guten Abend !</I>
<%}else { %>
    <i> Guten Morgen ! </i>
<% }%>
```

Der Code innerhalb der Tags wird beim Aufruf der JSP ausgeführt und die Ausgabe in den HTML-Code eingebettet. Für den Browser handelt es sich dabei um eine ganz gewöhnliche Seite. So ist es auch beispielsweise möglich, mit WAP-fähigen Handys auf die dynamischen Inhalte einer JSP zuzugreifen. Die Tags (<% %>) werden zusammen mit dem eingebetteten Inhalt auch Scriplets genannt. Momentan ist Java die einzige Programmiersprache, die beim Scripting unterstützt wird. In der JSP-Spezifikationen wurde aber die Programmiersprache nicht festgelegt. Auch die Anwendung von HTML ist nicht zwingend erforderlich. Der Gebrauch von anderen *Markup Languages* ist bereits möglich.

```
<?xml version="1.0" encoding="ISO-8859-1"?>
<%@ page contentType="text/xml;charset=ISO-8859-1" %>
<% java.util.Calendar cal = java.util.Calendar.getInstance(); %>
<Seite>
  <Zeitangabe>
    <% out.print("<Zeit>" + cal.getTime().toString() +
       "</Zeit>"); %>
  </Zeitangabe>
</Seite>
```

Das obige Beispiel generiert dynamische XML-Inhalte. Diese Inhalte lassen sich nicht direkt (ohne XSL) anzeigen, aber sie eignen sich hervorragend für den Datenaustausch.

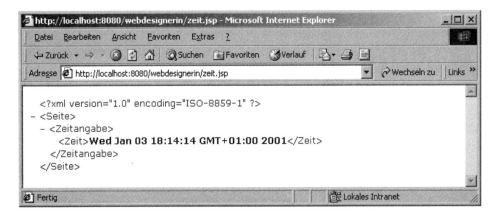

Abbildung 2.33: Die Browserausgabe der zeit.jsp

Die JSP-Technologie erlaubt nicht nur den Zugriff auf Singletons oder auf innerhalb von Scriplets erzeugte Objekte, sondern es können auch Objekte oder Variablen deklariert werden. Die Deklarationen sind nur innerhalb dieser JSP sichtbar. Um eine Variable zu deklarieren wird eine andere Syntax benötigt.

```
<%! int i=0; %>
<%! private String session= null; %>
<%! private Date date= null; %>
```

In diesem Fall bekommen wir aber beim ersten Kompilieren einen Compilerfehler gemeldet, da die Klasse Date dem Compiler unbekannt ist. Es werden also import-Statements vermisst. Da JSP sich aber sprachneutral verhalten soll, ist eine direkte Kodierung des import-Statements nicht erlaubt. Dazu eignen sich besonders gut die Direktiven. Ein import-Statement könnte so ausschauen:

```
<%@ page import = "java.util.Date" %>
```

Bei den Direktiven handelt es sich um Nachrichten an den JSP-Compiler. Eine Direktive kann überall auf einer Seite deklariert werden. Aus Übersichtlichkeitsgründen werden sie jedoch meistens oben im »Header« platziert. Eine Direktive kann auch verwendet werden, um zusätzliche Informationen bereitzustellen.

```
<%@ page info="by Adam Bien" %>
```

Diese Information kann man dann mit der Methode getServletInfo() abgefragen. Um einen Request, der eigentlich für die momentane Seite gedacht war, umzulenken, benötigt man so gennante *Actions*. Eine Action besteht aus dem Tag »<jsp:nameDerAktion«, das auch mehrere Attribute mit Werten enthalten kann. Sie werden meistens verwendet, um JavaBeans zu erzeugen und zu manipulieren. Es wird bereits eine Reihe von vordefinierten Actions mitgeliefert:

Action	Attribut	Verwendung
jsp:useBean		
	id	Unter diesen Namen, kann man später nur innerhalb des angegebenen Scopes auf die JavaBean zugreifen.
	scope	Beschreibt den Gültigkeitsbereich innerhalb dessen man auf die Komponente referenzieren kann.
	class	Der Wert diesen Schlüssels steht für den vollqualifizierten Namen der Klasse, die instanziiert wird (laut JavaBean-Spezifikation muss sie über einen Defaultkonstruktor verfügen).
	beanName	Steht für den Namen der JavaBean.
	type	Definiert den Typ des Objekts, auf das durch die ID bereits referenziert wurde. Falls nicht angegeben hat dieses Attribut den gleichen Wert wie das Attribut class.
jsp:setProperty		Diese Aktion wird genutzt, um bei einer Java-Bean-Instanz die Properties setzen zu können (entspricht dem Aufruf einer set-Methode).
	name	Legt den Namen der JavaBean fest, deren Methode aufgerufen werden soll.
	property	Der Name der Property, die gesetzt werden soll. Bei einer Property namens *age* wird die Methode setAge aufgerufen, wenn die Property den Wert »*« erhält.
	param	Der Name des Request-Parameters, mit dessen Wert wir die JavaBean-Property setzen wollen.
	value	Der Wert, der bei einem Methodenaufruf gesetzt werden soll. Es ist nicht erlaubt, gleichzeitig das param- und das value-Attribut zu verwenden.
jsp:getProperty		Diese Aktion arbeitet ähnlich wie setProperty. Allerdings werden hier die »Getter« aufgerufen. Die Rückgabewerte werden zu Strings konvertiert.

Action	Attribut	Verwendung
	name	Der Name der JavaBean, deren Methoden aufgerufen werden sollen.
	property	Definiert den Namen der Property, die durch den get-Methodenaufruf zurückgegeben wird. Das Ergebnis wird in die implizite out-Referenz geschrieben.
jsp:include		Diese Aktion erlaubt das Einbetten dynamischer und statischer Inhalte.
	page	Definiert die URL der Seite, die eingebunden werden soll.
	flush	Gibt an, ob der Buffer geflushed werden soll oder nicht. Eigentlich überflüssig, da nur der Wert true gültig ist.
jsp:forward	page	Äquivalent mit dem Aufruf RequestDispatcher.forward.
jsp:param		Diese Aktion lässt sich lediglich mit anderen Aktionen benutzen. Sie wird verwendet um benötigte Schlüssel/Wert-Paare zu setzen.
jsp:plugin		Diese Aktion ist mit dem HTML-Tag <EMBED> oder <OBJECT> vergleichbar.
	type	Steht für den Typ des Plugins (ein Applet oder eine JavaBean Komponente).
	jreversion	Standardwert 1.1. Hier kann man die benötigte JRE einstellen, die zur Ausführung des Plugins notwendig ist.
	nspluginurl	Definiert die URL, mit der man das benötigte Plugin für den Netscape Navigator herunterladen kann.
	iepluginurl	Definiert die URL, mit der man das benötigte Plugin für den MS Explorer herunterladen kann.
	Code, codebase, align, archive, height, hspace, name, vpsace, title, width	Diese Attribute haben die gleiche Funktionalität, die in der HTML-Spezifikation beschrieben wurde.

Eine JSP-Aktion kann auch verwendet werden, um die Funktionalität der Methode include des RequestDispatchers nachbilden zu können.

```
<html>
<body bgcolor="white">
<%@ include file="text.htm" %>
</body>
</html>
```

Da der generierte Code optimiert werden kann, wird hier RequestDispatcher nicht verwendet, stattdessen wird der Inhalt der Datei direkt hart kodiert.

```
// HTML // begin [file="E:\\work\\internet\\servers\\jakarta-
tomcat\\webapps\\webdesignerin\\forward.jsp";from=(0,0);to=(2,0)]
out.write("<html>\r\n<body bgcolor=\"white\">\r\n");
// end
// HTML // begin [file="E:\\work\\internet\\servers\\jakarta-
tomcat\\webapps\\webdesignerin\\text.htm";from=(0,0);to=(0,27)]
out.write("<center>Hallo Welt</center>");
// end
// HTML // begin [file="E:\\work\\internet\\servers\\jakarta-
tomcat\\webapps\\webdesignerin\\forward.jsp";from=(2,30);to=(4,7)]
out.write("\r\n</body>        \r\n</html>");
// end#
```

Diese Vorgehensweise ist nur möglich, wenn die Änderungen der Datei text.htm dauernd überprüft werden. Ansonsten wäre es denkbar, dass der Webdesigner die Datei ersetzt hat, aber im Browser immer noch alte Inhalte dargestellt werden.

Eine Direktive besteht aus dem Attributnamen und dem Wert. Es wurden mehrere Direktiven vorgegeben:

Direktive	Attribut	Verwendung/Funktion
include	file	Eine angegebene Datei wird in diese JSP eingebettet.
taglib	uri	Signalisiert die Verwendung einer Tag-Bibliothek.
	tagPrefix	Identifiziert die eigentliche Tag-Bibliothek
page	language	Spezifiziert die Programmiersprache, die innerhalb der Scriplets, Expressions und Deklarationen verwendet wird. Bis zur Spezifikation JSP 1.1 war Java die Default-Einstellung und wird nur Java unterstützt.
	extends	Definiert den Klassennamen der Superklasse, zu welcher die JSP transformiert wird.
	import	Äquivalent mit dem standard Java import.
	session	Kann true oder false betragen. Gibt an, ob eine neue Session erforderlich ist oder nicht. Defaulteinstellung ist true.
	buffer	Der Wert dieses Attributs beschreibt die Größe des Buffers, in den die Seitenausgabe zuerst geschrieben werden soll. Man kann den Buffer mit dem Wert none ausschalten. Dann wird die Ausgabe direkt in den PrintWriter der Klasse ServletResponse geschrieben.
	autoFlush	Mögliche Werte: true/false. Bei der Einstellung true wird der Buffer automatisch in den PrintWriter geleert, wenn er vollgeschrieben wurde. In der Einstellung false wird eine Exception geworfen. Die Einstellung ist nur gültig, wenn ein Buffer verwendet wird.

Direktive	Attribut	Verwendung/Funktion
	isThreadSave	Standardeinstellung ist true. Ermöglicht die Generierung eines threadsicheren Servlets. Dieses Servlet implentiert dann ggf. das Interface SingleThreadModel.
	info	Hier kann man zusätzliche Seiteninformationen angeben, die mit servlet.getServletInfo abgefragt werden können.
	errorPage	Gibt eine URL der Seite an, die für die Fehlerbehandlung zuständig ist. Die Seite die angegebenen wurde, muss als Fehlerseite gekennzeichnet werden (isErrorPage=true).
	isErrorPage	Standardeinstellung ist false. Gibt an, ob die implizite Referenz auf das Throwable-Objekt (exception) auf dieser Seite bekannt ist oder nicht. Falls ja, handelt es sich dabei um einen Seite, die zur Darstellung von Fehlern benutzt werden kann.
	contentType	Definiert die »Character Codierung«. Standardeinstellung ist ISO-8859-1. Standard MIME Type ist text/html.

Die Scriplets eignen sich besonders gut für die Implementierung der Geschäftslogik. Einfache dynamische Inhalte lassen sich aber leichter mit Hilfe der *Expressions* aufbauen. Eine JSP-Expression (oder ein JSP-Ausdruck) wird ausgewertet und der Inhalt in die HTML-Seite eingebettet. Das konnte man zwar auch mit Hilfe von Scriplets erreichen, man musste aber den Umweg über out.print() wählen. Ein Ausdruck besteht wieder aus zwei Tags und dem dynamischen (normalerweise Java-Aufrufe) Inhalt.

```
<%= java aufruf %>
```

Es wird zuerst der dynamische Teil ausgeführt, das Ergebnis wird dann in die Seite eingebettet. Aus folgendem JSP-Code:

```
<html>
<body bgcolor="white">
<%= (new java.util.Date().toString()) %>
</body>
</html>
```

wird folgendes Servlet generiert:

```
// Standard JSP Code (siehe Beispiele)
// HTML // begin [file="E:\\work\\internet\\servers\\jakarta-
tomcat\\webapps\\webdesignerin\\ausdruck.jsp";from=(0,0);to=(2,0)]
    out.write("<html>\r\n<body bgcolor=\"white\">\r\n");
// end
// begin [file="E:\\work\\internet\\servers\\jakarta-
tomcat\\webapps\\webdesignerin\\ausdruck.jsp";from=(2,3);to=(2,38)]
    out.print( (new java.util.Date().toString()) );
// end
// HTML // begin [file="E:\\work\\internet\\servers\\
```

Die J2EE-Architektur 119

```
↪jakarta-tomcat\\webapps\\webdesignerin\\ausdruck.jsp";from=(2,40);to=(4,7)]
out.write("\r\n</body>      \r\n</html>");
// end
```

Aus technischer Sicht ist es egal, ob man Expressions benutzt oder mit der impliziten Referenz des Output-Objekts arbeitet (z.B. `out.print`).

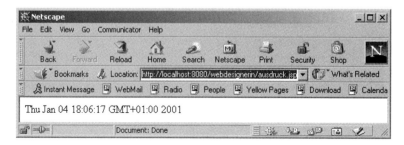

Abbildung 2.34: Die Ausgabe der Seite ausdruck.jsp

Bei den impliziten Referenzen handelt es sich um Objekte, die unter dem gegebenen Namen innerhalb der Seite bekannt sind. Diese Referenzen helfen uns unnötige Schreibarbeit zu vermeiden. Es reicht der Aufruf `out.print`, man muss sich nicht zuerst um die Initialisierung, bzw. Zuweisung der Referenz kümmern.

Name der Referenz	Typ (Klasse)	Wofür kann man sie benutzen?	Gültigkeitsbereich
request	javax.servlet.ServletRequest	Das in der Service-Methode übergebene HttpServletRequest-Objekt	nur innerhalb des Requests
response	javax.servlet.ServletResponse	Das in der Service-Methode übergebene HttpServletResponse-Objekt	nur innerhalb der Seite
pageContext	javax.servlet.jsp.PageContext	Ermöglicht den Zugriff auf die Initialisierungsattribute.	seitenweit
page	java.lang.Object	Die eigentliche Instanz der Seite (des Servlets `this`)	seitenweit
config	javax.servlet.ServletConfig	Die Referenz auf das ServletConfig-Objekt	seitenweit
out	javax.servlet.jsp.JspWriter	Ermöglicht das Schreiben in `OutputStream` (z.B `out.print`).	seitenweit
application	javax.servlet.ServletContext	Äquivalent mit `getServletConfit().getContext()`.	application

Name der Referenz	Typ (Klasse)	Wofür kann man sie benutzen?	Gültigkeits- bereich
exception	java.lang.Throwable	Nur referenzierbar von einer Seite, die als Error Page deklariert wurde (isErroPage=true).	(error) seitenweit
session	javax.servlet.http.HttpSession	In der Instanz dieser Klasse kann man benutzerspezifische Informationen ablegen, die zwischen den Aufrufen erhalten bleiben.	Während der ganzen Session, auch über mehrere Seitenaufrufe

Wie kommt man aber, technisch gesehen, zu den impliziten Referenzen? Die Frage lässt sich nach näherer Betrachtung des generierten Codes relativ einfach beantworten.

```
jspxFactory = JspFactory.getDefaultFactory();
response.setContentType("text/html;charset=8859_1");
pageContext = _jspxFactory.getPageContext(this, request, response,"", true, 8192, true);
application = pageContext.getServletContext();
config = pageContext.getServletConfig();
session = pageContext.getSession();
out = pageContext.getOut();
```

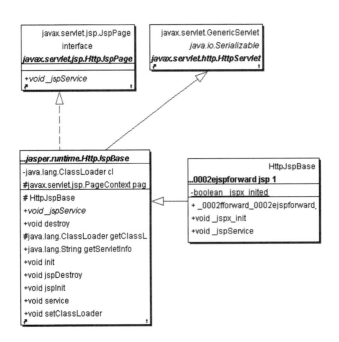

Abbildung 2.35: Die Klassenhierarchie einer JSP

Die J2EE-Architektur 121

Wie wir am oberen Beispiel sehen, werden den impliziten Referenzen im generierten Code durch Methodenaufrufe die Standard-Servlet-Objekte zugewiesen. Um zu demonstrieren, dass es sich bei dem generierten Code tatsächlich um ein Servlet handelt, wird hier noch das Klassendiagramm unseres Beispiels gezeigt.

Das Setzen der impliziten Referenzen erfolgt in jedem Aufuf `service`. Viele dieser Objekte können ja ihren Zustand zwischen den Aufrufen `service` ändern. Das Objekt `out` muss beispielsweise jedes Mal neu initialisiert werden. Die Seite wird auch jedes Mal neu aufgebaut., die Referenz `out` muss ja auch für verschiedene Benutzer gelten.

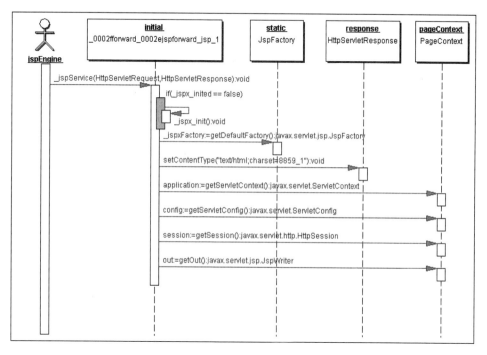

Abbildung 2.36: Das Setzen von impliziten Referenzen einer JSP

2.1.6 Java Message Service (JMS)

Java Message Service (JMS) bietet eine standardisierte Möglichkeit, um Daten zwischen mehreren Teilnehmern asynchron aber zuverlässig austauschen zu können. Bei den Daten kann es sich um Unterklassen des Intefaces `javax.jms.Message` handeln.

Die Unterklassen erlauben aber die Übertragung von fast allen Java-Objekten. Die einzige Einschränkung ist, wie auch oft in verteilten Umgebungen, die Implementierung des Interfaces `java.io.Serializable`.

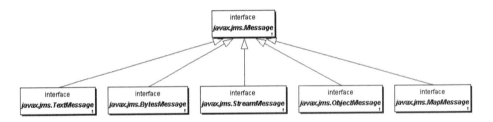

Abbildung 2.37: Das Message-Interface mit seinen Unterklassen

Es gibt grundsätzlich zwei Kommunikationsmodelle in einem JMS-System:

▶ Point to Point (PTP)

▶ Publish-Subscribe (Pub/Sub)

Je nach gewählter Kommunikationsart werden auch unterschiedliche Objekte für den Verbindungsaufbau benötigt.

Interface	PTP-Implementierung	PUB/SUB-Implementierung
ConnectionFactory	QueueConnectionFactory	TopicConnectionFactory
Connection	QueueConnection	TopicConnection
Destination	Queue	Topic
Session	QueueSession	TopicSession
MessageProducer	QueueSender	TopicPublisher
MessageConsumer	QueueReceiver, QueueBrowser	TopicSubscriber

Die Interfaces definieren dabei das Verhalten der PTP- bzw. der Publish/Subscribe-Implementierungen:

▶ ConnectionFactory – wird benutzt, um auf der Clientseite eine Referenz auf das Connection Interface zu erhalten.

▶ Connection – ähnlich der java.sql.Connection, repräsentiert eine aktive Verbindung mit dem JM- System.

▶ Destination – repräsentiert den Zielort, an den Nachrichten geschickt werden.

▶ Session – repräsentiert den Kontext, von dem die Nachrichten geschickt oder empfangen werden. Der Kontext ist *single threaded*.

▶ MessageProducer – die Implementierung diese Interfaces wird benutzt um Nachrichten senden zu können.

▶ `MessageConsumer` - die Implementierung diese Interfaces wird benutzt um Nachrichten empfangen zu können. Sowohl der Message-Producer als auch der Message-Consumer werden von der Session-Implementierung erzeugt.

Ein einfacher Client muss, um das JMS-System nutzen zu können, zuerst mit Hilfe des JNDI-APIs die Referenz auf `ConnectionFactory` erhalten.

```
Context jndiContext = new InitialContext();
QueueConnectionFactory factory =
(QueueConnectionFactory)jndiContext.lookup("queue");
```

Mit der `ConnectionFactory` lassen sich `Connection`-Objekte erzeugen, mit denen man `Session`-Implementierungen erhalten kann.

```
QueueConnection connection = null;
QueueSession  session=null;
connection=factory.createQueueConnection();
session=connection.createQueueSession(false,Session.AUTO_ACKNOWLEDGE);
```

Ein `Session`-Objekt entspricht im Wesentlichen einem Thread. Mit einem `Session`-Objekt lassen sich `MessageProducer` bzw. `MessageConsumer` erzeugen.

```
QueueReceiver receiver=null;
Queue queue;
receiver=queueSession.createReceiver(queue);
```

Sie werden für das Schicken bzw. Empfangen von Objekten `Messages` benutzt.

Um `Messages` asynchron empfangen zu können, ist die Implementierung des Interfaces `javax.jms.MessageListener` nützlich. Die Implementierung muss sich lediglich mit der Methode `setMessageListener(MessageListener listener)` bei `javax.jms.MessageConsumer` anmelden.

Die Klasse `TextListener` könnte beispielsweise entfernte Loggingausgaben eines Servers asynchron empfangen und ausgeben.

```
import javax.jms.MessageListener;
import javax.jms.Message;
public class TestListener implements MessageListener {
private  TopicConnection topicConnection = null;
private  TopicSession topicSession = null;
private  Topic topic = null;
private  TopicSubscriber topicSubscriber = null;

public TextListener(){
TopicConnectionFactory topicConnectionFactory = null;
try {
topicConnection = topicConnectionFactory.createTopicConnection("username",
"password");
topicConnection.start();
topicSession =
topicConnection.createTopicSession(false,Session.CLIENT_ACKNOWLEDGE);
topic = topicSession.createTopic("sjf/logging");
topicSubscriber = topicSession.createSubscriber(topic);
```

```
topicSubscriber.setMessageListener(this);
}
catch(Exception e1) {System.out.println(e1.getMessage());}
}

 public void onMessage(Message message){
if (message instanceof TextMessage) {
TextMessage  msg = (TextMessage) message;
try {
System.out.println("Reading message: " + msg.getText());
} catch (JMSException e) { System.out.println(e.toString()); }
}
}
}
```

Die Methode onMessage wird immer bei Ankunft einer Message angerufen. Da als Parameter nur das Interface javax.jms.Message übergeben wird, muss in der Methode noch der Typ (die Implementierung) dieses Interfaces überprüft werden. Danach kann aber der Inhalt der Nachricht problemlos gelesen und ausgewertet werden.

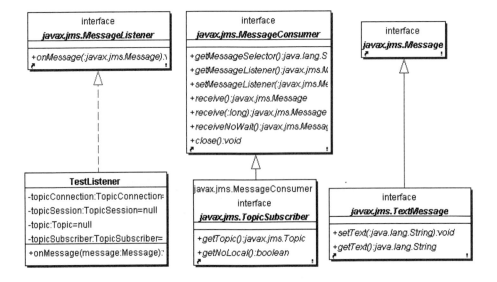

Abbildung 2.38: Das Interface MessageListener

Ähnlich verhält sich auch die MessageDrivenBean aus der Spezifikation EJB 2.0. Die Methode onMessage wird aber dort vom Container aufgerufen.

2.1.7 Java Naming and Directory Interface (JNDI)

Logisch gesehen besteht JNDI aus zwei Teilen: dem *Naming Service* und dem *Directory Service*. Der Naming Service erlaubt uns den Zugriff auf bereits gebundene Objekte mit einem Namen. Für die Benennung der Objekte werden oft einfache Strings verwendet. Am Beispiel des DNS wäre dann der Name www.java-architect.com auf einer IP-Adresse abgebildet. Der Zugriff auf die IP-Adresse erfolgt also über den Namen, der dann aufgelöst wird. Im Naming Service wird oft von »*Bindings*« gesprochen. Diese Bindings repräsentieren die eigentliche Verbindung zwischen dem Objekt und seinem eindeutigen Namen. In einem *Namespace* müssen alle Namen eindeutig sein. Ein typischer Namespace wäre ein einfaches Dateiverzeichnis mit einigen Dateien. Alle Dateien müssen in einem Verzeichnis eindeutig benannt werden, um die Verwaltung des Dateisystems zu ermöglichen. Eine einzige Datei kann als ein »*Atomic Name*« gesehen werden. Bei einem »Atomic Name« handelt es sich um die kleinste, nicht mehr weiter teilbare Namenseinheit. Oft wird auch von so genannten »Compound Names« gesprochen. Es handelt sich dabei um eine Sequenz von (Atomic) Namen, die eine hierarchische Struktur abbilden. Ein Name »ejb/Hello« etwa ist ein typisches Beispiel für diese Art der Benennung. Das Präfix »ejb« spezifiziert dabei den Namensraum der EJB. Es müssen also alle EJBs eindeutig benannt werden, was auch Sinn macht.

Unter dem Begriff »*Composite Name*« wird eine Reihe von Namen verstanden, wobei diese nicht unbedingt aus dem gleichem Namensraum stammen müssen. Ein typisches Beispiel ist eine URL. Sie besteht nämlich aus zwei Teilen: dem DNS-Teil, z.B. www.java-architect.com, und dem Dateisystem, also der »/index.html«-Angabe.

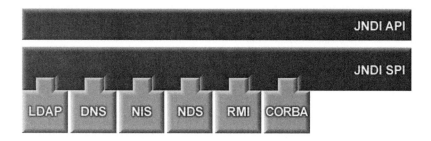

Abbildung 2.39: Die »Composite«-Namensgebung

Der Directory Service ermöglicht uns den Zugriff auf hierarchische Informationen. Diese Informationen bestehen aus Knoten und Blättern. Ein Knotenpunkt kann dabei ein oder mehrere Blätter enthalten. Die Knoten werden in der JNDI-Terminologie auch »*Context*« genannt. `javax.naming.Context` enthält Methoden, die das Suchen und Verwalten von Blättern, also Objekten, vereinfachen. Es handelt sich um eine API, die eine Abstraktion der eigentlichen Strukturen ermöglicht. Das *Java Naming and Directory*

Interface besteht, wie die meisten Enterprise APIs auch, aus zwei Schnittstellen. Die API ist die eigentliche Applikationsschnittstelle, die eine herstellerunabhängige Schnittstelle repräsentiert. Die API ändert sich nicht und besteht nur aus Interfaces und Utility-Klassen. Der Entwickler kann die API benutzen, um Applikationen zu entwickeln und zu kompilieren. Für die eigentliche Ausführung wird die *SPI* benötigt: Bei dem *Service Provider Interface* (SPI) handelt es sich um die Implementierung der Funktionalität, die mit der API beschrieben wurde. Es wird auch oft vom Treiber gesprochen. Der Treiber ist herstellerabhängig und muss ausgetauscht werden, wenn man mit anderen Systemen arbeiten möchte.

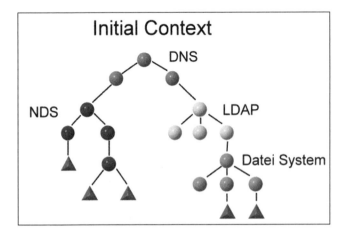

Abbildung 2.40: JNDI-Architektur

Durch die Trennung der API von der SPI hat man die Unabhängigkeit der Anwendung von der konkreten Funktionalität erreicht. Das allerdings nur, wenn die API wirklich allgemein genug geschrieben wurde. Das bringt einen entscheidenden Nachteil mit sich: viele Features der Hersteller können nicht verwendet werden, da die API erweitert werden müsste. Aber diese Probleme sind schon seit JDBC bekannt ...

Im J2EE-Framework wird JNDI meistens dazu benutzt, Objekte im Applikationsserverkontext zu suchen. Diese Vorgehensweise garantiert die lose Kopplung des Servers mit seinen austauschbaren Komponenten. Um eine Referenz auf eine Instanz DataSource zu erhalten, muss sie zunächst in im Namespace des Servers gefunden werden.

```
Context ctx = new InitialContext();
DataSource ds = (DataSource)ctx.lookup("jdbc/JavaDB");
```

Dazu muss der Schlüssel, der die Ressource eindeutig identifiziert, bekannt sein. Mit diesem Schlüssel wird die Ressource beim Hochfahren des Servers an den Kontext gebunden.

Der Sourcecode des Applikationservers könnte so ausschauen:

```
DataSource ds = new com.xxx.JDBCDataSource();
Context context = new InitialContext();
context.bind("jdbc/JavaDB",ds);
```

Alle JNDI-Operationen werden immer in einem Kontext durchgeführt. Da JNDI hierarchisch aufgebaut ist, muss zu Beginn der erste Kontext gefunden werden. Um eine Referenz auf die Wurzel der Struktur zu erhalten, wird das Objekt javax.naming.InitialContext benötigt.

```
public interface Context {
public Object lookup(Name name) throws NamingException;
public void bind(Name name, Object obj) throws NamingException;
public void rebind(Name name, Object obj) throws NamingException;
public void unbind(Name name) throws NamingException;
public void rename(Name old, Name new) throws NamingException;
public NamingEnumeration listBindings(Name name)
throws NamingException;
...
public Context createSubcontext(Name name) throws NamingException;
public void destroySubcontext(Name name) throws NamingException;
...
}
```

Mit dem Objekt javax.naming.Context, das durch die Instanz InitialContext repräsentiert wird, kann man einige Grundoperationen, wie Objekte registrieren, deregistrieren, umbenennen und nach ihnen suchen, durchführen. Diese Grundoperationen reichen normalerweise in einer J2EE-Umgebung schon aus, um mit den meisten Technologien wie JDBC oder EJB arbeiten zu können.

In der Umgebung eines Applikationservers wird normalerweise der *CORBA Naming Provider* benutzt, um die Serverdienste auch *remote* anbieten zu können. Der große Vorteil der JNDI-Implementierung ist die Benutzung eines einfachen Strings als echten Schlüssels. Um ein Home-Interfaces einer EJB finden zu können, genügt der folgende Code:

```
Properties props = new Properties();
//serverspezifische Einstellungen
props.put(KEY,VALUE);
Context initial = new InitialContext();
Object  reference = initial.lookup("ejb/Hello");
```

Falls sich der Name der Bean ändern sollte, kann man den String leicht ersetzen; die Anwendung muss nicht neu kompiliert werden. Die Eigenschaften von Objekten werden durch die Objekte javax.naming.directory.Attribute repräsentiert.

```
Attribute attr =directory.getAttributes(referenze).get("eigenschaft");
String attribute = (String)attr.get();
```

JNDI eignet sich aber auch hervorragend für das Lesen der Objekteigenschaften. Diese Tatsache wird von Novell genutzt, um Rechte von Objekten zu vewalten. Der Service-Provider *Novell Directory Services* (NDS) wird dazu benutzt, Benutzer und Peripheriegeräte über die JNDI-Schnittstelle anzusprechen.

2.1.8 JavaMail

Die API JavaMail stellt ein abstraktes Mail-System dar, das aus mehreren Interfaces und abstrakten Klassen besteht. Klassen wie Message, Store und Transport wurden definiert, um die Grundfunktionalität eines E-Mail-Clients oder Servers abbilden zu können. Diese Klassen können natürlich auch erweitert werden, um neue Protokolle zu implementieren.

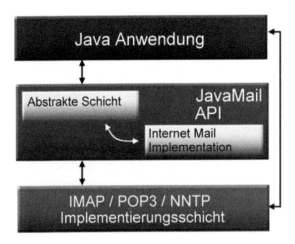

Abbildung 2.41: Die Architektur des JavaMail-Frameworks

Es werden aber nicht nur die abstrakten Schnittstellen ausgeliefert, sondern auch ihre konkreten Implementierungen. Diese Implementierungen entsprechen Standards wie POP3 oder SMTP, die in unserer Entwicklung direkt verwendet werden können.

Die JavaMail-API besteht aus einer abstrakten und der Implementierungsschicht. Die abstrakte Schicht wiederum besteht aus Klassen, die das allgemeine Verhalten definieren.

Es handelt sich dabei um abstrakte Klassen oder Interfaces, die erst implementiert werden müssen. Das geschieht mit Hilfe der Implementierungsschicht. Diese stellt die eigentliche Funktionalität der API bereit. Da man meistens auf bestehende Standardinternetprotokolle zurückgreifen möchte, werden häufig die bereits mitgelieferten Implementierungen verwendet.

Für die Grundfuktionalität eines Mailsystems genügt die Benutzung folgender Klassen:

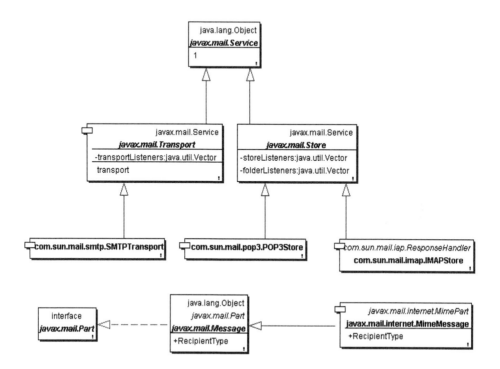

Abbildung 2.42: Die Klassenhierarchie des JavaMail-Frameworks

Die Klasse javax.mail.Message

Die wichtigste Klasse des Frameworks ist javax.mail.Message. Diese abstrakte Klasse repräsentiert eine einfache Mailnachricht. Die Instanz dieser Klasse enthält wichtige Informationen, die zur Auslieferung bzw. zum Empfang der Nachricht erforderlich sind. Es müssen noch ein oder mehrere Empfänger, Betreff und der Autor der Nachricht mitgeliefert werden. Der eigentliche Inhalt wird in Bytearrays transportiert. Man hat sich für das Binärformat entschieden, da es so auch möglich ist, Anhänge mitzuschicken (Bilder, Videos usw.). Der Anhang gehört zur Nachricht, er muss also mitgeschickt werden. Das Objekt Message kennt die genaue Bedeutung oder Semantik der Daten nicht. Diese Arbeit erledigt das *Java Activation Framework* (JAF), das in der Lage ist, auf binäre Inhalte zu reagieren. Das JAF wird normalerweise nur im Zusammenhang mit anderen Frameworks verwendet und ist für den Anwendungsentwickler transparent.

Der Transport der Messages

Um eine Mailnachricht verschicken zu können, muss sie zunächst erzeugt werden. Das geschieht beim Instanziieren einer der Unterklassen von javax.mail.Message. Die wichtigsten Attribute des Objektes wie Empfänger, Betreff und natürlich auch Inhalt, müssen noch bestimmt werden. Dazu müssen die entsprechenden Setter aufgerufen werden. Anschließend muss nur noch die statische Methode send des Objekts javax.mail.Transport aufgerufen werden. Der Übergabeparameter dieser Methode ist in diesem Fall die Instanz der Klasse Message selber. Die Klasse Transport sorgt dann für die Auslieferung der Nachrichten. Welche Protokolle für den Transport der Nachrichten verwendet werden, hängt von der Implementierungsschicht ab.

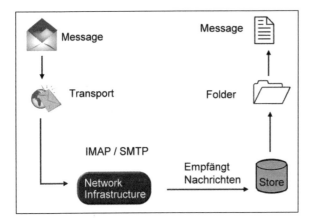

Abbildung 2.43: Der Transport der Nachrichten

Der Empfang der Messages

Ankommende Nachrichten werden in der Instanz javax.mail.Folder abgelegt. Da ein Folderobjekt andere Folder enthalten kann, ist es möglich, mit ihnen eine Baustruktur aufzustellen. Die Folderklasse ist in der Lage, einige administrative Aufgaben zu übernehmen. Sie enthält Methoden, die Messages holen, kopieren oder löschen können.

Die Klasse javax.mail.Store stellt die Funktionalität einer Datenbank zur Verfügung, die einen Folder bzw. eine Folderhierarchie persistent speichern oder ablegen kann. Die einzelnen Folder können natürlich auch Messages enthalten. Die Klasse javax.mail.Store kann also als eine persistente Schicht gesehen werden, die zur Verwaltung der E-Mails dient. Die Unterklassen der Klasse Store stellen die eigentliche Funktionaltiät zur Verfügung. Die Service-Provider der Klasse Store müssen sich mit Transportprotokollen wie IMAP oder POP3 auseinandersetzen, um die Messages überhaupt empfangen zu können. Um protokollunabhängig arbeiten zu können, wurde die

Funkionalität in die Implementierungsschicht ausgelagert. So muss bei Änderung des Protokolls nicht die ganze Anwendung ebenfalls geändert und somit neu kompiliert werden.

Die Klasse Sesssion

Die Client-Anwendung nimmt eigentlich nur die Klasse Session wahr. Sie stellt die clientseitige Sicht auf das Mailsystem dar. Die Instanz der Klasse Session wird benutzt, um anwendungsspezifische Einstellungen setzen zu können. Diese Einstellungen werden mit dem Objekt java.util.Properties festgelegt.

```
Properties props = new Properties();
props.put("mail.smtp.host", this.hostName);
Session session = Session.getDefaultInstance(props, null);
session.setDebug(false);
```

Auch die Authentisierung des Clients wird mit dieser Klasse ermöglicht. Sie wurde als final deklariert, was eine Unterklassenbildung verhindert.

Die Klasse Session dient auch als Factory für die Objekte Transport und Store. Der Anwender muss also ein Session-Objekt verwenden, um eine Referenz auf die Store- bzw. Transport-Objekte zu erhalten.

```
Store .store = session.getStore(this.urlName);
Transport transport = session.getTransport();
store.connect();
Folder folder = store.getDefaultFolder();
```

Dazu werden die Methoden getStore() und getTransport()der Instanz Session aufgerufen. Dabei werden die spezifischen Implementierungen der Klasse Transport bzw. Store zurückgegeben. Diese Vorgehensweise bewirkt den direkten Konstruktoraufruf der jeweiligen Implementierung in der Anwendung. Die Entscheidung, welche Implementierung momentan zurückgegeben wird, trifft das Session-Objekt.

Um eine einfache E-Mail zu verschicken, reichen folgende Zeilen:

```
Properties props = new Properties();
Session session   = Session.getDefaultInstance(props);
MimeMessage   mimeMessage = new MimeMessage(session);
mimeMessage.setFrom(getAddress("abien@java-architect.com"));
mimeMessage.setRecipients("abien@java-architect.com");
mimeMessage.setSubject("subject");
mimeMessage.setSentDate(new Date());
mimeMessage.setText("Hier der Inhalt");
Transport.send(mimeMessage);
```

Die Verwaltung bereits empfangener Nachrichten erfordert mehr Aufwand:

```
Properties props = new Properties();
Message     messages[] =null;
URLName     urlName = new URLName("pop3","hostname",-1,"inbox","java","duke");
props.put("mail.smtp.host", "mailserver");
Session session = Session.getDefaultInstance(props, null);
session.setDebug(false);
Store store = session.getStore(urlName);
store.connect();
folder = folder.getFolder("inbox");
folder.open(Folder.READ_WRITE);
int totalMessages = folder.getMessageCount();
messages = folder.getMessages();
FetchProfile fetchProfile = new FetchProfile();
fetchProfile.add(FetchProfile.Item.ENVELOPE);
folder.fetch(this.messages, this.fetchProfile);
// die erste Nachricht wird empfangen...
Message message = messages[0];
```

Mit dem JavaMail-Framework lassen sich E-Mails auf einfache Art und Weise verschicken und empfangen. Die Netzwerkschicht und die Implementierung des jeweiligen Protokolls werden vor dem Entwickler verborgen. Diese API lässt sich problemlos durch eigene Implementierungen erweitern. Das JavaMail-Framework ist fester Bestandteil der J2EE-Spezifikation.

2.1.9 Java Interface Definition Language (JavaIDL)

Die *Java Interface Definition Language* (JavaIDL) verleiht der Java-Plattform die Fähigkeiten von CORBA (*Common Object Request Broker Architecture*). Diese API besteht auch aus einem Java-ORB, der für die eigentliche Kommunikation verantwortlich ist. Für die Kommunikation wird das *Internet Interoperability Object Protocol* (IIOP) verwendet.

Eine CORBA-Umgebung besteht auf folgenden Teilen:

Object Request Broker

Der ORB übernimmt die Aufgaben eines Objektbusses. Es werden hier also alle Transporttätigkeiten erledigt. Der ORB ermöglicht die transparente Verteilung von Objekten. Seit Version 2.0 können auch ORBs unterschiedlicher Hersteller miteinander kommunizieren. In manchen kommerziellen Umgebungen ist die Wahl zwischen dynamischen und statischen Aufrufen möglich. Die statischen Methodenaufrufe sind performanter (bis Faktor 30 ...) als die dynamischen. Hier wird auch die Typsicherheit der Aufrufe garantiert. Die dynamischen Aufrufe zeichnen sich durch eine maximale Flexibilität aus. Die aufzurufenden Methoden werden erst zur Laufzeit gesucht (»*runtime discovery*«) und aufgerufen. Diese Vorgehensweise macht die Generierung von *Stubs* und *Skeletons* bei manchen Herstellern überflüssig.

Die J2EE-Architektur

Bei der Benutzung des IIOP-Protokolls ist die Verteilung der Objekte auch im Internet möglich. Dabei kann die Kommunikation durch Firewalls oder Proxy-Server unterbrochen werden, was sich aber normalerweise durch Tunneling beheben lässt.

Object Adapter

Der *Object Adapter* kommuniziert direkt mit dem ORB. Er stellt eine Laufzeitumgebung für die Server-Objekte zur Verfügung. Diese Umgebung kann auch als ein Komponentencontainer gesehen werden, da hier sowohl der Lebenszyklus der Objekte verwaltet wird, als auch die Methodenaufrufe der Stubs an die Implementierungen weitergegeben werden. Der Object Adapter verwendet die *Implementation Repository*, um eine Referenz auf das aufzurufende Objekte zu erhalten.

Implementation Repository

Bei der *Implementation Repository* handelt es sich um eine Datenbank, in der die Objekte, die auf dem Server bekannt sind, verwaltet werden. Wie in einer echten Datenbank erhalten alle registrierten Objekte eine eindeutige ID:

Basic Object Adapter

Der *BOA* wird auch als Pseudo-Objekt bezeichnet. Er wird direkt vom ORB instanziiert, kann aber direkt aufgerufen werden. Dieses Objekt besteht aus folgenden Methoden bzw. Operationen:

```
create
change_implementation
get_id
dispose
get_principal
set_exception
impl_is_ready
obj_is_ready
deactivate_impl
deactivate_obj
```

Da CORBA nicht auf eine Programmiersprache beschränkt ist, ist die jeweilige Implementierung des BOA-Interfaces von der verwendeten Sprache abhängig.

Der *Basic Object Adapter* kommuniziert mit dem ORB durch private Methoden-(Operationen)-Aufrufe. Die Implementierung des BOAs ist deswegen ein ORB und somit herstellerabhängig. Im Wesentlichen beschreibt ein BOA, wie serverseitigen Objekte aktiviert oder instanziiert werden. Da dies auf unterschiedliche Weise geschehen kann, muss die BOA-Schnittstelle allgemein genug gehalten werden.

Portable Object Adapter

Es stellte sich bald heraus, dass der *Basic Object Adapter* den Anforderungen vieler Hersteller nicht genügte. Er wurde mehr und mehr erweitert, wobei es sich meistens um herstellerabhängige Erweiterungen handelte. Um die Kompatibilität der CORBA-Implementierungen wiederherzustellen, wurde der *POA* entwickelt. Es handelt sich dabei um die CORBA Version 3.0 des BOAs.

Diese JavaIDL-Implementierung wird mit jedem Java 2 SDK ausgeliefert. Dabei handelt es sich aber um keine Umgebung, die mit kommerziellen ORBs konkurrieren könnte.

JavaIDL	Vorteile	Nachteile
Serverseite	Frei, fester Bestandteil der Umgebung	Limitiert auf die Programmiersprache Java
		Portable Object Adapter (POA) wird nicht mitausgeliefert.
		Nur der Name-Service wird ausgeliefert.
		Kein Aktivierung der Objekte, d.h. es werden alle Objekte im Speicher gehalten.
		Keine *Crash Recovery*
Client	Frei, fester Bestandteil der Umgebung	Tunneling nicht möglich
		Keine SSL-Verschlüsselung

Bei der JavaIDL-Umgebung handelt es sich also um eine vollwertige CORBA-Umgebung, die jedoch viele Features der kommerziellen ORBs nicht enthält. In vielen Projekten könnte man zwar auf zusätzliche Services wie z.B. Event Service, Time Service oder Persistence Service verzichten, aber die *Crash Recovery* oder die Objektaktivierung ist oft aus Stabilitätsgründen unabdingbar. Bei der Crash Recovery handelt es sich normalerweise um einen Hintergrundprozess, der im vorgegebenen Zeitintervall die Zustände der registrierten Objekte sichert. Bei einem möglichem Serverabsturz wird der letzte Zustand wiederhergestellt. Bei der Objektaktivierung handelt es sich um einen ähnlichen Prozess, der aber primär zur Verbesserung der Performance dient. Es werden nur die Objekte im Speicher gehalten, die momentan mit den Clients kommunizieren. Falls sie längere Zeit nicht gebraucht werden, werden sie wieder auf den sekundären Speicher (z.B auf die Festplatte) ausgelagert. Nach welchem Algorithmus die Objekte ausgelagert werden, hängt vom jeweiligem Hersteller ab.

Interface Definition Language (IDL)

Die Beschreibungssprache für Schnittstellen ist älter als Java. Bei der IDL handelt es sich nicht um eine vollwertige Programmiersprache, sondern um ein Mittel, sprachunabhängig gemeinsame Schnittstellen anzugeben. Eine IDL-Datei wird nicht kompiliert, sondern es werden aus ihr – je nach Programmiersprache und Werkzeug – die benötigten Stubs und Skeletons generiert.

Die Stubs und Skeletons ermöglichen die eigentliche Kommunikation des Clients mit dem Server. Falls sich das Interface ändern sollte, müssen die Stubs und Skeletons entsprechend neu generiert werden. Die ganze Applikation muss neu kompiliert werden. Ein einfache IDL-Datei könnte folgende Struktur aufweisen:

```
module test {
interface Test {
      string getString(in string parameter);
};
};
```

Diese Datei beschreibt eine Schittstelle, die `Test` genannt wurde. Sie besteht aus einer einzigen Methode oder Operation – der Methode `getString` mit einem String als Parameter. Das Schlüsselwort `in` bedeutet, dass es sich um einen Eingabeparameter handelt. Möglich sind noch die Angaben `out` und `in out`. Falls der Parameter auch zur Rückgabe verwendet werden sollte, müssen noch zusätzliche Helfer generiert werden, die das eigentliche »pass by reference« erlauben. Diese Schnittstelle gehört zu einem Modul namens `test`. Da in Java ähnliche Konstrukte vorhanden sind, wird aus dem Schlüsselwort `module test` das Package `test` generiert.

Die Generierung übernimmt hier, je nach Java-Version, der Compiler `idltojava` oder `idlj`. Der folgender Aufruf generiert die benötigten Stubs und Skeletons:

```
>idlj -fall Test.idl
```

Es werden aber nicht nur die Stubs und Skeletons erzeugt, sondern auch noch ein Package (und somit ein Verzeichnis) namens `test`. In diesem Package befinden sich die Quelldateien der für die CORBA-Kommunikation benötigten Klassen. Es muss natürlich auch die Geschäftslogik implementiert werden. Da es sich hier normalerweise um eine echte Logik handelt, muss diese Klasse vom Anwendungsentwickler implementiert werden:

```
package test;
public class TestImpl extends _TestImplBase{

 public String getString(String parameter){
    return ("Parameter " + parameter);
 }
}
```

Unsere Implementierung muss von der generierten Klasse test._TestImplBase erben.
Diese Klasse enthält bereits die benötigte CORBA-Infrastruktur:

```
package test;
/**
* test/_TestImplBase.java
* Generated by the IDL-to-Java compiler (portable), version "3.0"
* from Test.idl
* Montag, 22. Januar 2001 14.33 Uhr GMT+01:00
*/
public abstract class _TestImplBase extends org.omg.CORBA.portable.ObjectImpl
➥implements test.Test, org.omg.CORBA.portable.InvokeHandler{
  // Constructors
  public _TestImplBase (){ }
private static java.util.Hashtable _methods = new java.util.Hashtable();
static{
    _methods.put ("getString", new java.lang.Integer (0));
  }
 public org.omg.CORBA.portable.OutputStream _invoke (String method,
                              org.omg.CORBA.portable.InputStream in,
                              org.omg.CORBA.portable.ResponseHandler rh){
    org.omg.CORBA.portable.OutputStream out = null;
 java.lang.Integer __method = (java.lang.Integer)_methods.get (method);
  if (__method == null)
    throw new org.omg.CORBA.BAD_OPERATION (0,
➥org.omg.CORBA.CompletionStatus.COMPLETED_MAYBE);
  switch (__method.intValue ()){
       case 0:{  // test/Test/getString
         String parameter = in.read_string ();
         String __result = null;
         __result = this.getString (parameter);
         out = rh.createReply();
         out.write_string (__result);
         break;
       }
    default:
        throw new org.omg.CORBA.BAD_OPERATION (0,
➥org.omg.CORBA.CompletionStatus.COMPLETED_MAYBE);
    }
   return out;
  } // _invoke

  // Type-specific CORBA::Object operations
  private static String[] __ids = {
    "IDL:test/Test:1.0"};
  public String[] _ids ()
  {
    return __ids;
  }
} // class _TestImplBase
```

Die von uns bereitgestellte Klasse test.TestImpl wird auch *Servant* genannt. Diese Klasse enthält die auf dem Client benötigte Geschäftslogik. Sie befindet sich zur Laufzeit auf der Serverseite und wartet auf die ankommenden Aufrufe. Um die Funktionalität des Servants nutzen zu können, muss noch der eigentlicher Server implementiert werden. Bei dieser Klasse handelt es sich um eine Utility-Klasse, die unseren Servant erzeugt, beim Name-Service anmeldet und schließlich dafür sorgt, dass sich die JVM nicht selber beendet.

```java
import test.*;
import org.omg.CosNaming.*;
import org.omg.CosNaming.NamingContextPackage.*;
import org.omg.CORBA.*;
public class TestServer {
    public static void main(String args[]) {
try{
    // create and initialize the ORB
    ORB orb = ORB.init(args, null);
    // create servant and register it with the ORB
    TestImpl testImpl = new TestImpl();
    orb.connect(testImpl);
    // get the root naming context
    org.omg.CORBA.Object objRef =
        orb.resolve_initial_references("NameService");
    NamingContext ncRef = NamingContextHelper.narrow(objRef);
    // bind the Object Reference in Naming
    NameComponent nc = new NameComponent("Test", "");
    NameComponent path[] = {nc};
    ncRef.rebind(path, testImpl);
    // wait for invocations from clients
        java.lang.Object sync = new java.lang.Object();
        synchronized (sync) {
            sync.wait();
        }
    } catch (Exception e) {
    System.err.println("ERROR: " + e);
    e.printStackTrace(System.out);
}
    }
}
```

Das folgende Stück Code sorgt dafür, dass sich ein künstliches Deadlock bildet:

```java
            java.lang.Object sync = new java.lang.Object();
            synchronized (sync) {
                sync.wait();
            }
```

Die Tatsache, dass sich die JVM ohne diesen Trick sofort beenden würde, beweist, dass die CORBA-Umgebung die Deamon-Threads nutzt. Da ein RMI-Server mit gewöhnlichen Threads auskommt, ist diese Maßnahme dort nicht erforderlich.

Die Implementierung des Clients ist denkbar einfach. Es muss zuerst die Referenz auf den Name-Service geholt werden. Die Referenz wird mit Hilfe von `NamingContextHelper` gecastet.

```
import test.*;
import org.omg.CosNaming.*;
import org.omg.CORBA.*;

public class TestClient{
  public static void main(String args[]){
    try{
      ORB orb = ORB.init(args, null);
      org.omg.CORBA.Object objRef = orb.resolve_initial_references("NameService");
      NamingContext ncRef = NamingContextHelper.narrow(objRef);
      NameComponent nc = new NameComponent("test", " ");
      NameComponent path[] = {nc};
      Test testRef = TestHelper.narrow(ncRef.resolve(path));
      String test = testRef.getString("Hallo Welt");
      System.out.println(test);

    } catch(Exception e) { System.out.println("Exception " + e.toString()); }
  }
}
```

Mit `NamingContext` und dem Namen, unter dem der Servant angemeldet wurde, wird versucht, die Referenz auf den Servant zu erhalten. Wenn bis jetzt alles glatt gelaufen ist, wird wieder versucht, diese Referenz zu casten. Dazu wird jetzt aber die generierte Klasse `test.TestHelper` benötigt.

```
abstract public class TestHelper{
  private static String _id = "IDL:test/Test:1.0";
  ...
public static test.Test narrow (org.omg.CORBA.Object obj) {
    if (obj == null)
      return null;
    else if (obj instanceof test.Test)
      return (test.Test)obj;
    else if (!obj._is_a (id ()))
      throw new org.omg.CORBA.BAD_PARAM ();
    else{
      org.omg.CORBA.portable.Delegate delegate =
((org.omg.CORBA.portable.ObjectImpl)obj)._get_delegate ();
      return new test._TestStub (delegate);
    }
  }
  ...
}
```

Eine weitere Klasse, die für uns generiert wurde, ist test.TestHolder. Sie wird aber nur dazu verwendet, die Serialisierung der Objekte zu erleichtern. Unsere Datei Test.idl entspicht aber dem Interface TestOperations auf der Javaseite.

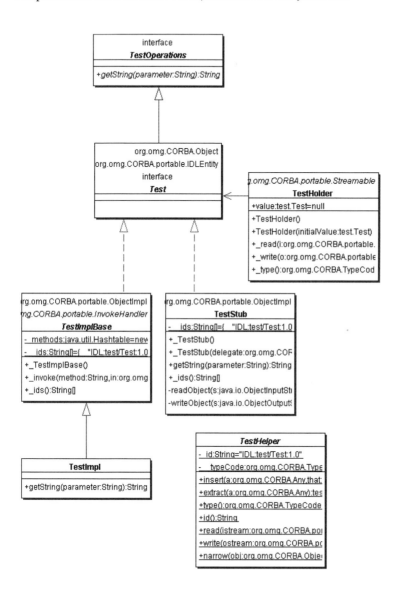

Abbildung 2.44: Die Testanwendung

```
package test;
/**
 * test/TestOperations.java
 * Generated by the IDL-to-Java compiler (portable), version "3.0"
 * from Test.idl
 * Montag, 22. Januar 2001 14.33 Uhr GMT+01:00
 */
public interface TestOperations {
  String getString (String parameter);
} // interface TestOperations
```

Um unsere Testanwendung ausprobieren zu können, muss zuerst der Nameservice gestartet werden. Das geschieht mit dem Kommando tnameserv, was sich in folgender Ausgabe äußert:

Abbildung 2.45: Ausgabe von tnameserv

Anschließend können wir unseren Server und zuletzt unseren Client starten.

2.1.10 RMI-IIOP

Die *Remote Method Invocation Technologie* ermöglicht eine transparente und einfache Verteilung von Java-Objekten. Es können nicht nur einfache Datentypen als Übergabe- bzw. Rückgabeparameter benutzt werden, sondern auch komplexere Objekte und ihre Unterklassen.

Mit der RMI-Architektur lassen sich Client-Server- bzw. Point To Point-Systeme am besten aufbauen. Da RMI echte Kopien der Parameter erlaubt, können auch Agenten entwickelt werden, die auf entfernten Maschinen rechenintensive Aufgaben erledigen und dann mit den Ergebnissen zurückkehren.

Die RMI-Architektur ist ein fester Bestandteil der Java-Plattform und ermöglicht eine einfache Portierung von bestehenden Java-Applikationen in die verteilte Welt. Die einzige Voraussetzung für diesen Schritt ist eine klare Definition der Interfaces. Die Remote Methode Invokation-API hat aber einen entscheidenden Nachteil – sie kann lediglich dazu verwendet werden, um zwischen Java-Applikationen zu kommunizieren. Das pure RMI erlaubt die Kommunikation eines Javaprogramms mit einer anderen Programmiersprache nicht. Die Ursache dafür ist das RMI-Protokoll JRMP, das nur die Kommunikation zwischen Java Programmen gestattet. Aus diesem Grund wurde *RMI over IIOP* entwickelt, um die Vorteile der Interoperabilität einer CORBA-Umgebung zu nutzen. Durch die RMI-IIOP-Technologie wurden Java und die restliche Welt vereint. Dabei ändert sich im Wesentlichen nur das Protokoll von JRMP auf IIOP. Da es sich bei dem IIOP-Protokoll um einen OMG-(Object Management Group)-Standard handelt, ist die Kommunikation mit allen von CORBA unterstützten Programmiersprachen sichergestellt. Mit der RMI over IIOP-Technologie ist es möglich, mit Java Anwendungen zu entwickeln, die in der Lage sind, mit Programmen einer anderen Sprache zu kommunizieren. Es ist nicht einmal erforderlich, die IDL-Syntax zu kennen., sondern es ist sogar möglich, die IDL-Datei aus einem RMI-Servant zu generieren. Dazu wurde eine Reihe von neuen Schaltern für den Compiler rmic definiert:

rmic Flag	Bedeutung
-iiop	Generiert IIOP anstatt der JRMP-Stubs und Skeletons.
-idl	Generiert eine IDL-Datei aus einem RMI-Servant.
-allways	Erzwingt die Neugenerierung von Stubs und Skeletons.
-idlModule <package> <idlModule>	Bestimmt die Zuordnung eines Packages zu einem Modul der generierten Datei. Normalerweise werden die Modulnamen automatisch aus der Packageinformation generiert.
-idlFile	Gibt den Namen der IDL-Datei an. Ohne diesen Schalter wird der IDL-Dateiname automatisch generiert.
-noValueMethods	Es wird kein IDL-Code für die Konstruktoren bzw. Valuemethoden generiert.

Bei der Entwicklung von Anwendungen mit der RMI-IIOP-Technologie müssen noch eine Reihe von Unterschieden zur RMI-API berücksichtigt werden. Es müssen sowohl die Client- als auch die Server-Implementierung angepasst werden.

```
package test;
import javax.rmi.*;
import java.rmi.*;
public class TestImpl  extends PortableRemoteObject implements Test{

  public TestImpl() throws RemoteException{
    super();
```

```
    }
    public String getString(String parameter){
       return ("Parameter " + parameter);
    }

}
```

Der Servant erbt nicht mehr von der Klasse java.rmi.UnicastRemoteObject. Stattdessen sollte die Klasse javax.rmi.PortableRemoteObject verwendet werden. Die für uns generierte IDL-Datei sieht dann so aus:

```
#include "orb.idl"
#ifndef __test_Test__
#define __test_Test__
module test {
interface Test {
::CORBA::WStringValue getString(
in ::CORBA::WStringValue arg0 );

};
#pragma ID Test "RMI:test.Test:0000000000000000"
};
#endif
```

Diese Datei kann auch verwendet werden, um aus ihr Stubs oder Skeletons für andere Programmiersprachen zu generieren.

Da in einer RMI over IIOP-Umgebung die RMI-Registry mit dem *Corba Name Service* (tnameserv) ausgetauscht wird, müssen der Client und der Server noch angepasst werden. Am einfachsten ist es, JNDI zu verwenden, um den Servant zu registrieren bzw. zu finden.

```
import test.*;
import javax.naming.*;
import javax.rmi.*;
import java.util.*;
public class TestClient{
  public static void main(String args[]){
    try{
        Properties props = new Properties();
props.put("java.naming.factory.initial","com.sun.jndi.cosnaming.CNCtxFactory");
props.put("java.naming.provider.url", "iiop://localhost:900");
Context context = new InitialContext(props);
Object reference = context.lookup("test");
        Test test     =
(Test)PortableRemoteObject.narrow(reference,test.Test.class);
        System.out.println("Test ausgabe: " + test.getString("Hallo Welt !!"));

    } catch(Exception e) { System.out.println("Exception " + e.toString()); }
  }
}
```

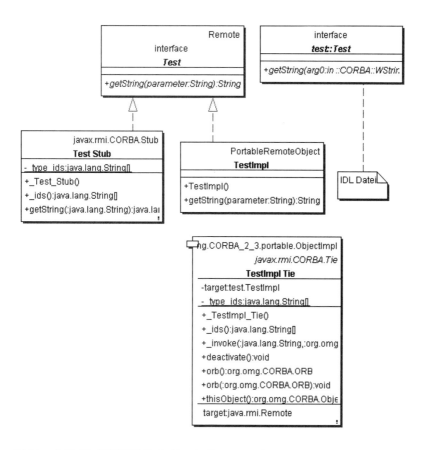

Abbildung 2.46: Die RMI-IIOP-Infrastruktur der Demoanwendung

Interessanterweise reicht das Standardcasten der Remotereferenz auf unser Interface nicht. Dazu muss die statische Methode von PortableRemoteObjects.narrow() aufgerufen werden. Da der Server nicht unbedingt in Java implementiert werden muss, werden CORBA-Objekte über das Netzwerk geschickt. Diese lassen sich aber nicht direkt casten. Aus diesem Grund wird PortableRemoteObject benötigt, das eine CORBA-Struktur in ein echtes Java-Objekt konvertiert. Bei der Initialisierung des InitialContext wird eine Instanz der Klasse Properties als Parameter übergeben. Mit Hilfe von vordefinierten Schlüsseln werden die benötigten Informationen an die Service Provider Interface-Schicht übergeben. Somit kann intern die Verbindung zum *CORBA Name Service* (normalerweise die Anwendung tnameserv) und somit zum eigentlichen Server aufgenommen werden. Falls man sich später doch entscheiden sollte, nur mit dem JRMP-Protokoll zu arbeiten, müssen nur diese Informationen ausgetauscht werden. Nach erfolgreichem Casting unserer Referenz kann man ganz normal mit dem Objekt arbeiten. Der Client merkt nicht wirklich, dass er mit einer Remotereferenz arbeitet. Diese Tatsache kommt aber durch Performanceeinbußen schnell ans Tageslicht ...

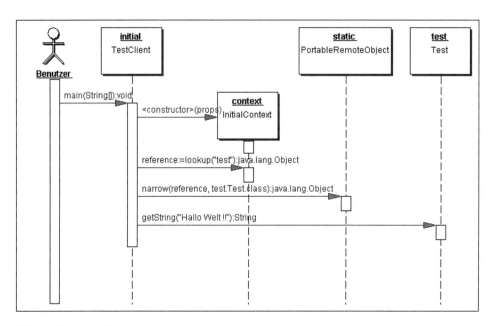

Abbildung 2.47: Der Client

Der Server benutzt die JNDI-API auch, um den Servant beim NameService registrieren zu können.

```
import test.*;
import java.util.*;
import javax.naming.*;
import javax.rmi.*;
public class TestServer {
  public static void main(String args[]){
try{
Properties props = new Properties();
props.put("java.naming.factory.initial","com.sun.jndi.cosnaming.CNCtxFactory");
props.put("java.naming.provider.url", "iiop://localhost:900");
Context context = new InitialContext(props);
context.rebind("test", new TestImpl());
    } catch (Exception e) {
   System.err.println("ERROR: " + e);
   e.printStackTrace(System.out);
    }
   }
}
```

Dazu wird die Methode `rebind` des Interfaces `javax.naming.Context` verwendet. Die SPI-Schicht übernimmt hier die ganze Arbeit, folgender Code entfällt dann:

```
ORB orb = ORB.init(args, null);
orb.connect(reference);
org.omg.CORBA.Object objRef = orb.resolve_initial_references("NameService");
NamingContext ncRef = NamingContextHelper.narrow(objRef);
NameComponent nc = new NameComponent("Test", "");
NameComponent path[] = {nc};
ncRef.rebind(path, testImpl);
java.lang.Object sync = new java.lang.Object();
  synchronized (sync) {
      sync.wait();
  }
```

Meine Empfehlung ist es, alternativ die JNDI zu verwenden, da man hier nicht von einer bestimmten Technologie abhängig ist. Man kann bei jedem Start des Servers entscheiden, mit welcher SPI man arbeiten möchte. Die CORBA- bzw. RMI-Komplexität wird völlig in der SPI gekapselt. Die JNDI-API ist mit jedem JDK 1.3 verfügbar, es werden sogar folgende SPI mitausgeliefert:

▶ LDAP Service Provider

▶ RMI Registry Provider

▶ COS Naming Service Provider

In verteilten Umbebungen lassen sich die RMI- und CORBA-Provider problemlos austauschen.

Mit der RMI over IIOP-Technologie lassen sich im Prinzip zwei Arten von Anwendungen schreiben. Es lassen sich neue, pure Java-Anwendungen entwickeln. In diesem Fall ist es nicht erforderlich, die IDL-Datei zu generieren. Es können aus einem bestehenden Interface die Stubs und Ties sofort generiert werden. Zu Dokumentationszwecken ist es aber vorteilhaft, die IDL-Datei mit dem Schalter `-idl` zu generieren.

Der Compiler `rmic` ist mit dem Schalter `-iiop` in der Lage, aus einem Java-Interface gleich die IDL-Datei zu generieren. Bei einfachen Applikationen ist es möglich, auf kommerzielle Tools wie `java2idl` zu verzichten. Diese Tatsache erleichtert die Integration anderer Programmiersprachen, da sich aus der bestehenden IDL-Datei wiederum die Stubs und Skeletons generieren lassen. Es handelt es sich dabei um den klassischen Weg, gewöhnliche Anwendungen zu entwerfen. Der Entwickler kann sich voll auf den Entwurf der Applikationsschnittstelle konzentrieren, die Generierung der IDL-Datei wird dem Compiler `rmic` überlassen.

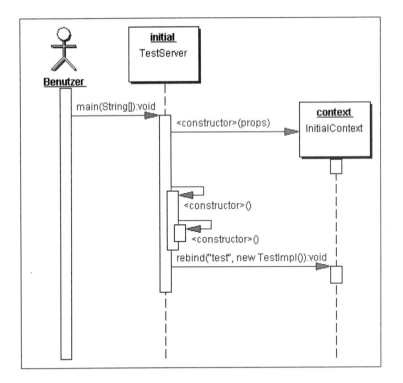

Abbildung 2.48: Die Registrierung des Servants

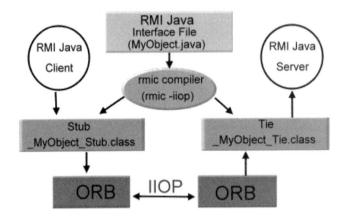

Abbildung 2.49: Eine pure Java-Anwendung

Bei der Generierung werden sowohl Stubs als auch Skeletons generiert. Es steht also frei, ob man die Server-, die Clientseite oder beides in Java implementieren möchte.

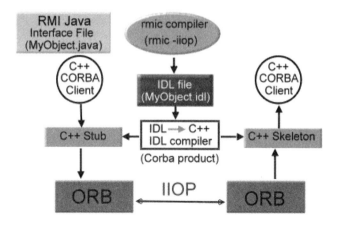

Abbildung 2.50: Die Integration von Java-Interfaces in einer C++-Umgebung

Die generierten Stubs und Skeletons entsprechen dem Standard CORBA 3.0. Dies ist relativ wichtig zu wissen, da frühere Standards »*pass by value*« nicht unterstützt haben. Es wurden also die Übergabe- und Rückgabeparameter immer »*per reference*« übergeben. Diese Tatsache machte die Entwicklung mobiler Agenten praktisch unmöglich, da die Methoden immer auf dem Client ausgeführt werden. Der alte Compiler idltojava unterstützte den Standard CORBA 3.0 noch nicht. Das IIOP-Protokoll wurde für eine breite Palette von Programmiersprachen geschrieben. Diese Vorgehensweise bringt einige Nachteile mit sich, da man nicht alle Features einer Programmiersprache nutzen kann. Hier einige Einschränkungen bei der Nutzung der RMI-IIOP-Technologie:

- Es muss sichergestellt werden, dass alle Konstanten, die im Remote-Interface deklariert wurden, entweder primitive Datentypen oder Strings sind.
- Die Typ der Konstanten muss bereits zur Kompilierzeit bekannt sein.
- Es darf nur eine sehr flache Vererbungshierarchie verwendet werden. Alle Methoden dürfen nicht mehr als eine Stufe über dem Remote-Interface deklariert werden.
- Man sollte bei der Namensvergebung für Variablen und Methoden vorsichtig sein. Namen, die sich nur durch ihre Klein- und Großschreibung unterscheiden, sollten gemieden werden. Die einzige Kombination, die erlaubt ist, ist die Benutzung von Typ- und Variablennamen, die sich nur durch die Klein- und Großschreibung unterscheiden. Folgende Kombinatione sind also erlaubt: String string = »duke«, oder Float float = new Float();
- Folgende RMI-Klassen sollten nicht verwendet werden: RMISocketFactory, UnicastRemoteObject, Unreferenced und die DGC-Schnittstellen.

▶ Die Benutzung verteilter Referenzen, die sowohl remote als auch lokal (auf dem Server) eingesetzt werden, kann zu Problemen führen und sollte vermieden werden

Die RMI-IIOP-Technologie ist nicht nur bei der Entwicklung von Standalone-Anwendungen besonders interessant. Sie wird im Kern jedes Applikationservers benutzt. Die EJB-Technologie basiert auf dem RMI-Framework.

```
package com.abien.framework.ejb.examples;
import java.util.*;
import javax.naming.Context;
import javax.naming.InitialContext;
import javax.rmi.PortableRemoteObject;
public class HelloClient{
 public static void main( String args[] ){
 try{
    Context initial = new InitialContext();
    Object  reference = initial.lookup("ejb/Hello");
    HelloHome home =
 (HelloHome)PortableRemoteObject.narrow(reference,HelloHome.class);
    Hello hello = home.create();
    hello.remove();
 }catch( Exception e ){ }
 }
}
```

Die Art und Weise, wie EJB Clients eine Referenz auf das Home-Interface einer EJB erhalten, ist identisch mit dem Client, der die RMI-IIOP-Technologie nutzt. Alle neuen Applikationserver sollten die RMI-IIOP-Technologie für die Verteilung von Komponenten nutzen. Ab Spezifikation J2EE 1.3 ist diese Art der Kommunikation vorgeschrieben.

2.1.11 J2EE Connector

Die Connector-Architektur wurde eingeführt, um eine definierte Schnittstelle zu bestehenden *Enterprise Information Systems* (EIS) zu ermöglichen. Bei diesen Systemen kann es sich um Datenbanken, Enterprise Ressource Planning (ERP), Transaction Processing Systeme (TP) oder Hostrechner handeln.

Diese Architektur enthält das *CCI* (*Common Client Interface*), das einen definierten Zugriff auf die EIS-Systeme bereitstellt. Der Entwickler sieht in der CCI-Schnittstelle eine API, die das EIS abstrahiert.

Die eigentliche Funktionalität wird vom EIS-Hersteller in Form eines *Resource Adapters* bereitgestellt. Dieser Adapter muss noch mit dem J2EE-Server verbunden werden, um den Zugriff auf die Daten der Systeme zu ermöglichen. Ein Resource Adapter kann mit vielen Applikationservern verwendet werden, ein Applikationsserver wiederum kann viele Adapter unterschiedlicher Hersteller gleichzeitig benutzen.

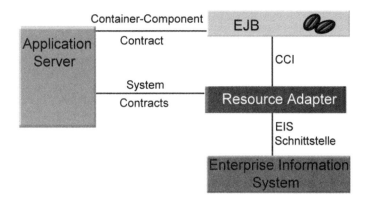

Abbildung 2.51: Die Schnittstelle Common Client Interface

Die Connector-Architektur besteht eigentlich aus zwei Teilen: dem EIS-Adapter und dem J2EE-Server, der den Adapter verwendet. Es muss also eine gemeinsame Schnittstelle zwischen Adapter und Applikationsserver definiert werden. Genauer gesehen handelt es sich eigentlich um einen Satz von Schnittstellen, die auch *Contracts* genannt werden. Die Contracts definieren das Verhalten des Adapters im Bezug auf Transaktionen, Connection Management, Sicherheit usw.

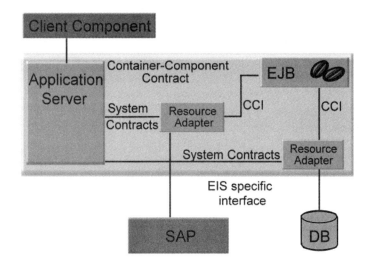

Abbildung 2.52: Der Resource Adapter und seine Schnittstellen

Eine EIS-Ressource definiert die Funktionalität, die von einem J2EE-Server benötigt wird. Dabei kann es sich um folgende Ressourcen handeln:

- den Datensatz einer relationalen Datenbank,
- das Businessobjekt eines ERP-Systems, z. B. SAP,
- ein Transaktionsprogramm in einem TP-System, z. B. CICS.

Ein *Resource Manager* (RM) verwaltet die oben genannten Ressourcen. Um Zugriff auf bestimmte Ressourcen zu erhalten, muss immer der RM konsultiert werden. Der RM befindet sich auf einem oft physikalisch getrennten Rechner. Als ein typischer Resource Manager kann eine Datenbank, ein Mainframe-Rechner oder ein ERP-System gesehen werden. Auf den RM kann sowohl ein Applikationsserver als auch eine Clientanwendung zugreifen. Bis zur Einführung der Connector-Architektur hat jeder EIS-Hersteller eigene APIs für den direkten Zugriff auf den RM ausgeliefert (z.B RFC für SAP R/3 oder ECI für CICS). Aus diesem Grund wurde eine einzige, gemeinsame Schnittstelle für alle Hersteller entwickelt – das *CCI Interface*.

```
                    interface
            javax.resource.cci.Connection
─────────────────────────────────────────────────
+createInteraction():javax.resource.cci.Interaction
+getLocalTransaction():javax.resource.cci.LocalTransaction
+setAutoCommit(:boolean):void
+getAutoCommit():boolean
+getMetaData():javax.resource.cci.ConnectionMetaData
+getResultSetInfo():javax.resource.cci.ResultSetInfo
+close():void
```

```
                                        java.io.Serializable
                                        javax.resource.Referenceable
                    interface
            javax.resource.cci.ConnectionFactory
─────────────────────────────────────────────────
+getConnection():javax.resource.cci.Connection
+getConnection(:javax.resource.cci.ConnectionSpec):javax.resource.cci.Connection
+getRecordFactory():javax.resource.cci.RecordFactory
+getMetaData():javax.resource.cci.ResourceAdapterMetaData
+setLogWriter(:java.io.PrintWriter):void
+getLogWriter():java.io.PrintWriter
+setTimeout(:int):void
+getTimeout():int
```

Abbildung 2.53: Die Ressourcenschnittstelle

Die wichtigsten Klassen der CCI-Schnittstelle sind `javax.resource.cci.ConnectionFactory` und `djavax.resource.cci.Connection`. Die Implementierungen dieser Interfaces ermöglichen den Zugriff auf die benötigte Ressource.

Bei näherer Betrachtung dieser Schnittstellen fällt die Ähnlichkeit der Connector-Architektur mit der JDBC-API auf. Das JDBC-Gegenstück dieser Interfaces sind das Interface `java.sql.Connection` und das generische Interface `javax.sql.DataSource`. Eine relationale Datenbank entspricht aus Clientsicht auch nur einer Ressource, die Daten liefern und verwalten kann.

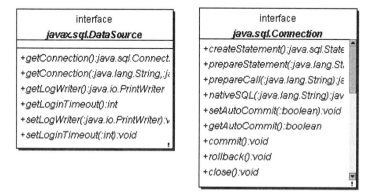

Abbildung 2.54: Die JDBC-Ressourcen

Diese Ähnlichkeit wurde in der Spezifikation JDBC 3.0 genutzt, um einen JDBC-Connector bereitzustellen. Ein Datenbankhersteller, der die Spezifikation JDBC 3.0 unterstützt und einen Connector ausliefern möchte, hat prinzipiell folgenden Möglichkeiten:

- eine Wrapper-Umgebung zu schreiben, die einerseits den Connector-Schnittstellen entspricht und andererseits die Aufrufe an die JDBC-Schicht delegiert,
- die Connector-Umgebung nativ zu implementieren. Diese Möglichkeit ist die aufwändigste aber auch die performanteste, da die Umhüllung der JDBC-Schicht praktisch entfällt.

Um eine Verbindung mit dem EIS-System zu etablieren, müssen folgende Schritte durchlaufen werden. Zuerst muss die an der Verbindung interessierte Komponente eine Referenz auf `ConnectionFactory` erhalten. Dazu muss im JNDI-Namespace nach dem benötigten Objekt gesucht werden. Mit `ConnectionFactory` ist es möglich, `javax.resource.cci.Connection` zu erhalten. Dabei wird `javax.resource.spi.ConnectionManager` hinter den Kulissen von `ConnectionFactory` konsultiert. Die eigentliche Erzeugung der Connection wird also von `ConnectionFactory` an den `ConnectionManager` delegiert. Der `ConnectionManager` versucht zunächst, eine freie `Connection` aus dem Pool zu holen. Falls sich im Pool keine freie Connection mehr befinden sollte, kann `ConnectionManager` mit Hilfe von `javax.resource.spi.ManagedConnectionFactory` eine neue Connection erzeugen. Dabei wird ein neues Objekt `ManagedConnection` erzeugt. Bei dieser Instanz muss noch ein `ConnectionEventListener` angemeldet werden, um über die aktuellen Zustände automatisch informiert zu werden. Der Applikationsserver nutzt diese Informationen, um die beanspruchten Ressourcen richtig verwalten zu können. Es müssen alte, physikalische Verbindungen zum EIS-System freigegeben werden. Beim Auftreten von Fehlern müssen bereits bestehende Verbindungen erneuert werden. Diese Informationen werden oft auch zu Logging-Zwecken benutzt. Das Interface `XAResource` muss noch vom Adapter implementiert werden, um die serverseitige Unterstützung für Transaktionen zu gewährleisten. Oft wird auch das Interface `LocalTransaction` implementiert um eigene, interne oder private Transaktionen des Applikationservers zu verwalten. Da es sich hier um private Transaktionen handelt, haben die entwickelten Komponenten keinen Zugriff auf diese Art von Transaktionen.

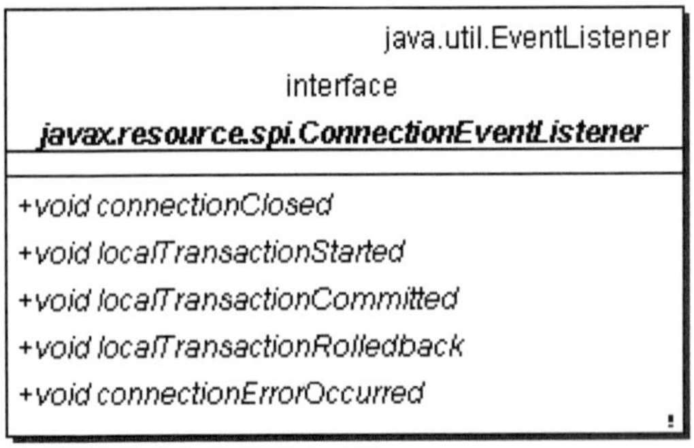

```
                    java.util.EventListener
                          interface
            javax.resource.spi.ConnectionEventListener
    +void connectionClosed
    +void localTransactionStarted
    +void localTransactionCommitted
    +void localTransactionRolledback
    +void connectionErrorOccurred
```

Abbildung 2.55: Das Interface ConnectionEventListener

Das Anmelden der `ConnectionFactory` im JNDI-Namensraum erfolgt beim Hochfahren des Servers. Die Informationen werden aus einer XML-Datei gelesen. Es handelt sich dabei um das *RAR(Resource Archive)*-Format. Der Treiber des Adapters muss im Server-Klassenpfad liegen und besteht aus einer oder mehreren JAR-Dateien.

```xml
<?xml version="1.0" encoding="UTF-8"?>
<connector>
<display-name>Test JDBC Adapter</display-name>
<vendor-name>Adam Bien</vendor-name>
<spec-version>1.0</spec-version>
<version>1.0</version>
<eis-type>JDBC Database</eis-type>
<resourceadapter>
<managedconnectionfactory-
↪class>com.abien.framework.resource.JDBCManagedConnectionFactory
```

```
➥</managedconnectionfactory-class>
<connectionfactory-interface>javax.sql.DataSource<connectionfactory-interface>
<connectionfactory-impl-
class>com.abien.framework.resource.JdbcDataSource<connectionfactory-impl-class>
<connection-interface>java.sql.Connection</connection-interface>
<connection-impl-class>com.abien.framewor.resouceDBConnection</connection-
➥impl-class>
<transaction-support>xa_transaction</transaction-support>
<config-property>
<config-property-name>XADataSourceName</config-property-name>
<config-property-type>java.lang.String</config-property-type>
<config-property-value>jdbc/XADB</config-property-value>
</config-property>
<auth-mechanism>
<auth-mech-type>basic-password</auth-mech-type>
<credential-interface>javax.resource.security.PasswordCredential
➥</credential-interface>
</auth-mechanism>
<reauthentication-support>false</reauthentication-support>
</resourceadapter>
</connector>
```

Die RAR-Datei definiert auch die genaue Zusammensetzung des Connectors. Es wird hier die Zuordnung der Interfaces zu den konkreten Implementierungen festgelegt. Nach der genauen Beschreibung des Connectors können die im Container befindlichen Komponenten genutzt werden.

```
Context initctx = new InitialContext();
javax.resource.cci.ConnectionFactory cxf =
(javax.resource.cci.ConnectionFactory)
initctx.lookup("java:comp/env/eis/SAPConnection");
```

Um mit dem Connector arbeiten zu können, muss zunächst auf das Factory-Objekt referenziert werden. Das geschieht durch den JNDI-Aufruf `lookup`. Da die Methode `lookup` lediglich ein `java.lang.Object` zurückgibt, muss die Referenz noch gecastet werden. Der Schlüssel `java:comp/env/eis/SAPConnection` muss aber noch im *Deployment Descriptor* der jeweiligen Komponente bekanntgegeben werden.

```
<enterprise-beans>
<session>
...
<ejb-name>TestBean</ejb-name>
<ejb-class>
com.framework.abien.ejb.TestBean
</ejb-class>
...
<resource-ref>
<description>
</description>
<res-ref-name>java:comp/env/eis/SAPConnection</res-ref-name>
```

```
        <res-type>javax.resource.cci.ConnectionFactory</res-type>
        <res-auth>Container oder Application</res-auth>
      </resource-ref>
      ...
    </session>
  </enterprise-beans>
```

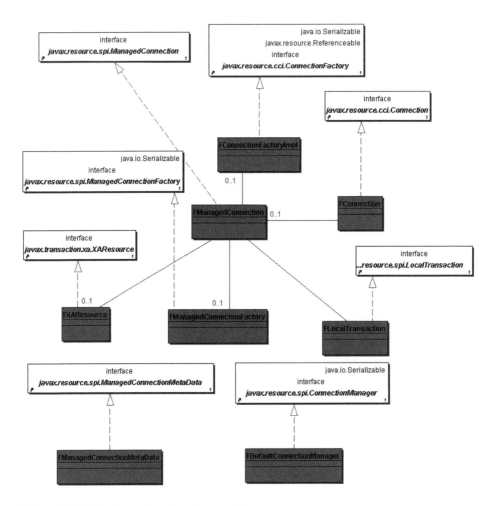

Abbildung 2.56: Die Implementierung der Connector-API

Mit dem Objekt ConnectionFactory lassen sich neue Connection-Objekte erzeugen.

```
javax.resource.cci.Connection cx = cxf.getConnection();
```

Ob tatsächlich neue Connection-Objekte erzeugt werden oder ob eine bereits bestehende physikalische Verbindung wiederverwendet wird, hängt von der jeweiligen Implementierung der Factory ab. Die Implementierung ist adapterspezifisch und muss vom EIS-Hersteller bereitgestellt werden.

2.1.12 Java Transaction API (JTA)

Die *Java Transaction API* (JTA) abstrahiert die Komplexität des Transaktionsmanagers (TM) durch die Bereitstellung von vereinfachten Schnittstellen, die vom Anwendungsentwickler benutzt werden können. Eine JTA-Umgebung besteht aus folgenden Komponenten:

▶ Der Transaktions-Manager (TM) sorgt für die richtige Abwicklung von Transaktionen wie Synchronisierung, Verwaltung der transaktionalen Ressourcen etc.

▶ Der Applikationsserver bietet eine Laufzeitumgebung für verteilte Komponenten wie EJBs, Servlets, JSPs an. Diese Komponenten nehmen oft an Transaktionen teil. Die einzige Schnittstelle zur Außenwelt bietet aber nur der Container selber. Die Verwaltung der Transaktionszustände muss also auch vom jeweiligen Container übernommen werden.

▶ Der Resouce-Manager (RM) bietet den Zugang zu den transaktionalen Ressourcen. Der Zugriff wird oft an den Resource-Adapter delegiert.

▶ Beim Resource-Adapter handelt es sich um eine Schnittstelle, die den Zugriff auf den Resource-Manager ermöglicht. Die Implementierung eines Resouce-Adapters ist vom jeweiligen Resource-Manager abhängig und somit herstellerspezifisch. Ein Resource-Adapter wird im gleichen Adressraum (in der gleichen JVM) wie der Server oder die Applikation ausgeführt. Ein JDBC-Treiber und eine JRFC-Bibliothek, die den Zugriff auf SAP ermöglichen, sind die typischen Beispiele für einen Resource-Adapter.

▶ Bei verteilten Komponenten wie EJB oder Servlets, die in dem Applikationsserver-Container ablauffähig sind, handelt es sich oft um Anwendungen, die eine Schnittstelle für die Steuerung von Transaktionen verwenden.

▶ Der *Communication Resource Manager* (CRM) sorgt für die Kommunikation mit anderen Transactionmanagern, die an den lokalen Transaktionen interessiert sind. Die Kommunikation erfolgt typsicherweise über das IIOP-Protokoll.

Die Aufgabe der JTA-Spezifikation ist nicht die Definition der Vorgehensweise bei der Implementierung von Transaktionen, sondern die Bereitstellung einer möglichst einfachen und allgemeinen Schnittstelle.

In Anwendungen wird oft die Schnittstelle `javax.transaction.UserTransaction` verwendet, um die Transaktionen je nach Programmverlauf kontrollieren zu können.

Innerhalb eines Applikationsservers erhält man die Referenz auf die Instanz `javax.transaction.UserTransaction` über die JNDI-API. Die Implementierung des Interfaces `javax.transaction.UserTransaction` implementiert zumindest noch zwei weitere Interfaces, nämlich `java.io.Serializable` und `javax.naming.Referenceable`. Die Implementierung der Interfaces wird normalerweise vom jeweiligen JNDI-Provider verlangt, um die Instanz persistent speichern zu können.

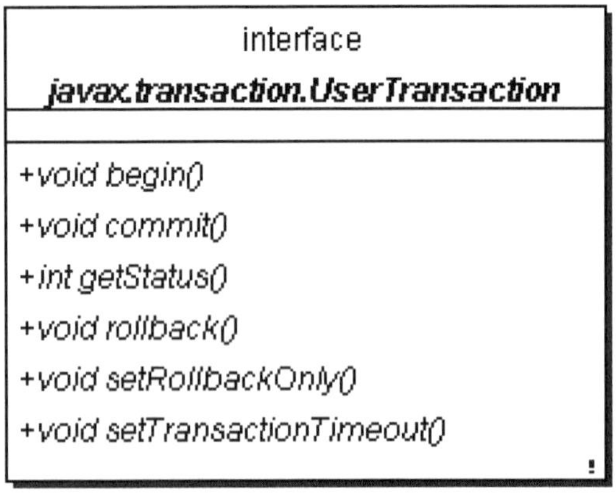

```
interface
javax.transaction.UserTransaction
```
```
+void begin()
+void commit()
+int getStatus()
+void rollback()
+void setRollbackOnly()
+void setTransactionTimeout()
```

Abbildung 2.57: Die UserTransaction-Schnittstelle

```
Context ctx = new InitialContext();
UserTransaction utx = (UserTransaction)ctx.lookup("/server/transaction");
utx.begin();
try{
 writeInFile();
 utx.commit();
}catch(Exception e){
utx.rollback();
}
```

Ein Anwendungsentwickler kommt mit der JTA-API spätestens bei der Verwendung von EJB-Komponenten in Berührung. Es ist möglich, EJB-Komponenten als *Bean Managed Transaction* (BMT) zu definieren. In diesem Fall ist die Komponente selber für die Steuerung der Transaktionen verantwortlich. Es müssen dann dementsprechend die Methoden begin(), commit() oder rollback()aufgerufen werden. Als BMT können nur Session-Beans deklariert werden; die Transaktionen der Entity-Beans dürfen nur vom Container selber gesteuert werden.

2.1.13 Java Transaction Service (JTS)

Die JTS-Spezifikation beschreibt die Implementierung des JTA-Transaktionsmanagers. JTS benutzt intern die CORBA (Object Transaction Service) OTS-Schnittstellen, um die Kompatibilität mit anderen Programmiersprachen zu gewährleisten. Für die Kommunikation zwischen den Transaktionsmanagern wird das CORBA IIOP-Protokoll verwendet.

Ein Transaktionmanager (TM) muss folgende Dienste implementieren:

▶ Ein TM ermöglicht den Applikationen die Kontrolle über den Gültigkeitsbereich und die Dauer der Transaktionen.

Die J2EE-Architektur 157

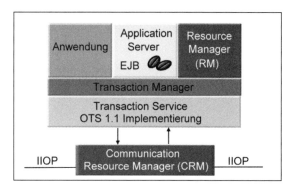

Abbildung 2.58: Die Architektur eines JTS-Systems

▷ Einzelne Operationen (Methodenaufrufe) können zu einer einzigen Transaktion zusammengefasst werden.

▷ Ein TM ermöglicht die Zuordnung globaler Transaktionen zu globalen Ressourcen wie z.B. relationalen Datenbanken.

▷ Es lassen sich mehrere TM zu einer globalen Transaktion zusammenfassen.

▷ Ein TM ermöglicht die Synchronisierung mehrerer Transaktionen.

▷ Ein TM ist in der Lage, mit anderen TMs über das IIOP-Protokoll zu kommunizieren. Diese Tatsache wird vor dem Client verborgen.

Ein TM kann auch verteilte Transaktionen unterstützen. Allerdings darf diese Art von Transaktionen keine Kindtransaktionen (*Nested Transactions*) enthalten.

3 Das SJF-Framework

Alles begann mit dem Wunsch, konventionelle Java-Objekte auf physikalisch getrennte Rechner zu verteilen. Das sollte ohne die lästige Generierung von Stubs und Skeletons erfolgen. Die Lösung sollte möglichst auch Netzwerkprotokoll-unabhängig sein. So entstand das *Remote Object Invocation* (ROI) Framework. Mit dem Framework ist es möglich, beliebige Methoden entfernter Objekte aufzurufen. Nach der Fertigstellung des Frameworks stellte sich heraus, dass die Verwaltung der .class-Dateien auf den unterschiedlichen Rechnern problematisch ist. Im Entwicklungszyklus mussten immer wieder alle Rechner mit neuen Versionen beliefert werden. Aus dieser Aufgabenstellung, die Anwendungen aus einem Server verwalten zu wollen, entstand ein anderes Framework, das *Classloader Framework* (CLF). Bereits in der Konzeptphase stellte sich heraus, dass Aufgaben wie Caching, Konfiguration und Logging bewältigt werden mussten. Irgendwann begann ich die Teile des Frameworks zusammenzuführen. Dabei mussten viele Komponenten neu konzipiert werden. In der Redesignphase habe ich versucht auf bereits getestete Softwarepatterns zurückzugreifen, um die Robustheit des Codes zu erhöhen. So entstand das *Small Java Framework* (SJF), das auf den Kerntechnologien der beiden Frameworks aufbaute.

Das SJF-Framework wurde entwickelt um eine weitere Abstraktionsschicht einzuführen. Diese Schicht ist notwendig um die Arbeit mit der J2EE-Spezifikation weiter zu vereinfachen. Dieses Framework wurde von mir entwickelt, um die Programmierung von Standardanwendungen wie Servlets, EJB- oder GUI-Anwendungen zu beschleunigen. Aufgaben, die immer wieder erledigt werden müssen, habe ich in dieses Framework ausgelagert und hier immer und immer wieder verbessert. Meine Anwendungen wurden immer kleiner und einfacher, das Framework immer erweiterbarer und mächtiger. Es wurden nicht alle Features implementiert, nur diejenigen, die am häufigsten benötigt wurden. Ich habe versucht die Probleme mit möglichst geringem Aufwand zu lösen.

Um eine E-Mail zu verschicken stehen einem zwei Möglichkeiten zur Verfügung: entweder das SMTP-Protokoll selber zu implementieren oder die JavaMail-API zu benutzen. Beide Möglichkeiten verlangen nach einer gründlichen Auseinandersetzung des Programmierers mit den *RFC* (Request For Comments)-Dokumenten oder der JavaMail-API. Hier ein Beispiel der Implementierung mit Hilfe der JavaMail-API:

```
Properties props = new Properties();
props.put("mail.smtp.host", host);
Session session = Session.getDefaultInstance(props, null);
session.setDebug(debug);
Message msg = new MimeMessage(session);
msg.setFrom(new InternetAddress(from));
InternetAddress[] address = {new InternetAddress(args[0])};
msg.setRecipients(Message.RecipientType.TO, address);
msg.setSubject("JavaMail APIs Test");
msg.setSentDate(new Date());
msg.setText(msgText);
Transport.send(msg);
```

Die Implementierung des SMTP-Protokolls ist viel komplizierter, stattdessen hier noch einmal die gleiche Aufgabe mit dem SJF-Framework:

```
MailManagerIF manager = (MailManagerIF)Naming.lookup("rmi://localhost/
MailManager");
FMail mail = new FMail("abien@java-architect.com","duke@sun.com","test
subject","Testinhalt");
manager.sendMail(mail);
```

Der Aufwand für die gleiche Funktionalität wurde drastisch reduziert – oder besser gesagt – in das SJF-Framework ausgelagert. Das Package com.abien.framework.mail nutzt intern auch die JavaMail-API, aber diese Funktionalität wurde hier gekapselt. Die API der JavaMail-Spezifikation wird also als SPI des SJF benutzt.

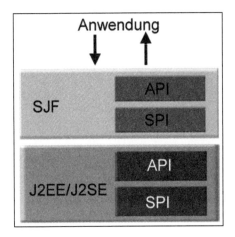

Abbildung 3.1: Das SJF-Framework

3.1 Die Architektur des SJF-Frameworks

3.1.1 Die Philosophie des SJF-Frameworks

Bei der Entwicklung des Frameworks war mir die Integration von bestehenden, aber offenen und freien Standards oder APIs besonders wichtig. Nur offene Standards werden von Entwicklern akzeptiert und verwendet.

Ein weiterer wichtiger Punkt war die Namensgebung bei der Entwicklung des Frameworks. Während der Integration bestehender Komponenten habe ich versucht, der JDK-Packagestruktur ähnliche Namen zu geben. Die Einarbeitungszeit der Anwendungsentwickler wurde somit verkürzt, da das Logging der meist bereits bestehenden Anweisungen, z.B. System.out.println(), sehr ähnlich aussieht. Die Klasse FSystem aus dem Package com.abien.framework.base hat eine ähnliche Funktionalität wie die Klasse System aus dem Package java.lang. Um Ausgaben loggen zu können wird einfach die Methode FSystem.out.println() aufgerufen. Die Anpassungen an bestehenden Sourcecode sind minimal, da man hier nur System auf FSystem umbenennen muss. Natürlich wäre es auch möglich, eine statische Methode log() zu implementieren. Dazu müsste aber zunächst ein »Logging«-Objekt erzeugt werden. Der Sourcecode könnte dann so ausschauen:

```
LoggingManager manager = LoggingManager.getInstance();
manager.log("Logging Ausgabe",LoggingManager.INFO);
```

Die meisten Entwickler verwenden aber immer die Klasse System um ihre Anwendungen debuggen zu können, auch wenn bereits andere Mittel vorgesehen wurden.

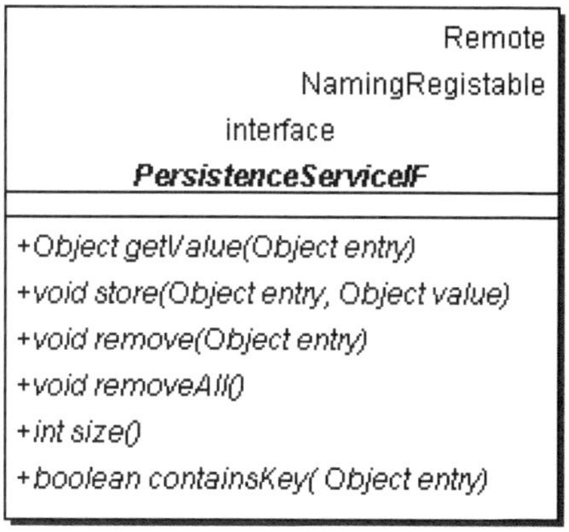

```
                              Remote
                       NamingRegistable
              interface
              PersistenceServiceIF
-------------------------------------------
+Object getValue(Object entry)
+void store(Object entry, Object value)
+void remove(Object entry)
+void removeAll()
+int size()
+boolean containsKey( Object entry)
```

Abbildung 3.2: Das Interface PersistenceServiceIF

Ein anderes Beispiel ist die Klasse `PersistenceServiceIF` aus dem Package com.abien.persistence. Ihre Methoden habe ich an die Funktionalität einer Klasse java.util.HashMap angelehnt. Diese ist sehr beliebt und eignet sich hervorragend für die zentrale Ablage einfacher Objektinstanzen.

Für diese Schnittstelle werden einige Standardimplementierungen wie `DurablePersistenceService`, `VolatilePersistenceService` oder `LDAPPersistenceService` bereits mitgeliefert.

3.1.2 Die Ausnahmebehandlung

Die Programmiersprache Java wurde mit einer sehr wirkungsvollen Fehlerbehebungsmethode ausgestattet – dem Exceptionmechanismus. Das SJF-Framework verwendet jedoch die Standardexceptions nicht direkt. Stattdessen wurde eine eigene Exceptionhierarchie eingeführt, die für die Fehlerbehandlung zuständig ist. Alle spezifischen Exceptions leiten jedoch nicht von der Standardexception java.lang.Exception ab, sondern von der Klasse com.abien.framework.base.FrameworkException. Diese Klasse legt folgende Konstruktoren fest:

```java
public FrameworkException( Object where,String reason ){
  super("FrameworkException: " + ClassInspector.inspect2String(where) + " " +
  reason);
  this.reason = reason;
  FSystem.err.println("FrameworkException: " + ClassInspector.inspect2String(where)
  + " " + reason);
}
public FrameworkException( Class where,String reason ){
  super("FrameworkException: " + where.getName() + " " + reason);
  FSystem.err.println("FrameworkException: " + where.getName() + " " + reason);
}
```

Jeder Konstruktor erfordert zwei Aufrufparameter, die beim Erzeugen (Werfen) von Exceptions übergeben werden. Bei dem erstem Parameter handelt es sich immer um das Objekt, das die Exception geworfen hat. Der zweite Parameter stellt den eigentlichen Inhalt der Ausnahme dar.

Es ist fast immer möglich, SJF-Exceptions wie im Folgenden dargestellt zu verwenden:

```java
try{

}catch(Exception e){
  throw new FrameworkException(this,"Fehler in …. Ausnahme: " + e.toString());
}
```

In statischen Methoden ist die Verwendung des Schlüsselworts `this` nicht möglich. Deswegen müssen in Singletons und statischen Methoden die SJF-Exceptions auf folgende Weise geworfen werden:

Die Architektur des SJF-Frameworks

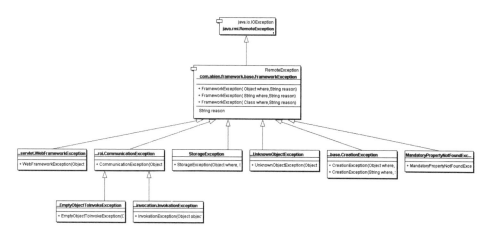

Abbildung 3.3: Die eigene Exceptionhierarchie

```
public static ClassFetcherFactory getInstance(PropertiesManager propertiesManager)
throws FrameworkException{
if (instance == null){
try{
instance = new ClassFetcherFactory(propertiesManager);
}catch( Exception e){
throw new FrameworkException(ClassFetcherFactory.class,"getInstance " +
e.toString());
}
}
return instance;
}
```

Das Klassenobjekt wird anstatt der aktuellen Instanz >>this<< übergeben. Aus der übergebenen Instanz werden Informationen über den momentanen Zustand des Objektes, das die Exception ausgelöst hat, gesammelt. Es werden alle seine Attribute mit den aktuellen Werten aufgelistet. Diese Information wird in den Streams FSystem.err geschrieben. Die momentane Implementierung des Streams bestimmt, ob die Information in eine Datei, in die Konsole oder vielleicht überhaupt nicht geloggt werden soll.

```
public FrameworkException( Object where,String reason ){
...
FSystem.err.println("FrameworkException: " + ClassInspector.inspect2String(where)
+ " " + reason);
}
```

Die Klasse ClassInspector ist in der Lage, aus einer übergebenen Instanz mittels Reflection die oben genannten Informationen auszulesen.

Der folgende Code verursacht eine oder mehrere Logging-Ausgaben.

```
public class Starter {
  private String attribut1="test1";
  private String attribut2="test2";

throw new FrameworkException(this," Hallo Welt !");
```

Der genaue Inhalt der Ausgabe, die Formatierung und das Ziel hängen von den aktuellen Einstellungen des Frameworks und der Implementierung der Streams ab.

```
Mon Jan 29 18:12:02 GMT+01:00 2001   FError info "FrameworkException: Exception
thrower: com.abien.Starter|Attributes: attribut1 = test1|attribut2 = test2|  Hallo
Welt"
```

Mit der konsequenten Benutzung von eigenen Exceptionhierarchien kann das Debugging und Monitoring des Servers stark vereinfacht werden. Alle geworfenen Exceptions werden, zusammen mit dem aktuellen Zustand des Objektes, automatisch protokolliert. In früheren Versionen des Frameworks konnte man den Loglevel, also den Schweregrad des Fehlers, gleich mit angeben. Diese Vorgehensweise hat sich aber als problematisch herausgestellt, da der Entwickler selber den Loglevel festlegen musste. Der Wert des Loglevels bestimmte das Verhalten des Frameworks. Sogar das Herunterfahren des Servers konnte so erzwungen werden. Diese Art der Kontrolle ist in einem Framework oder einem Applikationsserver schwierig, da hier viele Anwendungen installiert werden können. Eine Unachtsamkeit des Entwicklers könnte bewirken, dass der Server mit allen installierten Anwendungen herunterfährt.

3.1.3 Die Konfiguration der Objekte

Bei der Entwicklung des Frameworks stellte sich bald heraus, dass viele Objekte bei ihrer Erzeugung klassenspezifische und teilweise auch instanzabhängige Konfigurationen benötigten. Es musste eine gemeinsame Schnittstelle für diese Objekte geschaffen werden. Ein Beispiel für solche generische Struktur sind die Klassen java.util.HashMap oder java.util.Properties. Mit diesen Strukturen ist es einfach, beliebig viele unterschiedliche Parameter an den Konstruktor zu übergeben. Allerdings wird hier ein Mehraufwand in Kauf genommen. Das Objekt java.util.Properties muss ja zuerst erzeugt und mit den Werten initialisiert werden. Ferner müssen noch die einzelnen Werte im Konstruktor extrahiert und den Attributen der Instanz zugewiesen werden.

```
public class Test{
 private String name = null;
 private String vorname=null;
//die konventionelle Methode
  public Test(String name,String vorname){
    this.name    = name;
    this.vorname = vorname;
```

```
    }
//die generische Methode
  public Test(Properties properties){
      this.name = properties.getProperty("name");
      this.vorname=properties.getProperty("vorname");
   }
}
```

Obwohl es günstig wäre, alle in dem SJF Framework verwendete Objekte, mit einem gemeinsamen Konstruktor auszustatten, wäre dieser Weg nie von den Entwicklern akzeptiert worden. Der Aufruf des generischen Konstruktors ist viel aufwändiger als z.B. der konventionelle Konstruktoraufuf `new Test("hallo","welt")`. Die Konstruktorparameter müssen bei einem generischen Aufruf dementsprechend verpackt werden. Die Zusammenfassung der Parameter entspricht hier dem »Value-Object-Pattern und erhöht auch die Erweiterbarkeit der Klassen.

```
Properties properties = new Properties();
properties.setProperty("name","hallo");
properties.setProperty("vorname","welt");
```

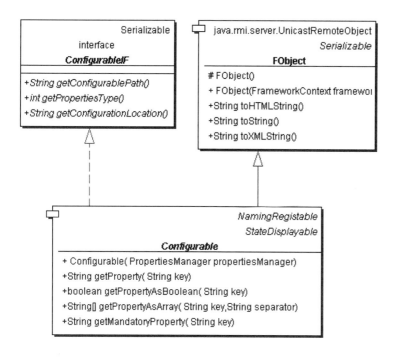

Abbildung 3.4: Die Klasse com.abien.framework.base.Configurable

Um die Erzeugung der Objekte zu vereinfachen musste dieser Prozess automatisiert werden. Per Konvention müssen alle Klassen, die bei der Erzeugung automatisch mit Informationen gefüttert werden wollen, von der Klasse com.abien.framework.base.Configurable ableiten.

Die Klasse Configurable wurde abstrakt deklariert, deshalb können keine Instanzen dieser Klasse direkt erzeugt werden. Ihre Unterklassen werden aber automatisch mit den benötigten Parametern versorgt. Die Klasse com.abien.util.PropertiesManager wird immer an alle Configurables übergeben. Die Configurable Instanzen holen sich ihre Parameter aus der Instanz java.util.Properties selber ab.

```
public DurablePersistenceService(PropertiesManager properties) throws Exception {
    super(properties);
    this.fileName = getProperty(FILE_NAME);
    this.updateForced = getPropertyAsBoolean(FORCE_UPDATE);
}
```

Woher kommen aber die Parameter? Diese Frage ist relativ einfach zu beantworten, die Klasse com.abien.framework.util.PropertiesManager ist für die Beschaffung der Parameter zuständig.

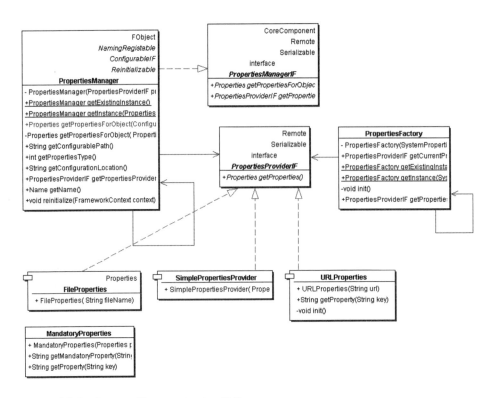

Abbildung 3.5: Der PropertiesManager mit seinen Helfern

Bei der Initialisierung eines Objektes Configurable werden immer folgende Schritte durchlaufen:

▶ Die Methode getConfigurableForObject wird aufgerufen.

▶ Je nachdem ob der Configurable aus den globalen Properties lesen möchte, oder eigene Informationen abgelegt hat, werden entweder alle Properties aus der gemeinsamen PropertiesProviderIF-Implementierung gelesen (Abbildung 3.6), oder es wird versucht, eine neue Implementierung des Interfaces PropertiesProviderIF zu instanziieren. Diese Vorgehensweise erlaubt instanzabhängiges Verhalten bei der Konfiguration der Klassen.

▶ Beim Lesen der Properties werden nur diese Parameter extrahiert, die wirklich für das Objekt bestimmt waren. Es gibt keine Möglichkeit, Properties, die für andere Klassen bestimmt waren, zu lesen.

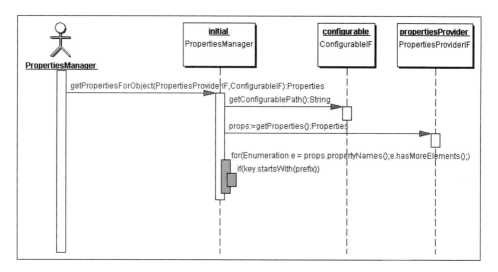

Abbildung 3.6: Die Extrahierung der Properties

Die Implementierung des Interfaces PropertiesManagerIF ist jedoch nicht selber für die Beschaffung der Properties zuständig. Zu diesem Zweck dient die Implementierung des Interfaces PropertiesProviderIF. Je nach Implementierung können die Properties von der Kommandozeile (-Dkey=value), aus einer URL oder aus einer Datei gelesen werden. Die Standardeinstellung ist die Datei. In der Datei werden die einzelnen Werte nach dem key / value – Prinzip abgelegt. Das genaue Format der Datei entspricht dem Format, das auch von einer Instanz java.util.Properties verstanden wird.

```
com.abien.framework.base.FSystemStreamFactory.debugStreamLocation=c:/FStream.deb
com.abien.framework.base.FSystemStreamFactory.errorStreamLocation=c:/FStream.err
com.abien.framework.base.FSystemStreamFactory.standardStreamLocation=c:/
FStream.out
```

Allerdings setzt sich der Schlüssel aus dem Präfix und dem eigentlichen Key zusammen. Das Präfix wird durch den Aufruf `getConfigurablePath()` erzeugt. Standardmäßig wird der vollqualifizierte Name der Klasse verwendet. Mit diesem Algorithmus wurde sichergestellt, dass alle Klassen ihre Properties lesen können. Allerdings teilen sich viele Instanzen die gleichen Einstellungen. Oft ist es aber erwünscht, instanzabhängige Einstellungen zu lesen. Zu diesem Zweck muss die Methode `String getConfigurationLocation()` überschrieben werden. Standardmäßig liefert sie den Wert null zurück; falls erwünscht kann hier die genaue Bezeichnung der Quelle (z.B. Datei, Datenbank, URL usw.) angegeben werden. Der genaue Rückgabewert der Methode hängt stark von der verwendeten Ressource ab (c:/object.properties, http://www.java-architect.com/framework.properties). Falls die Methode `getConfigurationLocation()` überschrieben wurde, sollte auch noch die Methode `getPropertiesType()` überschrieben werden, um den Typ der Quelle festlegen zu können. Momentan sind folgende Werte möglich:

```
public final static int UNKNOWN = -1;
public final static int URL_PROPERTIES = 0;
public final static int FILE_PROPERTIES = 1;
public final static int CUSTOM_PROPERTIES = 2;
```

Der Rückgabewert der Methode `getPropertiesType()` bestimmt also, welche Implementierung des Interfaces `PropertiesProviderIF` verwendet wird.

Falls man aber mehrere Frameworks gleichzeitig verwalten möchte, empfiehlt es sich, die Einstellungen aus einem gemeinsamen Webserver zu lesen. Zu diesem Zweck eignet sich hervorragend die Implementierung `com.abien.framework.internet.URLProperties`. Jedes Framework kann somit auf globale Einstellungen zugreifen. Die zentrale Verwaltung der Einstellungen wird beim Betrieb von identischen Frameworks benötigt. Das ist meist bei einem SJF-Cluster der Fall, der auf verschiedene »Maschinen« verteilt wird.

Die einzelnen Implementierungen entsprechen dem Wrapper-Pattern. Sie umhüllen nämlich die eigentliche Instanz `java.util.Properties` und sorgen für die richtige Initialisierung der gehaltenen Instanz.

```
public class URLProperties implements PropertiesProviderIF {
    private URL propertiesURL = null;
    private Properties properties = null;
    public URLProperties(String url) throws MalformedURLException, IOException {
        if (url == null)
            throw new IOException("URL must not be null !!");
        System.out.println("Properties url: " + url);
```

Die Architektur des SJF-Frameworks 169

```
            this.propertiesURL = new URL(url);
            this.properties = new Properties();
            init();
    }
    public Properties getProperties() {
            return this.properties;
    }
    public String getProperty(String key) {
            return this.properties.getProperty(key);
    }
    private synchronized void init() throws IOException {
            this.properties.load(this.propertiesURL.openStream());
    }
}
```

Mit dieser Architektur lassen sich neue Implementierungsobjekte bereitstellen und nahtlos in das Framework integrieren. Es wäre denkbar, die Frameworkeinstellungen aus einer XML-Datei oder einer Datenbank zu lesen.

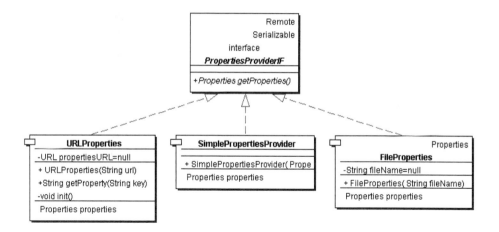

Abbildung 3.7: Die Implementierungen des PropertiesProviderIF Interfaces

3.1.4 Die Objektfabriken

Obwohl die Instanz der Klasse Configurable bequem verwendet werden kann, ist ihre Instanziierung keineswegs einfach. Es muss dem Entwickler eine Instanz PropertiesManagerIF zur Verfügung stehen, die dem Konstruktor übergeben wird. Glücklicherweise werden die Unterklassen Configurable nie von dem Entwickler direkt instanziiert. Die Erzeugung der Configurable übernimmt hier die Klasse com.abien.framework.base.ConfigurableFactory. Die extensive Benutzung des Factory-Patterns im SJF hat noch einen anderen Hintergrund. Um hohe Implementierungsunabhängigkeit zu erreichen, wird die Funktionalität des Frameworks grundsätzlich nur durch Interfaces repräsentiert. Die zugehörige Implementierung des Interfaces wird immer von der jeweiligen Factory erzeugt. Interessanterweise ist die ConfigurableFactory selber ein Configurable.

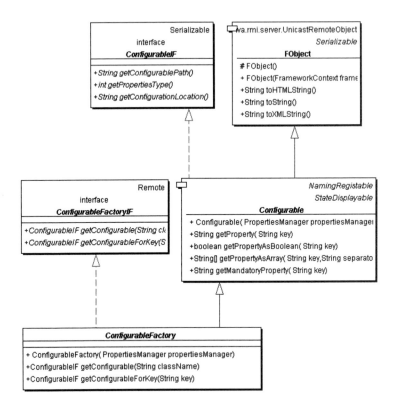

Abbildung 3.8: Die ConfigurableFactory

Ferner wurde die Klasse ConfigurableFactory als abstrakt deklariert, um ein Standardverhalten zu definieren. Alle spezifischen Factories erben von der ConfigurableFactory und entsprechen auch noch dem Singleton-Pattern. Die spezifischen Factories werden nur ein einziges Mal instanziiert. Diese Aufgabe übernimmt der StartupManager. Dieser initialisiert zuerst die aktuelle Implementierung des Interfaces PropertiesManagerIF.

```
public void enterLevel( int level ) throws RemoteException{
  if( level >= SYSTEM_INITIAL_STARTUP ){
    this.systemProperties  = new SystemProperties();
    this.propertiesFactory = PropertiesFactory.getInstance(this.systemProperties);
    this.propertiesManager =
PropertiesManager.getInstance(this.propertiesFactory.getCurrentProperties());
    this.namingManagerFactory =
```

```
NamingManagerFactory.getInstance(this.propertiesManager);
    this.namingManager = this.namingManagerFactory.getNamingManager();
    this.namingManager.registerComponent(this.propertiesManager);
}
  if( level >= SYSTEM_STREAM_STARTUP){
    ReinitializationManager.getInstance();
    InvocationHandlerFactory.getInstance(this.propertiesManager);
    this.systemStreamFactory =
FSystemStreamFactory.getInstance(this.propertiesManager);
    FSystem.init();
  if( level >= SYSTEM_SERVICES_STARTUP  ){
    FSystem.sys.println("Entering the " + level2String(SYSTEM_SERVICES_STARTUP));
    PersistenceServiceFactory.getInstance(this.propertiesManager);
//
this.namingManager.registerComponent(PersistenceServiceFactory.getExistingInstance
().getPersistenceService());
    ClassFetcherFactory.getInstance(this.propertiesManager);
this.namingManager.registerComponent(ClassFetcherFactory.getExistingInstance().get
ClassFetcherIF());
    FrameletManager.getInstance(this.propertiesManager);
MailManagerFactory.getInstance(this.propertiesManager).getMailManagerIF();
}
}
```

Erst nachdem das Objekt `PropertiesManagerIF` erfolgreich initialisiert wurde, können alle Factories erzeugt werden. Die Factories besitzen genauso wie der `Configurable` nur einen Konstruktor, der einen Übergabeparameter vom Typ `PropertiesManagerIF` erwartet. Eine spezifische Factory benötigt die Instanz des `PropertiesManagerIF` um eigene Einstellungen lesen zu können. Diese Einstellungen werden sowohl der Factory als auch einem gewöhnlichen `Configurable`-Object übergeben. Die Informationen für die Initialisierung der jeweiligen Factory müssen also auch in der aktuellen Datenquelle abgelegt werden.

Bei diesen Daten handelt es sich um Angaben, die nötig sind, um die zugehörige Implementierung des Interfaces »on the fly« erzeugen zu können. Die Implementierung muss wiederum ein `Configurable` sein, um generisch erzeugt zu werden. Da die Erzeugung mit dem Reflectionmechanismus erfolgt, muss die Implementierung nicht zur Kompilierzeit bekannt sein. Sie wird erst zur Laufzeit ermittelt. Um die Stabilität des Systems zu erhöhen, muss man sich auf die Existenz eines vorgegebenen Konstruktors verlassen. Am einfachsten lässt sich diese Anforderung durch das Ableiten von einer abstrakten Klasse garantieren. In diesem Fall wird der Konstuktor durch die Klasse `Configurable` **vorgegeben.**

```
public Configurable( PropertiesManager propertiesManager ) throws RemoteException{
super();
this.properties = propertiesManager.getPropertiesForObject(this);
}
}
```

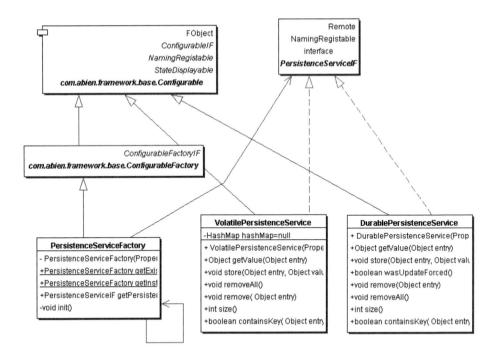

Abbildung 3.9: Das persistence-Package

Das SJF lässt sich also ohne eine Neukompilierung seiner Klassen erweitern. Ferner muss die jeweilige Implementierung des Interfaces erst zur Startzeit des Frameworks bekannt sein und kann jederzeit ausgetauscht werden.

Das untere Beispiel zeigt die Einstellungen, die nötig sind, um ein DurablePersistenceService zu erzeugen. Der DurablePersistenceService braucht natürlich auch einige Einstellungen, die gleich mit angegeben werden können.

```
com.abien.framework.persistence.PersistenceServiceFactory.PersistenceServiceType=
➥com.abien.framework.persistence.DurablePersistenceService
#Einstellungen der Implementierung
com.abien.framework.persistence.DurablePersistenceService.fileName=c:/
fdatabase.ser
com.abien.framework.persistence.DurablePersistenceService.forceUpdate=false
com.abien.framework.persistence.DurablePersistenceService.jndiName=
➥PersistenceService
```

Die Komplexität des Erzeugungsprozesses kann dem Anwendungsentwickler egal sein. Ihm ist lediglich das Interface, das die Fachlogik definiert, bekannt. Er weiß nicht, mit welcher Implementierung des Interfaces er gerade arbeitet.

```
PersistenceServiceFactory persistenceFactory =
PersistenceServiceFactory.getExistingInstance();
PersistenceServiceIF persistenceService =
persistenceFactory.getPersistenceService();
persistenceService.store("test","hallo welt");
System.out.println("Testwert: " + persistenceService.getValue("test"));
```

Alle Implementierungen der Factories werden beim Hochfahren des Frameworks erzeugt. Die generische Erzeugung der Implementierung wirkt sich deswegen nicht negativ auf die Performance der Anwendung aus. Ein weiterer Vorteil dieser Vorgehensweise ist die Überprüfung der Gültigkeit der Parameter. Da alle Implementierungen bereits beim Hochfahren initialisiert werden, ist es möglich, die Initialisierungsfehler bereits in der Initialisierungsphase des Servers abzufangen. Je nach Konfiguration ist es sogar möglich, den Server anzuhalten, wenn nicht alle Factories fehlerfrei initialisiert wurden. Warum ist der Erzeugungsprozess so fehleranfällig? Bereits die Angabe, welche Implementierung von der Factory instanziiert werden soll, kann als zumindest problematisch angesehen werden. Falls man sich in der unteren Zeile verschreiben sollte, wird die `MailManagerFactory` nicht richtig initialisiert.

```
com.abien.framework.mail.MailManagerFactory.mailManager=com.abien.framework.mail.
↪DefaultMailManager
```

Es können folgende Fehler auftreten:

Falls bereits der Schlüssel nicht dem vollqualifizierten Namen der Klasse entspricht, wird dieser auch nicht gefunden. Die `MailManagerFactory` ruft die Methode `getConfigurableForKey()` der Oberklasse. Da weder der Schlüssel noch der Wert gefunden wurde, wird null zurückgegeben.

```
public ConfigurableIF getConfigurableForKey(String key) throws
DynamicInstantiationException {
  if( key == null )
    throw new DynamicInstantiationException(this,"The key should not be null !");
  String value = getProperties().getProperty(key);
  if( value == null )
      throw new DynamicInstantiationException(this," No value found for key: " +
↪key);
  return getConfigurable(value);
}
```

Es wird sofort die `DynamicInstantiationException` geworfen, die auf die genaue Ursache des Fehlers hinweist. Die komplette Ausgabe schaut dann so aus:

```
Thu Feb 01 18:38:07 GMT+01:00 2001  FError info "Instantiation exception:
java.rmi.RemoteException: MailManagerFactory.init()
com.abien.framework.base.DynamicInstantiationException: FrameworkException:
Exception thrower: com.abien.framework.mail.MailManagerFactory ....  Reason:  No
value found for key: mailManager"
```

Ein wenig anders verhält sich die Factory, wenn die Angabe der Implementierung fehlerhaft ist bzw. die angegebene Klasse nicht im Klassenpfad liegt. Es wird zwar auch die DynamicInstantiationException geworfen, allerdings mit anderen Informationen:

```
Thu Feb 01 18:41:54 GMT+01:00 2001   FError info "Instantiation exception:
↪java.rmi.RemoteException: MailManagerFactory.init()
com.abien.framework.base.DynamicInstantiationException: FrameworkException:
↪java.lang.Class   Reason:
instantiateConfigurable(com.abien.framework.mail.DefaultMailManager2)java.lang.
↪ClassNotFoundException: com.abien.framework.mail.DefaultMailManager2".
```

Durch das dynamische Verhalten des Frameworks wächst auch der Aufwand der Initialisierung seiner Komponenten. Anstatt relativ einfacher »new«-Konstruktoraufrufe, wird hier zunächst mittels Reflection die Klasse geladen, der Konstruktor gesucht, dann das Objekt instanziiert, um schließlich gecastet zu werden:

```
Class classes[] = new Class[1];
classes[0] = PropertiesManager.class;
Object args[] = new Object[1];
args[0] = propertiesManager; //die Instanz des PropertiesManagers
....
Constructor constructor = clazz.getConstructor(classes);
retVal = (ConfigurableIF) constructor.newInstance(args);
```

Im Gegensatz dazu wäre der konventionelle Weg wesentlich einfacher.

```
Configurable configurable = new Configurable(propertiesManager);
```

Der Konstruktoraufruf »new« ist nicht nur einfacher, sondern auch noch schneller. Allerdings werden alle Objekte des SJF nicht nach dem Prinzip »lazy-initializing« instanziiert, sondern bereits zum frühestmöglichen Zeitpunkt. Die schlechtere Performance der Initialisierung äußert sich dadurch nur durch die längere Startzeit des Frameworks. Durch den dynamischen Ansatz hat man aber sehr hohe Flexibilität erreicht. Um eine neue Implementierung zu installieren reichen die Angabe des vollqualifizierten Klassennamens in der Property-Datei und die Ablage der Klasse in dem Klassenpfad des Frameworks oder auf dem zugehörigen Webserver aus.

3.1.5   Das dynamische Laden des Frameworks

Durch die Architektur des Frameworks hat man die Erzeugung der Komponenten in eine Klasse verlagert: den ConfigurableCreator. Diese Klasse wird von der ConfigurableFactory für die eigentliche Erzeugung der Implementierungen benutzt. Da alle Erzeugnisse der Factories Configurables sind, lassen sie sich auch alle durch eine gemeinsame »Fabrik« erzeugen. Die spezifischen Factories müssen lediglich die Referenz auf den benötigten Typ casten. Wie schon erwähnt werden die wichtigsten Klassen des Frameworks durch eine allgemeine Factory dynamisch erzeugt. Bei der Erzeugung werden nicht nur die benötigten Objekte instanziiert, sondern auch noch ihre Eigenschaften zur Laufzeit »erforscht«. Mit diesem Erzeugungsprozess lässt sich die Frameworkarchitektur optimal nutzen. Die gerade erzeugten Objekte können automatisch in Frameworkdiensten registriert werden oder durch den Typ des Objektes bestimmte Aktionen auslösen. Nachdem ein Objekt erzeugt wurde, können seine Interfaces leicht überprüft werden. Abhängig von dem Interface kann das eben erzeugte Objekt z.B. in dem Namensdienst des Frameworks angemeldet werden. Momentan wird die Implementierung folgender Interfaces überprüft:

▶ com.abien.framework.naming.NamingRegistable: Die Implementierung des Interfaces zeigt das Interesse des Objektes an der Registrierung im JNDI-Namensraum des Servers. Je nach verwendetem SPI kann das Objekt seine Dienste sogar remote anbieten.

▶ com.abien.framework.base.Reinitializable: Falls ein Configurable dieses Interface implementieren sollte, wird es bei der Neuinitialisierung des Frameworks benachrichtigt. Das Objekt wird automatisch bei dem ReinitializationManager angemeldet. Dieser implementiert selber die Schnittstelle Reinitializable. Beim Aufruf der Methode reinitialize des ReinitializationManagers werden alle registrierten Objekte benachrichtigt.

▶ com.abien.framework.ROIServiceRegistable: Ein Objekt, das dieses Interface implementiert hat, wird automatisch in der globalen Registry des Frameworks angemeldet. Der Zugriff auf die Referenz des Objektes erfolgt durch den Namen, der beim Aufruf der Methode getROIName() zurückgegeben wird. Alle »public«-Methoden des Objektes können sofort von einem anderem Rechner aufgerufen werden. Die Generierung von Stubs und Skeletons muss nicht durchgeführt werden, um die Kommunikation zu ermöglichen.

```
    if( retVal instanceof NamingRegistable ){
      try{
        NamingManagerIF namingManager =
NamingManagerFactory.getExistingInstance().getNamingManager();
        namingManager.registerComponent((NamingRegistable)retVal);
        FSystem.sys.println(className + " was successfully registered in the
↪global JNDI !" );
      }catch( Exception e){
        FSystem.sys.println(className + " was not registered in the JNDI. Reason:
↪" + e.toString());
      }
    }
    if( retVal instanceof Reinitializable ){
      try{
ReinitializationManager.getInstance().registerReinitializable((Reinitializable)ret
↪Val);
      }catch( Exception e ){
        FSystem.sys.println(className + " was not registered for reinitialization.
```

```
      Reason: " + e.toString());
    }
  }
  //die Komponente im globalen ROI Service anmelden
  if(retVal instanceof ROIServiceRegistable){
    try{
      ROIServiceManagerIF roiManager = ROIServiceManager.getExistingInstance();
      roiManager.register((ROIServiceRegistable)retVal);
      FSystem.sys.println(className + " was successfully registered in global ROI
↪Service ");
    }catch(Exception e){
      FSystem.err.println("Error during registering " + className + " Exception "
↪+ e.toString());
    }
  }
}
```

Nachdem alle bekannten Interfaces des Objektes überprüft wurden, werden noch die zugehörigen Wrapper gesucht. Bei den Wrappern handelt es sich um *Dynamic Proxies*, die seit JDK Version 1.3 zur Verfügung stehen. Der Dynamic-Proxy-Mechanismus erlaubt die Erzeugung von Wrappern, die vor dem Methodenaufruf des umhüllten Objektes benachrichtigt werden. Nachdem der Aufruf von dem Wrapper abgearbeitet wurde, wird dieser an das umhüllte Objekt delegiert.

3.1.6 Dynamisches Wrapping von Erzeugnissen

Das Suchen des dynamischen Proxies für das gerade erzeugte Objekt erfolgt in zwei Stufen:

▶ Zuerst werden die speziellen Proxies für das gegebene Objekt gesucht und angewendet. Falls ein spezieller Stellvertreter (Proxy) gefunden wurde, wird dieser zurückgegeben.

▶ Danach wird überprüft, ob frameworkweite Proxies existieren, ggf. werden diese auch angewendet.

Originalcode aus der Klasse com.abien.framework.base.ConfigurableCreator:

```
public static ConfigurableIF instantiateConfigurable( PropertiesManager
props,String className) throws DynamicInstantiationException {
...
  try{
    retVal = (ConfigurableIF)ProxyFactory.getProxy(retVal,InvocationHandlerFactory.
↪getExistingInstance().getInvocationHandlerForObject(retVal));
      FSystem.sys.println("Special Proxy found for " + className);
  }catch( Exception e){
      FSystem.sys.println("Special Proxy was not found for class " + className
↪+ " reason: " + e.toString());
    }
```

```
    if( FrameworkContext.getDefaultFrameworkContext().isWrapping() ){
      FSystem.sys.println("Wrapping all objects...");
      Object temp = retVal;

      if( temp instanceof FrameworkInvocationHandler )
        if( !((FrameworkInvocationHandler)temp).isWrappable() ){
          FSystem.sys.println("The Proxy " + className + " wants not to be
➥wrapped !");
          return retVal;
        }
      try{
        FSystem.sys.println("Trying to find the default proxy for " + className);
retVal = (ConfigurableIF)ProxyFactory.getProxy(retVal,InvocationHandlerFactory.
➥getExistingInstance().getDefaultInvocationHandler());
        FSystem.sys.println("Proxy was found for " + className);
      }catch( Exception e ){
        FSystem.sys.println("Default Proxy was not found for " +
➥className + " " + e.toString());
      }
    }
    return retVal;
```

Wozu werden Proxies überhaupt benötigt? Die Frage ist nicht leicht zu beantworten. Die Dynamic Proxies geben uns die Möglichkeit, beliebige Objekte dynamisch zu umhüllen. Die Umhüllung bewirkt, dass der eigentliche Stellvertreter zuerst aufgerufen wird.

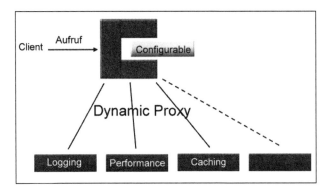

Abbildung 3.10: Die Umhüllung des Configurables

Das dynamisch erzeugte Objekt hat die Möglichkeit, dementsprechend auf die Aufrufe des Clients zu reagieren. Da ein Proxy immer zuerst benachrichtigt wird, bietet er die optimale Gelegenheit für das Logging, Caching oder Performance-Messungen. Ferner lassen sich alle Rück- und Übergabeparameter des umhüllten Objektes überprüfen und gegebenenfalls manipulieren. Die Tatsache, dass die jeweilige Implementierung com.abien.framework.proxy.FrameworkInvocationHandler auch ein Configurable ist und selber mit dem ConfigurableCreator erzeugt wird, erlaubt eine hierarchische Schachtelung der Proxies.

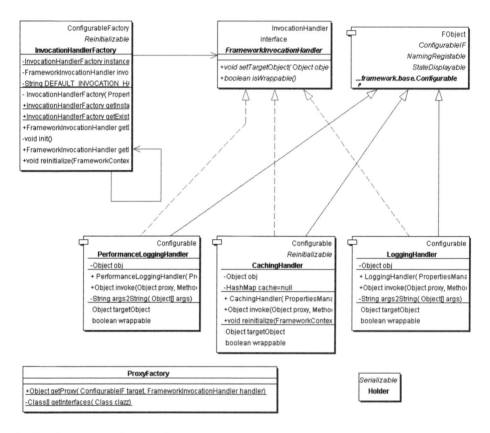

Abbildung 3.11: FrameworkInvocationHandler mit seinen Implementierungen

Alle dynamisch erzeugten Objekte lassen sich entweder mit den allgemeinen FrameworkInvocationHandlern umhüllen, oder es können klassenabhängige Wrapper definiert werden. Welcher der beiden Wrapper schließlich verwendet wird, kann in der Konfiguration des Frameworks bestimmt werden. Die einzelnen Wrapper-Implementierungen können der InvocationHandlerFactory als ihre Properties angegeben werden.

```
com.abien.framework.proxy.InvocationHandlerFactory.defaultInvocationHandler=com.ab
ien.framework.proxy.PerformanceLoggingHandler
# spezieller InvocationHandler, nur für die DurablePersistenceService
#Implementierung
com.abien.framework.proxy.InvocationHandlerFactory.com_abien_framework_persistence
_DurablePersistenceService=com.abien.framework.proxy.LoggingHandler
```

Zuerst werden die speziellen FrameworkInvocationHandler gesucht. Falls ein spezieller Wrapper gefunden werden sollte, wird auch dieser zurückgegeben. Der allgemeine Wrapper des Frameworks wird nicht mehr verwendet. Diese Einschränkung musste eingeführt werden, um endlose, rekursive Instanziierungen der Wrapper zu unterbinden. Es ist ja denkbar, dass man dem PerformanceLoggingHandler, wieder einen PerformanceLoggingHandler als Wrapper zuordnet. Da die jeweilige Implementierung des Interfaces FrameworkInvocationHandler eigentlich ein Configurable ist und selber auch »gewrapped« werden könnte, würden die Aufrufe mit der java.lang.StackOverflowException enden.

Der Proxy-Mechanismus des Servers lässt sich global ein- und ausschalten. Diese Tatsache erleichtert die Anpassungen des Frameworks für die Produktions-, Entwicklungs-, oder Integrationsumgebungen.

```
com.abien.framework.base.FrameworkContext.proxyOn=true
```

Um das Wrapping einzuschalten, muss die Property »proxyOn« der Klasse FrameworkContext auf »true« gesetzt werden. Wie schon erwähnt handelt es sich bei den Implementierungen des FrameworkInvocationHandlers um Configurables. Diese Tatsache bringt nicht nur Nachteile mit sich (mögliche Rekursivitäten), sondern auch Vorteile. Mit dieser Architektur ist es möglich, z.B. eigene DatabaseLoggingHandler bereitzustellen und ohne eine Neukompilierung des Frameworks zu installieren. Um die Performance des DatabaseLoggingHandler zu testen könnte man den PerformanceLoggingHandler als seinen spezifischen Wrapper angeben.

Mit den Implementierungen des Interfaces FrameworkInvocationHandler kann die Funktionalität aller verwendeten Objekte erweitert werden. Somit entspricht dieses Vorgehen einem universellen Decorator-Pattern.

3.1.7 Automatisches Logging

Die Tatsache, dass die meisten Objekte des Frameworks sich umhüllen lassen, ermöglicht hervorragende Möglichkeiten für das automatische Logging oder Monitoring des Systems. Mit dieser Architektur ist es möglich, vor den fachlichen Methodenaufrufen eigene Aufrufe zwischenzuschalten. Die Objekte werden aber vollständig umhüllt, d.h. man kann das Ergebnis des Methodenaufrufs abwarten und ggf. auftretende Exceptions abfangen. Diese Methode ist besonders nützlich für das Testen neuer Objekte. Es lassen sich somit die Übergabeparameter, auftretende Exceptions und Rückgabewerte überwachen. Die Ausgabe des LoggingHandlers beim Aufruf der Methode init eines Framelets sieht dann so aus:

```
Tue Feb 06 18:24:06 GMT+01:00 2001    FDebug info
"com.abien.framework.services.Framelet before method init"
Tue Feb 06 18:24:06 GMT+01:00 2001    FDebug info
```

```
"com.abien.framework.services.Framelet method result: null"
Tue Feb 06 18:24:06 GMT+01:00 2001    FDebug info
"com.abien.framework.services.Framelet after method init"
```

Falls bei dem Aufruf der Methode init etwas schief gehen sollte, sieht die Ausgabe so aus:

```
Tue Feb 06 19:41:26 GMT+01:00 2001    FDebug info
"com.abien.framework.services.Framelet before method init"
Tue Feb 06 19:41:26 GMT+01:00 2001    FDebug info
"com.abien.framework.services.Framelet error executing method init Error:
com.abien.framework.base.FrameworkException: FrameworkException: Exception
➥thrower: com.abien.framework.services.Terminator|Attributes: class
com.abien.framework.base.Configurable|registry = class
com.abien.framework.invocation.Registry|genericInvokable = interface
com.abien.framework.invocation.GenericInvokable|communicatorServer = class
com.abien.framework.roi.SocketCommunicatorServer|initialized = false|   Reason: Nur
➥ein test"
Tue Feb 06 19:41:26 GMT+01:00 2001    FDebug info
"com.abien.framework.services.Framelet after method init"
```

Die Exception, die bei der Abarbeitung der Methode aufgetreten ist, wird noch einmal ausgegeben. Diese Debuggingmöglichkeit wurde auch bei der Frameworkentwicklung eingesetzt und hat sowohl das Testen als auch die Fehlerfindung maßgeblich erleichtert. Die Methode invoke des LoggingHandlers aus dem Package com.abien.framework.proxy übernimmt hier die Hauptarbeit.

```
public Object invoke(Object proxy, Method m, Object[] args) throws Throwable {
Object result;
if( obj == null ){
FSystem.err.println("Target object is null !");
return null;
}
try {
FSystem.deb.println(m.getDeclaringClass().getName() +" before method " +
m.getName() + " with following parameters " + this.args2String(args) );
result = m.invoke(obj, args);
//...Logging ausgabe
} catch (InvocationTargetException e) {
//... noch eine Logging ausgabe
throw e.getTargetException();
} catch (Exception e) {
throw new RuntimeException("unexpected invocation exception: " +
e.getMessage());
} finally {
//.. Logging ausgabe
}
 return result;
}
```

Wie wir sehen, ist die Implementierung des LoggingHandlers einfach und lässt sich leicht erweitern. Die Handler sind selber Configurables, was die dynamische Installation beim Hochfahren des Servers ermöglicht. Da sich die jeweiligen Handler auch für bestimmte Objekte anwenden lassen, kann man nur bestimmte Komponenten des Frameworks überwachen. Diese Konfiguration ist besonders vorteilhaft in bereits ausgetesteten Umgebungen, da hier intensives Logging von allen Komponenten nicht mehr notwendig ist. Beim synchronen Loggen müssen Performanceeinbußen in Kauf genommen werden. Asynchrones Loggen könnte man allerdings relativ leicht mit Hilfe von JMS-Implementieren.

3.1.8 Automatische Performance-Messungen

Die jeweiligen Implementierungen des Interfaces FrameworkInvocationHandler eignen sich nicht nur hervorragend für das Debugging auf Methodenebene, sondern auch für einfache Performance-Messungen der Aufrufe. Zu diesem Zweck wurde der PerformanceLoggingHandler entwickelt. Auch hier spielt die Methode invoke die zentrale Rolle:

```
public Object invoke(Object proxy, Method m, Object[] args) throws Throwable {
Object result;
if( obj == null )
return null;
try {
FSystem.deb.println(m.getDeclaringClass().getName() + " before method "
+ m.getName());
Profiler.start();
result = m.invoke(obj, args);
FSystem.deb.println(m.getDeclaringClass().getName() +" result " + result);
} catch (InvocationTargetException e) {
throw e.getTargetException();
} catch (Exception e) {
throw new RuntimeException("unexpected invocation exception: " + e.getMessage());
} finally {
FSystem.deb.println(m.getDeclaringClass().getName() +" after method "
+ m.getName() + " invocation time: " + Profiler.getDurance() + " ms !" );
}
return result;
}
```

Bei der Implementierung wurde der Fokus nicht auf möglichst umfangreiche Ausgaben gelegt, sondern auf die Genauigkeit der Messung. Zu umfangreiche Ausgaben würden das Ergebnis der Messung verfälschen. Der InvocationHandler muss noch in der Property-Datei eingestellt werden.

```
com.abien.framework.proxy.InvocationHandlerFactory.defaultInvocationHandler=com.ab
ien.framework.proxy.PerformanceLoggingHandler
```

Nach der Konfiguration des Handlers sieht der Inhalt des Streams FSystem.deb dann so aus:

```
Wed Feb 07 07:24:24 GMT+01:00 2001   FDebug info
"com.abien.framework.services.Framelet before method go"
Wed Feb 07 07:24:25 GMT+01:00 2001   FDebug info
"com.abien.framework.services.Framelet result null"
Wed Feb 07 07:24:25 GMT+01:00 2001   FDebug info
"com.abien.framework.services.Framelet after method go invocation time: 500 ms !"
```

Die Methode go() des Timelets Terminator wurde angepasst, um messbare Ergebnisse liefern zu können:

```
public void go() throws com.abien.framework.base.FrameworkException {
try{
Thread.sleep(500);
}catch(Exception e){  }
}
```

Die Performance-Messungen des Frameworks eignen sich sehr gut für grundsätzliche Aussagen über die Auslastung des Frameworks und seiner externen Komponenten. Da es sich bei dem SJF um eine verteilte Anwendung handelt, kann eine nicht optimale Konfiguration sich sehr negativ auf die Performance auswirken. Für die Optimierungen von komplexen Algorithmen oder dem Zusammenspiel der einzelner Objekte ist dieses Verfahren allerdings ungeeignet, da man hier nur das Verhalten der einzelne Methoden beobachten kann. Zu diesem Zweck eignen sich hervorragend verschieden Profiling – Tools. Der JProbe Profiler der Firma Sitraka (früher KL Group) ist nicht nur in der Lage einzelne Methoden zu überwachen, sondern auch die Speicherauslastung der JVM, das Verhalten des Garbage Collectors oder die Anzahl der im Speicher befindlichen Objekte.

3.1.9 Caching aller Methodenaufrufe

Die Tatsache, dass mit der Dynamic Proxy API sowohl die Parameter eines Methodenaufrufes als auch seine Rückgabewerte bekannt sind, wurde zu Caching-Zwecken verwendet. Die Klasse com.abien.framework.proxy.CachingHandler merkt sich den Zusammenhang zwischen den Übergabeparametern und dem Rückgabewert des umhüllten Objektes. Beim ersten Aufruf der Methode wird auch die Methode des umhüllten Objektes ausgeführt. Dabei werden sowohl seine Übergabeparameter als auch die Rückgabewerte in einer Holder-Klasse gespeichert und abgelegt. Falls die gleiche Methode noch mal aufgerufen wird, werden zuerst die bereits vorhandenen Parameter überprüft; falls die sich bereits in dem Cache befinden sollten, wird der Rückgabewert aus dem Cache rausgeholt und zurückgegeben. Der eigentliche Code des umhüllten Objektes wird nicht mehr ausgeführt.

Die Architektur des SJF-Frameworks

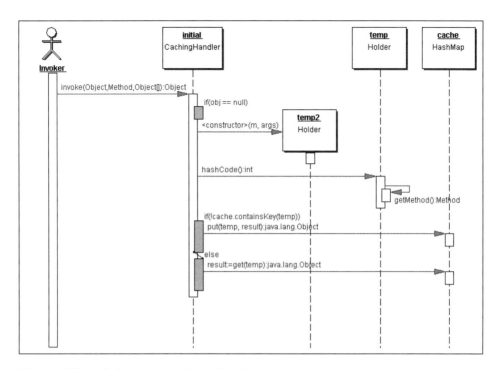

Abbildung 3.12: Die Funktionsweise des CachingHandlers

Diese Art von Caching eignet sich natürlich nicht für Objekte, die mit gleichen Parametern unterschiedliche Rückgabewerte liefern. Für Logging-Klassen, Systemaufrufe, Zeitabfragen usw. ist diese Art von Handlern ungeeignet, da hier die Methodenaufrufe abgefangen und nicht weitergeleitet werden. Aus diesen Gründen sollte man diese Art von Handlern nicht als »defaultInvocationHandler« in der Konfiguration des Frameworks einstellen. Allerdings lassen sich die CachingHandler hervorragend für den Bau von mehrstufigen Caches verwenden. Mit dieser Methode lässt sich die Performance des DurablePersistenceService des Frameworks verbessern. Zu diesem Zweck sind folgende Einstellungen des Frameworks notwendig:

▶ Der Schalter com.abien.framework.base.FrameworkContext.proxyOn muss auf »true« stehen um das Wrapping der Objekte zu ermöglichen.

▶ Die Implementierung des Interfaces PersistenceServiceIF muss in der Lage sein Objekte in den Sekundärspeicher abzulegen. Zu Testzwecken eignet sich am besten das DurablePersistenceService, da diese Implementierung Objekte auf der lokalen Festplatte des Rechners serialisiert ablegt. Die PersistenceServiceFactory muss also die DurablePersistenceService-Implementierung erzeugen, was sich duch folgenden Eintrag bestimmen lässt: com.abien.framework.persistence.PersistenceServiceFactory.PersistenceServiceType=com.abien.framework.persistence.DurablePersistenceService

▶ Für den `DurablePersistenceService` muss noch der `CachingHandler` als spezieller Wrapper eingestellt werden. Zu diesem Zweck dient die `InvocationHandlerFactory`, sie erzeugt nämlich sowohl die allgemeinen als auch die speziellen `FrameworkInvocationHandler` für alle `Configurables`. Um einen `CachingHandler` für den `DurablePersistenceService` zu erzeugen ist folgender Eintrag in der Konfiguration nötig:
com.abien.framework.proxy.InvocationHandlerFactory.com_abien_framework_persistence_DurablePersistenceService=com.abien.framework.proxy.CachingHandler

Um das Caching-Verhalten auszuprobieren, wird folgender Code ausgeführt:

```
PersistenceServiceIF service = PersistenceServiceFactory.getExistingInstance();
service.getPersistenceService().store("test","hallo");
service.getPersistenceService().getValue("test");
service.getPersistenceService().getValue("test");
```

Der Wert »hallo« mit dem Schlüssel »test« wird abgelegt (serialisiert) und zweimal hintereinander ausgelesen. Der Inhalt der Logdatei sieht wie erwartet folgendermaßen aus:

```
FSys info "Entry test Value :hallo successfull stored !"
FSys info "---------------------Trying to find: test"
FSys info "-------------------------------entry found !!!!"
FSys info "---------------------Trying to find: test"
FSys info "-------------------------------entry found !!!!"
```

Um ein zweistufiges Caching aufzubauen reicht es hier, die Klasse `com.abien.framework.proxy.CachingHandler` in der Einstellungsdatei als speziellen Proxy für den `DurablePersistenceService` anzugeben.

com.abien.framework.proxy.InvocationHandlerFactory.com_abien_framework_persistence_DurablePersistenceService=com.abien.framework.proxy.CachingHandler

Nach dieser Modifizierung werden alle Rückgabewerte und Parameter der Methoden des `DurablePersistenceService` überwacht. Der Inhalt der Logdatei ist in diesem Fall etwas umfangreicher, da die Ausgaben des `CachingHandlers` mitprotokolliert werden.

```
FSys info "Trying to fetch from cache with
↪com.abien.framework.proxy.Holder@9aace09d"
FSys info "Trying to fetch from cache with hashCode -1699946339"
FSys info "Entry test Value :hallo successfull stored !"
FSys info "Returning real result !"
FSys info "Returning from method: store"
FSys info "Trying to fetch from cache with
↪com.abien.framework.proxy.Holder@e96c2fc7"
FSys info "Trying to fetch from cache with hashCode -378785849"
FSys info "---------------------Trying to find: test"
FSys info "-------------------------------entry found !!!!"
FSys info "Returning real result !"
FSys info "Returning from method: getValue"
FSys info "Trying to fetch from cache with
```

Die Architektur des SJF-Frameworks

```
↪com.abien.framework.proxy.Holder@e96c2fc7"
FSys info "Trying to fetch from cache with hashCode -378785849"
FSys info "Returning cached result !"
FSys info "Returning from method: getValue"
```

Der Methodenaufruf get("test") wird nur das erste Mal von dem DurablePersistence-Service ausgeführt, alle folgende Aufrufe werden nicht mehr an den DurablePersistenceService delegiert, sondern direkt von dem CachingHandler abgearbeitet.

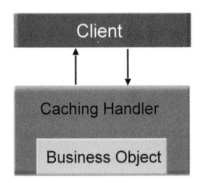

Abbildung 3.13: Der CachingHandler

Die Hauptarbeit erledigt hier die Methode invoke des CachingHandlers.

```
public Object invoke(Object proxy, Method m, Object[] args) throws Throwable {
Object result;
Holder temp = null;
if( obj == null ){
return null;
}
try {
temp = new Holder(m,args);
if( !cache.containsKey(temp) ){
result = m.invoke(obj, args);
cache.put(temp,result);
}else{
result = cache.get(temp);
}
} catch (InvocationTargetException e) {
throw e.getTargetException();
} catch (Exception e) {
throw new RuntimeException("unexpected invocation exception: " +
e.getMessage());
} finally {
FSystem.sys.println("Returning from method: " + m.getName());
}
return result;
}
```

Es wird zuerst eine Instanz der Klasse com.abien.framework.proxy.Holder erzeugt. Die Methoden equals und hashCode wurden überschrieben, um die Eindeutigkeit des Holders auf seinen Inhalt zu überprüfen. Es ist wichtig, dass zwei Holder-Instanzen mit gleichem Methodenobjekt und gleichem Parameterarray auch als »gleich« aus der Sicht z.B. einer java.util.HashMap oder java.util.Hashtable gesehen werden. Aus diesem Grund wird der Aufruf der Methode hashCode an die Instanz java.lang.Method delegiert.

```
class Holder implements Serializable{
 private Method method = null;
 private Object args[] = null;
 Holder(Method method, Object args[] ){
super();
this.method = method;
this.args   = args;
 }
 Method getMethod(){ return this.method;}
 Object[] getArgs(){ return this.args; }

 public boolean equals( Object param ){
if( !(param instanceof Holder ))
return false;
Holder holder = ( Holder )param;
if( this.method.equals(holder.getMethod()) && (args.length == holder.getArgs().length )){
for( int i=0;i<args.length;i++){
if( !args[i].equals(holder.getArgs()[i]) )
return false;
     }
}
return true;
 }
 public int hashCode(){ return getMethod().hashCode(); }
}
```

Die Methode equals ist schon etwas komplizierter, da hier nicht nur die Gleichheit der Instanz java.lang.Method überprüft wird, sondern auch noch die Länge und der Inhalt des Parameterarrays. Um zu überprüfen, ob sich der Aufwand überhaupt lohnt, kann der CachingHandler selber auch noch »gewrapped« werden. Hierzu eignet sich besonders gut der PerformanceLoggingHandler. Dazu muss wieder die Konfigurationsdatei editiert werden, der Eintrag gestaltet sich aber recht einfach.

```
com.abien.framework.proxy.InvocationHandlerFactory.com_abien_framework_proxy_CachingHandler=com.abien.framework.proxy.PerformanceLoggingHandler
```

Nach diesem Eintrag werden alle Aufrufe des CachingHandler getraced:

```
FDebug info "java.lang.reflect.InvocationHandler before method invoke"
FDebug info "java.lang.reflect.InvocationHandler result null"
FDebug info "java.lang.reflect.InvocationHandler after method invoke invocation
```

```
time: 15 ms !"
FDebug info "java.lang.reflect.InvocationHandler before method invoke"
FDebug info "java.lang.reflect.InvocationHandler result hallo"
FDebug info "java.lang.reflect.InvocationHandler after method invoke invocation
time: 0 ms !"
FDebug info "java.lang.reflect.InvocationHandler before method invoke"
FDebug info "java.lang.reflect.InvocationHandler result hallo"
FDebug info "java.lang.reflect.InvocationHandler after method invoke invocation
time: 0 ms !"
```

Die Implementierungen des Interfaces com.abien.framework.proxy.FrameworkInvocationHandlers können beliebig geschachtelt werden, was die dynamische Erweiterung der Funktionalität eines Objektes ermöglicht.

```
public interface  FrameworkInvocationHandler extends InvocationHandler{
   public void setTargetObject( Object object );
   public boolean isWrappable();
}
```

Die Methode isWrappable() muss von jeder Implementierung des Interfaces FrameworkInvocationHandler implementiert werden. Der Rückgabewert der Methode gibt an, ob eine spezielle Implementierung gewrapped werden möchte oder nicht.

3.1.10 Die Verteilung der Dienste

Bei der Entwicklung des Frameworks war es für mich ganz wichtig, die eigentlichen Dienste des Frameworks (Persistence, ClassLoading, Konfigurationsdienst, Loggingdienst, Maildienst usw.) auch remote anbieten zu können. Dabei sollte der Entwickler des Dienstes nur einen minimalen Aufwand in Kauf nehmen müssen, um seinen Dienst zu verteilen. Das SJF bietet grundsätzlich zwei Möglichkeiten um alle geladenen Klassen zu verteilen:

▶ Das *Remote Object Invocation* (ROI) Package ermöglicht »Remote«-Aufrufe ohne die Benutzung von Stubs oder Skeletons. Das Kommunikationsprotokoll kann dabei ausgetauscht werden. Es können beliebige Objekte nur durch die Angabe von zwei Strings der Objekt- und Methodenbezeichnung auf dem Server aufgerufen werden.

▶ Alle geladenen Configurables, werden automatisch im JNDI-Namespace des Frameworks angemeldet. Der JNDI SPI kann dynamisch ausgetauscht werden. Da ein Configurable aufgrund seiner Klassenhierarchie ein java.rmi.server.UnicastRemoteObject ist, kann hier der com.sun.jndi.rmi.registry.RegistryContextFactory SPI verwendet werden. Dieser delegiert alle JNDI-Aufrufe bind und rebind an die RMI-Registry weiter.

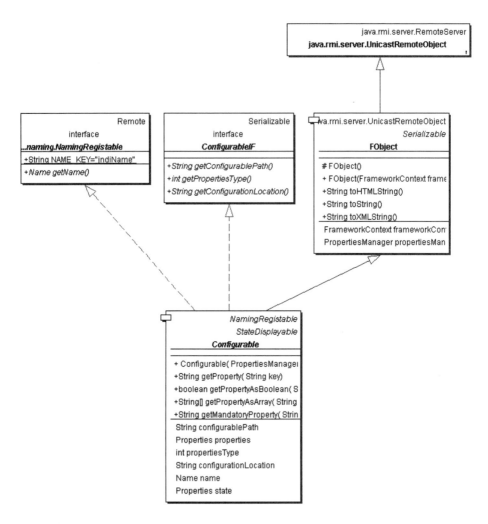

Abbildung 3.14: Die Klassenhierarchie des Configurables

Es stellte sich bald heraus, dass beim Start mehrerer Anwendungen auch mehrere Frameworkinstanzen gestartet werden müssten. Nicht nur der Ressourcenverbrauch würde erheblich wachsen, sondern auch noch der Verwaltungsaufwand. Jedes Framework braucht eine Konfigurationsmöglichkeit, die sich mit den anderen laufenden Frameworks bei der Ressourcen- und Namenvergabe nicht überschneidet (Vergabe der Socketsports, Benennung der Logdateien usw.). Irgendwann stellte sich die Frage, ob eine einzige laufende Instanz für mehrere, zumindest ähnliche Anwendungen (z.B. Servlets) ausreichen würde. Die bereits bestehende Architektur des Frameworks vereinfachte das Vorhaben erheblich, da alle Factories die Instanziierung ihrer Erzeugnisse an eine einzige Factory delegierten, die ConfigurableFactory. Die Änderung des

Codes an einer einzigen Stelle ermöglichte die Registrierung von allen geladenen Configurable-Instanzen des Frameworks in dem Naming-Service.

```
// die Komponente im globalen JNDI anmelden
if( retVal instanceof NamingRegistable ){
try{
NamingManagerIF namingManager =
NamingManagerFactory.getExistingInstance().getNamingManager();
namingManager.registerComponent((NamingRegistable)retVal);
FSystem.sys.println(className + " was successfully registered in the global JNDI
!" );
}catch( Exception e){
FSystem.sys.println(className + " was not registered in the JNDI. Reason: "
+ e.toString());
}
```

Ein weiterer Trick erlaubte die Verteilung des Services nur durch die geschickte Wahl des JNDI-SPI. Die Wahl wurde natürlich nicht hart codiert, sondern wiederum in eine Implementierung des Interfaces com.abien.framework.naming.NamingManagerIF ausgelagert.

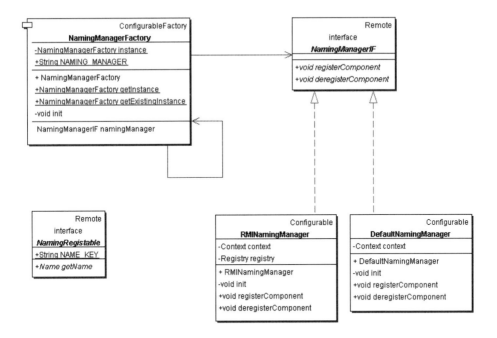

Abbildung 3.15: Der Naming-Service des Frameworks

Das Interface `NamingManagerIF` bietet eine gemeinsame Schnittstelle für alle Namensdienste des Frameworks an.

```
public interface NamingManagerIF extends Remote {
  public void registerComponent(NamingRegistable namingRegistable) throws
↪RemoteException;
  public void deregisterComponent(NamingRegistable namingRegistable) throws
↪RemoteException;
}
```

Die Implementierungen dieses Interfaces, die durch die `NamingManagerFactory` erstellt werden, sorgen für Registrierung und Deregistrierung der Komponenten. Interessanterweise sind die Implementierungen selber remotefähig, so dass die Clients auch in der Lage sind ihre eigenen Komponenten anzumelden. Welche API für die Naming-Funktionalität verwendet wird, hängt alleine von den Implementierungen ab. Es muss nicht einmal die JNDI API verwendet werden. Es werden zwei Standardimplementierungen mit dem Framework ausgeliefert:

▶ `RMINamingManager`: meldet übergebene Objekte nicht nur in dem JNDI-Namensraum, sondern auch noch in der Standard RMIRegistry.

▶ `DefaultNamingManager`: Bei dieser Implementierung handelt es sich um eine generische Lösung. Es wird die JNDI-API für die Verwaltungsfunktionen der Objekte benutzt, die jeweilige SPI kann beim Start des Frameworks in der Konfigurationsdatei angegeben werden.

Welche der Implementierungen benutzt wird, kann in der Konfigurationsdatei angegeben werden.

```
com.abien.framework.naming.NamingManagerFactory.namingManager=com.abien.framework.
↪naming.RMINamingManager
com.abien.framework.naming.NamingManager.java_naming_factory_initial=com.sun.jndi.
↪rmi.registry.RegistryContextFactory
com.abien.framework.naming.NamingManager.java_naming_provider_url=rmi://
↪localhost:1099
```

Falls ein JNDI-SPI benötigt wird, müssen noch der vollqualifizierte Name der `ContextFactory` und die URL festgelegt werden. Nachdem die jeweilige Implementierung installiert wurde, werden alle Objekte, die das Interface `NamingRegistable` implementieren, automatisch in dem Namespace des Servers registriert. Das funktioniert nur, weil die `NamingManagerFactory` sofort nach dem `PropertiesManager` initialisiert wird. Der `PropertiesManager` wird noch nachträglich bei der Implementierung des Interfaces `NamingManagerIF` registriert, um selber auch von entfernten Rechnern aus referenzierbar zu sein.

```
//StartupManager enterLevel Methode
    this.systemProperties = new SystemProperties();
    this.propertiesFactory = PropertiesFactory.getInstance(this.systemProperties);
```

```
    this.propertiesManager =
PropertiesManager.getInstance(this.propertiesFactory.getCurrentProperties());
    ROIServiceManager.getInstance(this.propertiesManager);
    this.namingManagerFactory =
NamingManagerFactory.getInstance(this.propertiesManager);
    this.namingManager = this.namingManagerFactory.getNamingManager();
    this.namingManager.registerComponent(this.propertiesManager);
```

Clientanwendungen, die an der Benutzung der Funktionalität des Servers interessiert sind, müssen nicht unbedingt die JNDI-API verwenden. Falls das SJF so konfiguriert wurde, dass der `RMINamingManager` eingebunden wird, können die Clients »nur« mit der RMI-Technologie auf die SJF-Dienste zugreifen. Die Clients müssen lediglich die Server-URL und den Namen des benötigten Objektes kennen. Der `DurablePersistenceService` wurde im unteren Beispiel unter dem Namen »PersistenceService« auf dem Server registriert.

```
com.abien.framework.persistence.DurablePersistenceService.jndiName=PersistenceService
```

Die Clientanwendungen holen sich dann mit Hilfe des Aufrufes `lookup` der Naming-Klasse die Remotereferenz des Interfaces `PersistenceServiceIF`.

```
import java.rmi.Naming;
PersistenceServiceIF persistenceService =
(PersistenceServiceIF)Naming.lookup("rmi://server/PersistenceService");
 persistenceService.store("test","inhalt");
```

Die Clientseite merkt nichts davon, dass auf dem Server die einzelnen Objekte eigentlich indirekt in der RMI-Registry angemeldet wurden. Falls diese Konfiguration verwendet wurde, muss noch berücksichtigt werden, dass sich bei clientseitigen Methodenaufrufen eigentlich um Remote-Aufrufe handelt. Die Verteilung von solchen Anwendungen ist also nicht immer so transparent, wie es die Architektur des SJF erlaubt. Bei einer schlechten Netzverbindung kann eine solche Verteilung zu drastischen Performanceeinbußen führen.

Die JNDI-API ermöglicht eine echte Verteilung der Dienste, allerdings müssen die Objekte selber auch »remotefähig« sein. Bei der Benutzung der RMI SPI müssen auch dementsprechend die Stubs und Skeletons generiert werden. In dem meisten Fällen erledigt dies unsere Entwicklungsumgebung (z.B. JBuilder 4.0) automatisch. Was machen wir aber mit Objekten, die nicht »remotefähig« sind und dennoch verteilt werden sollen? Zu diesem Zweck wurde das ROI Framework entwickelt, das selber ein fester Bestandteil des SJF ist. Mit dem ROI-Framework lassen sich beliebige Methoden beliebiger Objekte remote aufrufen. Es müssen lediglich die Rückgabewerte wie auch die Parameter der Methoden serialisierbar sein. Ähnlich wie bei dem JNDI-Mechanismus werden dabei die einzelnen Komponenten automatisch registriert.

```
//die Komponente im globalen ROI Service anmelden
  if(retVal instanceof ROIServiceRegistable){
   try{
    ROIServiceManagerIF roiManager = ROIServiceManager.getExistingInstance();
    roiManager.register((ROIServiceRegistable)retVal);
    FSystem.sys.println(className + " was successfully registered in global ROI
↪Service ");
   }catch(Exception e){
    FSystem.err.println("Error during registering " + className + " Exception " +
↪e.toString());
   }
  }
```

Die einzige Voraussetzung ist die Implementierung des Interfaces ROIServiceRegistable.

```
public interface ROIServiceRegistable {
  public final static String ROI_NAME ="roiName";
  public String getROIName() throws RemoteException;
}
```

Objekte, die dieses Interface implementieren, müssen die Methode getROIName() implementieren. Standardmäßig wird hier in der Konfiguration nach dem »roiName«-Schlüssel gesucht und der Wert des Schlüssels zurückgegeben. Der Schlüssel wird nach dem vollqualifizierten Namen der Klasse in der Konfiguration des Frameworks (z.B. Konfigurationsdatei) angegeben.

```
com.abien.framework.services.Terminator.roiName=Terminator
```

Der Wert des Schlüssels muss dem Client, der auf die Objektinstanz zugreifen möchte, bekannt sein. Der Schlüssel kann auch als ein Alias für die serverseitige Objektinstanz verstanden werden.

```
try{
 RemoteInvokerAdapter adapter = new RemoteInvokerAdapter(new
 SocketCommunicator("localhost",91));
 adapter.invokeMethod("Terminator", "exitSJF",null ));
}catch( Exception e){ }
```

Die registrierten Objekte merken nichts von der Verteilung ihrer Dienste. Es können beliebige, auch statische Methoden aufgerufen werden.

Diese Art der Verteilung wird benutzt, um beispielsweise die statische Methode println des Objektes FSystem aufzurufen. Somit wird es entfernten Anwendungen ermöglicht, in die Logdateien des Servers zu schreiben. Dazu wird lediglich die fachliche Funktionalität in eine Klasse verpackt, die das Interface ROIServiceRegistable implementiert.

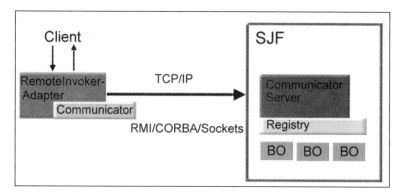

Abbildung 3.16: Der ROI-Service des SJF

```
public class RemoteLoggerServer extends Configurable implements
Framelet,ROIServiceRegistable{
//...
public void logOut(String id,String message){
    FSystem.out.println("Remote message from: " + id + " content : " + message);
}
public void logError(String id,String error){
    FSystem.err.println("Remote message from: " + id + " content : " + error);
}
public void logSystem(String id,String message){
    FSystem.sys.println("Remote message from: " + id + " content : " + message);
}
public void logDebug(String id,String debug){
    FSystem.deb.println("Remote message from: " + id + " content : " + debug);
}
}
```

Das Objekt kann dann mit Hilfe des angegebenen Namens referenziert werden. Seine Methoden lassen sich auch nur mit dem Namen der Methode aufrufen. Es besteht also eine gemeinsame Schnittstelle für alle »Remote«-Objekte.

```
public interface GenericInvokable {
public Object invokeMethod( String objectName,String method,Object[] paramsArray )
throws FrameworkException;
}
```

Mit diesem Trick lässt sich die lästige Generierung von Stubs und Skeletons vermeiden. Die für die Kommunikation notwendige Stubs und Skeletons werden bereits mit dem Framework mitgeliefert.

3.1.11 Die Framelets

Schon in der Designphase hat sich herausgestellt, dass einige Teile des Frameworks je nach Bedarf und Einsatzzweck dynamisch erweitert werden müssen. Dabei handelte es sich überwiegend um das Standardverhalten (z.B. *Shutdown*) oder eine Zusammenfassung bestehender Dienste wie z.B. Remote Logging. Mit der bestehenden Infrastruktur des Frameworks war es möglich, servlet- bzw. appletähnliches Verhalten zu implementieren. Die Framelets funktionieren also nach dem Containerprinzip, d.h. der Lebenszyklus wird nicht von den Objekten selber, sondern von dem Container gesteuert. Da die meisten sinnvollen Namen bereits reserviert wurden (Applets, Servlets, Spotlets, Aglets, Swiftlet usw.) und die Komponenten nur innerhalb des Frameworks ablauffähig sind, wurde der Name »Framelet« gewählt. Bei den Framelets handelt es sich primär um Klassen, die das Interface com.abien.framework.services.Framelet implementieren.

```
public interface Framelet extends Distinguishable{
  public void cleanup() throws FrameworkException;
  public void go() throws FrameworkException;
  public void init(FrameworkContext frameworkContext ) throws FrameworkException;
}
```

Da der com.abien.services.FrameletManager eigentlich eine ConfigurableFactory ist, kann er in erster Linie lediglich Configurables erzeugen, die dann auf Framelet gecastet werden.

```
private synchronized void loadAndExecute( String className ) throws
FrameworkException{
    Framelet framelet=(Framelet)this.getConfigurable(className);
    //...
    executeFramelet(framelet);
}
```

Nach dem Casten wird die Methode init() aufgerufen. In dieser Methode hat der Entwickler die Möglichkeit entsprechende Initialisierungen vorzunehmen. Unmittelbar danach wird die Methode go() des Framelets aufgerufen. Die Methode go() wird in einem eigenen Thread aufgerufen, so dass das Blockieren der Methode sich nicht nachteilig auf das Laden oder Ausführen anderer Framelets auswirkt. Allerdings wird die Methode init() synchron aufgerufen, so dass das Blockieren dieser Methode auch die Blockierung des FrameletManagers zur Folge hat. Nach der Ausführung der Methode go() wird die Methode cleanup() aufgerufen, um die Freigabe von beanspruchten Ressourcen zu ermöglichen. Der Lebenszyklus eines Framelets ist mit dem eines Servlets bzw. Applets vergleichbar, wobei hier alle Methoden nur ein einziges Mal aufgerufen werden.

Bei den Framelets handelt es sich eigentlich um Configurables mit zusätzlichen Fähigkeiten. Diese Tatsache erleichtert die Initialisierung der Framelets, da hier alle Parameter über eine definierte Schnittstelle übergeben werden. Diese können in dem Konstruktor des Configurables aus dem übergebenen Objekt java.util.Properties ausgelesen werden. Die Benutzung der Basisklasse com.abien.framework.base.Configurable hat noch andere Vorteile. Da es sich hier bei allen Framelets auch um Configurable-Objekte handelt, werden sie auch genauso wie die `Configurable`s instanziiert und geladen. Somit ist es möglich, Framelets dynamisch nachzuladen, wobei sich die Klassen nicht unbedingt im SJF-Klassenpfad befinden müssen. Bei den Framelets handelt es sich um echte Erweiterungen der Funktionalität des Frameworks. Der Framelet-Entwickler kann aber seine Implementierungen in eigenen Packagestrukturen ablegen. Die Klassendateien können je nach Konfiguration des SJF auch aus einem entfernten Webserver geladen werden. Die einzige Voraussetzung dieser Vorgehensweise ist die Implementierung des Interfaces `Framelet` und die Ableitung von der Klasse `Configurable`. Alles andere lässt sich durch die Konfiguration des Frameworks bestimmen.

```
com.abien.framework.services.FrameletManager.framelets2Load=com.abien.framework
↪.services.Terminator, com.abien.test.framelet.TestFramelet
```

Es können auch mehrere Framelets beim Start des Servers geladen werden. Wie und woher sie geladen werden, kann durch die Einstellungen der `ClassFetcherFactory` und ihrer Erzeugnisse beeinflusst werden.

```
# Wahl der Implementierung
com.abien.framework.classloader.ClassFetcherFactory.classFetcherType=com.abien
↪.framework.classloader.URLClassFetcher
# Einstellungen der Implementierung
com.abien.framework.classloader.URLClassFetcher.baseURLS=http://www.
↪java-architect.com/framelets/
com.abien.framework.classloader.URLClassFetcher.classExtension=.class
com.abien.framework.classloader.URLClassFetcher.replacementChar=/
com.abien.framework.classloader.URLClassFetcher.jndiName=ClassFetcher
com.abien.framework.classloader.URLClassFetcher.jarArchive=framelets.jar
```

Wie jede andere `Configurable`-Erweiterung können auch Framelets zusätzliche Interfaces implementieren, um spezielles Verhalten zu signalisieren. Das bereits mitgelieferte Framelet `com.abien.framework.services.Terminator` implementiert gleich eine Reihe von Interfaces:

```
public class Terminator extends Configurable implements
↪Framelet,Runnable,CoreComponent,ROIServiceRegistable{
//...
}
```

Der Terminator ist offensichtlich daran interessiert, in der ROI-Registry angemeldet zu werden. Es wird das Interface `ROIServiceRegistable` implementiert. Der Name der Instanz wird aus der Konfiguration des Servers gelesen.

```
public String getROIName() throws RemoteException { return getMandatoryProperty(
↪ROI_NAME ); }
```

Unter welchem Namen die Dienste des »Terminators« auch auf entfernten Rechnern zur Verfügung stehen, wird auch in der Konfiguration festgelegt.

```
com.abien.framework.services.Terminator.roiName=Terminator
```

In der Initialisierungsphase des Servers werden also alle Framelets geladen und untersucht. Falls ein Timelet noch andere, in dem SJF bekannte Interfaces implementieren sollte, wird wie erwartet darauf reagiert. Bei der Imlementierung des Interfaces ROIServiceRegistable wird unser Timelet automatisch in der Registry des Systems angemeldet. Da dies automatisch geschieht, bleibt nichts anderes zu tun als auf eingehende Methodenaufrufe zu warten. Alle Methoden des Framelet Interfaces bleiben leer.

```
public void init( FrameworkContext frameworkContext ) throws FrameworkException{
  try{
  }catch(Exception e){
  throw new FrameworkException(this,"Problem initializing Terminator
➥"+e.toString());
  }
}
  public void go() throws com.abien.framework.base.FrameworkException {
  }
  public void cleanup() throws FrameworkException {  }
```

Interessanterweise enthält hier eine vollkommen andere Methode die ganze Geschäftslogik des Terminators. Die Methode exitSJF ist für das kontrollierte Herunterfahren des Frameworks verantwortlich.

```
public String exitSJF(){
FSystem.deb.println("SJF is shutting down...." + VersionServer.getVersion());
FSystem.err.println("SJF is shutting down...." + VersionServer.getVersion());
FSystem.out.println("SJF is shutting down...." + VersionServer.getVersion());
FSystem.sys.println("SJF is shutting down...." + VersionServer.getVersion());
new Thread(this).start();
return VersionServer.getVersion() +" is going down...";
}
public void run(){
    try{
     FSystem.sys.println("Server will be shutting down in 2 seconds");
     Thread.sleep(2000);
     FSystem.sys.println("Shutting down the server !");
     FrameworkContext.shutdown(this,"Remote Shutdown !");
    }catch(Exception e){
      FSystem.err.println(e.toString());
    }
  }
```

Der Terminator missbraucht die eigentliche Framelet-Funktionalität zu einem anderen Zweck – um selber geladen zu werden. Da es mit dem ROI-Service möglich ist, beliebige Methoden einer Implementierung aufzurufen, ist man hier nicht unbedingt daran interessiert, die Methoden des Framelets zu implementieren. Ein Client kann ja unabhängig von der Frameletfunktionalität auch andere (z.B. exitSFJ()) Methoden aufzurufen.

```
try{
    RemoteInvokerAdapter adapter = new RemoteInvokerAdapter(new
 SocketCommunicator("localhost",91));
    adapter.invokeMethod("Terminator", "exitSJF",null );
}catch( Exception e){
    FSystem.err.println(e.toString());
}
```

Der Terminator wird benötigt um ein kontrolliertes Runterfahren des Frameworks zu ermöglichen.

3.1.12 Was sind Timelets?

Bei den Framelets handelt es sich um kleine Programme, die ein einziges Mal ausgeführt werden. Oft ist es aber notwendig, bestimmte Aktionen in festgelegten Abständen periodisch ausführen zu lassen. Diese Idee ist nicht neu und wird bereits in jedem UNIX-Betriebssystem verwendet (Cron Demon) um wiederkehrende, administrative Aufgaben zu erledigen. Timelets können also als Framelets mit besonderen Fähigkeiten gesehen werden. Es müssen noch zusätzliche Methoden implementiert werden, um alle benötigten Informationen für die periodische Ausführung der Methode go() bereitzustellen. Anders als bei den Framelets kann hier die Methode go() auch mehrmals aufgerufen werden. Diese Methode enthält eigentlich die ganze Geschäftslogik des Timelets. Die Methoden init() und cleanup() werden auch nur ein einziges Mal verwendet und für die Initialisierungs- bzw. Freigabearbeiten benötigt. Die abstrakte Klasse com.abien.framework.services.DefaultTimelet implementiert bereits die Funktionalität der Methoden des Interfaces Timelet. Die Standardimplementierung ermöglicht das Lesen der benötigten Informationen aus der Konfigurationsdatei. Die Methoden init(), go() und cleanup() müssen jedoch in der jeweiligen Unterklasse selber implementiert werden.

Bei der Benutzung des DefaultTimelets können die Informationen bequem z.B. in einer Konfigurationsdatei abgelegt werden.

```
com.abien.framework.comps.TestTimelet.executionPeriod=50000
com.abien.framework.comps.TestTimelet.startDelay=50
com.abien.framework.comps.TestTimelet.startAt=2001.02.20 at 19:00:00
```

Die oben angegebene Einstellung würde ein TestTimelet am 20. Februar 2001 um genau 19.00 Uhr ausführen. Periodisch wird dann alle 50 Sekunden die Methode go() aufgerufen. Die Einstellungen werden erst wirksam, wenn das TestTimelet von dem FrameletManager geladen wird. Die Implementierung des FrameletManagers erlaubt die Eingabe von mehreren, durch ein Komma getrennten Timelets oder Framelets, die dann automatisch geladen werden.

```
com.abien.framework.services.FrameletManager.framelets2Load=com.abien.framework.
 services.Terminator,com.abien.framework.comps.TestTimelet
```

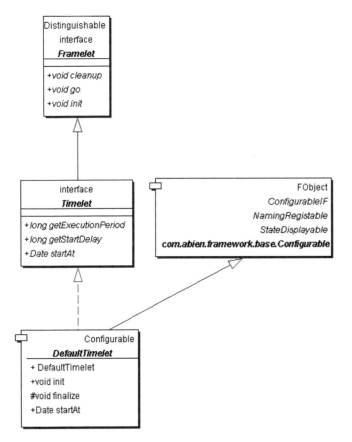

Abbildung 3.17: Die Klassenhierarchie der Timelets

Die Funktionalität des TestTimelets ist trivial, das Objekt gibt bei jedem Aufruf der Methode go() den momentanen Speicherverbrauch des SJF in das Stream FSystem.out des Frameworks aus. Danach wird der Garbage Collector gestartet und der Speicherverbrauch noch einmal gemessen.

```
public class TestTimelet extends DefaultTimelet{

  public TestTimelet( PropertiesManager propertiesManager) throws RemoteException{
      super(propertiesManager);
  }
  public synchronized void go(){
    FSystem.deb.println("Starting execution");
    FSystem.out.println("Free memory: " + Runtime.getRuntime().freeMemory());
    FSystem.out.println("Total memory: " + Runtime.getRuntime().totalMemory());
    System.runFinalization();
    System.gc();
    FSystem.out.println("Free memory after GC: " +
```

Die Architektur des SJF-Frameworks 199

```
    Runtime.getRuntime().freeMemory());
      FSystem.out.println("Total memory after GC: " +
    Runtime.getRuntime().totalMemory());

  }
  public void cleanup(){
    FSystem.deb.println("Cleaning up !");
  }
}
```

Mit der bereits angegebenen Einstellung sieht die FSystem.out-Ausgabe dann so aus:

```
Tue Feb 20 19:00:09 GMT+01:00 2001    FOut info "Total memory: 2154496"
Tue Feb 20 19:00:09 GMT+01:00 2001    FOut info "Free memory after GC: 1322648"
Tue Feb 20 19:00:09 GMT+01:00 2001    FOut info "Total memory after GC: 2416640"
Tue Feb 20 19:00:59 GMT+01:00 2001    FOut info "Free memory: 1268960"
Tue Feb 20 19:00:59 GMT+01:00 2001    FOut info "Total memory: 2416640"
Tue Feb 20 19:00:59 GMT+01:00 2001    FOut info "Free memory after GC: 1321408"
Tue Feb 20 19:00:59 GMT+01:00 2001    FOut info "Total memory after GC: 2416640"
```

Der FrameletManager ist auch für das Laden und Ausführen von Timelets zuständig.

```
public class FrameletManager extends ConfigurableFactory{
//...
private synchronized void loadAndExecute( String className ) throws
FrameworkException{
    Framelet framelet = null;
    framelet =(Framelet)this.getConfigurable(className);
    if( framelet instanceof Timelet ){
      framelet.init(this.getFrameworkContext());
      Timelet temp = (Timelet)framelet;
     if( temp.startAt()==null)
       new Timer().scheduleAtFixedRate(new
FrameletTask(temp),temp.getStartDelay(),temp.getExecutionPeriod() );
      else
       new Timer().scheduleAtFixedRate(new
FrameletTask(temp),temp.startAt(),temp.getExecutionPeriod() );
      }else{
        executeFramelet(framelet);
      }
  }
 //...
 }
```

Die Initialisierung der Timelets wird an die Superklasse, also ConfigurableFactory, delegiert. Es wird angenommen, dass sich bei jedem Timelet oder Framelet um Configurable-Objekte handelt. Die Tatsache, dass jedes Timelet auch ein Framelet ist, erleichtert in erster Linie die Erzeugung der Objekte, da man hier immer auf ein Framelet casten kann. Sofort danach wird überprüft (durch den instanceof-Operator), ob es sich hier noch zusätzlich um ein Timelet handelt. Nach erfolgreich abgeschlossener Prüfung wird wieder auf ein Timelet gecastet. Danach wird unser Timelet initialisiert, in eine java.util.Timer-kompatible Schale verpackt und mit den von dem Timelet mitgebrachten Informationen periodisch aufgeführt. Um eine echte Nebenläufigkeit der einzelnen Timelets- bzw. Framelets-Instanzen zu gewährleisten, wird hier für jedes Mal eine neue java.util.Timer-Instanz erzeugt.

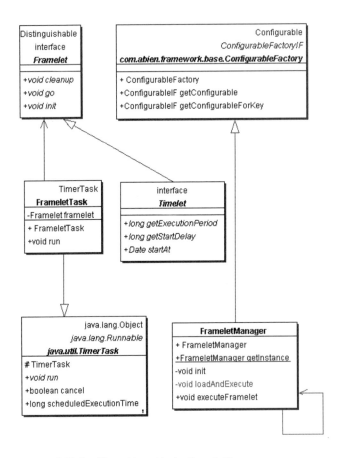

Abbildung 3.18: Die Klassenhierarchie des FrameletManagers

Die Klassen java.util.TimerTask und java.util.Task sind fester Bestandteil des JDK ab Version 1.3. Sie wurden entwickelt um Java-Prozesse periodisch starten zu können.

3.1.13 Der ClassLoading-Mechanismus

Wie schon erwähnt werden alle Configurables an einer zentralen Stelle erzeugt – dem ConfigurableCreator. Der ConfigurableCreator weiß aber vorher nicht, um welche Klassen es sich handelt, er ist somit gezwungen sie dynamisch zu erzeugen. Dabei wird die Klasse zunächst geladen und dann mittels Reflection instanziiert. Dieses Vorgehen ist hier möglich, da ein Configurable immer den public-Konstruktor Configurable(PropertiesManager manager) implementieren muss.

```
public static ConfigurableIF instantiateConfigurable( PropertiesManager
props,String className) throws DynamicInstantiationException {
ConfigurableIF retVal = null;
Class clazz = null;
try {
Class classes[] = new Class[1];
classes[0] = PropertiesManager.class;
Object args[] = new Object[1];
args[0] = props;
if(FrameworkContext.getDefaultFrameworkContext().isWebFetch() ){
try{
clazz = getClassForString(className);
}catch( Exception e){
clazz = Class.forName(className);
}
}else{
clazz = Class.forName(className);
}
Constructor constructor = clazz.getConstructor(classes);
retVal = (ConfigurableIF) constructor.newInstance(args);
} catch (InvocationTargetException e) {
throw new DynamicInstantiationException(ConfigurableCreator.class,"
instantiateConfigurable(" + className + ")" + e.getTargetException().toString());
}catch(Exception e){
throw new DynamicInstantiationException(ConfigurableCreator.class,"
instantiateConfigurable(" + className + ")" + e.toString());
}
//...
```

Interessanterweise kann je nach Einstellung zuerst die Methode getClassForString aufgerufen werden. Diese delegiert diesen Aufruf an die momentane Implementierung des Interfaces com.abien.framework.classloader.ClassFetcherIF.

```
private static Class getClassForString( String className ) throws Exception{
    return
ClassFetcherFactory.getExistingInstance().getClassFetcherIF().getClass(className);
    }
```

Erst wenn diese Implementierung nicht in der Lage ist, für den übergebenen String eine Klasse zu erzeugen, wird es mit der konventionellen Methode Class.forName versucht. Ob das Interface ClassFetcherIF überhaupt mit dem Suchen der Klasse beauftragt wird, entscheidet die Methode isWebFetch() des FrameworkContext. Diese Methode holt sich die Einstellung wiederum aus der Konfiguration des Frameworks.

```
com.abien.framework.base.FrameworkContext.webFetch=true
```

Bei der »true«-Einstellung wird zuerst versucht mit dem Classloading-Mechanismus die Klasse zu laden. Die Implementierungen des Interfaces `ClassFetcherIF` sind typischerweise auch `Configurables`, was den Zugriff auf die Konfiguration des SJF erheblich erleichtert. Wie die meisten Implementierungen des SJF wird auch dieser mit einer Factory erzeugt. Die `ClassFetcherFactory` delegiert auch hier die Erzeugung an die Superklasse. Welche Implementierung gerade instanziiert werden soll, wird aus der Frameworkkonfiguration gelesen.

```
com.abien.framework.classloader.ClassFetcherFactory.classFetcherType=com.abien.
➥framework.classloader.URLClassFetcher
```

Die jeweilige Implementierung ist für die Beschaffung benötigter Informationen selber verantwortlich. Die Einstellungen des bereits mitgelieferten `URLClassFetchers`:

```
com.abien.framework.classloader.URLClassFetcher.baseURLS=http://localhost:8080/
➥test/
com.abien.framework.classloader.URLClassFetcher.classExtension=.class
com.abien.framework.classloader.URLClassFetcher.replacementChar=/
com.abien.framework.classloader.URLClassFetcher.jndiName=ClassFetcher
com.abien.framework.classloader.URLClassFetcher.jarArchive=archive.jar
```

Der `com.abien.framework.classloader.URLClassFetcher` ist in der Lage Java-Klassen aus entfernten Servern über das Http-Protokoll zu lesen. Die benötigten Klassen können dabei in einem Verzeichnis in ihrer Packagestruktur abgelegt, oder in ein JAR-Archiv verpackt werden. Bei gesetztem »jarArchive«-Schalter können die Klassen aus einem JAR-Archiv geholt werden. Der `URLClassFetcher` überprüft zuerst, ob der Schalter in der Konfiguration angegeben wurde. Falls in der Konfiguration ein Wert gefunden wurde, wird der `NetworkJarClassLoader` instanziiert, ansonsten der `NetworkClassLoader`.

Intern ist aber nur der `BasicClassLoader` bekannt, was die Erweiterbarkeit des Systems ermöglicht. Bei dem `BasicClassLoader` handelt es sich um eine Erweiterung des `java.lang.ClassLoaders`, also der Klasse, die in einer JVM für das Laden der Klassen zuständig ist.

```
private BasicClassLoader getClassLoader() throws Exception{
    String jarArchive = this.getProperty(JAR_ARCHIVE);
    if( jarArchive == null )
    return new NetworkClassLoader(PersistenceServiceFactory.getExistingInstance().
➥getPersistenceService(),ServerAvailabilityChecker.getURLs(this.baseURLSValue,"")
    ,this.classExtensionValue, this.replacementCharValue);
    else
    return new NetworkJarClassLoader(PersistenceServiceFactory.getExistingInstance()
➥.getPersistenceService(),ServerAvailabilityChecker.getURLs(this.baseURLSValue,
➥jarArchive), this.classExtensionValue,this.replacementCharValue,jarArchive);
}
```

Die Architektur des SJF-Frameworks

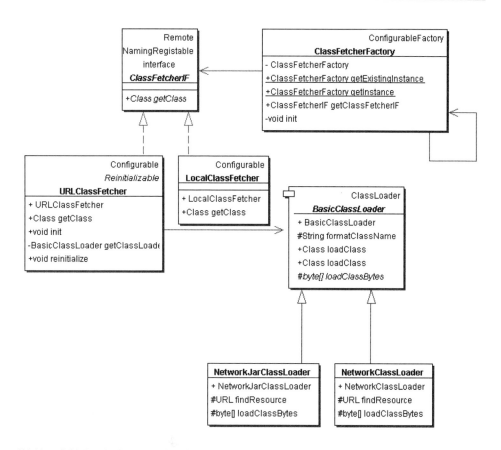

Abbildung 3.19: Das Package com.abien.framework.classloader

Da das Laden der Klassen von einem entfernten Server um ein vielfaches langsamer ist als der normale Classloading-Prozess, muss dafür gesorgt werden, dass die Classdateien wirklich nur ein einziges Mal geladen werden. Das kann man leicht mit einem einfachen Cachingverfahren erreichen. Der URLClassFetcher verwendet sogar für diesen Zweck die Implementierung des Interfaces PersistenceServiceIF. Dieses Vorgehen ist sehr flexibel, da man die Implementierung des Interfaces ohne jeglichen Eingriff in den Sourcecode bequem austauschen kann. Alle geholten Klassen werden zuerst in dem Cache abgelegt. Der vollqualifizierte Klassennamen wird als Schlüssel für den Zugriff auf den Inhalt der Klassen verwendet.

```
public synchronized Class loadClass(String className, boolean resolveIt) throws
ClassNotFoundException {
Class result = null;
byte[] classBytes;
try {
byte[] tempBytes = (byte[]) persistenceService.getValue(className);
```

```
    if (tempBytes != null)
    result = defineClass(className, tempBytes, 0, tempBytes.length);
  } catch(Exception e) {
  }
   if (result != null)
      return result;
        }
try {
result = super.findSystemClass(className);
return result;
  } catch(ClassNotFoundException e) {}
try {
classBytes = loadClassBytes(className);
        } catch(Exception e) {
throw new ClassNotFoundException("BasicClassLoader.loadClassBytes() " +
↪e.toString());
}
if (classBytes == null) {
throw new ClassNotFoundException("Class: " + className + " cannot be loaded !");
}
result = defineClass(className, classBytes, 0, classBytes.length);
if (result == null) {
throw new ClassNotFoundException("Class: " + className + " format exception !");
}
try {
persistenceService.store(className, classBytes);
} catch(Exception e) {
}
if (resolveIt)
resolveClass(result);
return result;
}
```

Die Inhalte der Klassendateien werden in dem »Persistence-Dienst« als echte Bytearrays abgelegt. Um die Performance weiter zu steigern, wird auch überprüft, ob es sich bei der gerade benötigten Klasse um eine Systemklasse handelt oder nicht. Bei allen Systemklassen kann man davon ausgehen, dass die entfernte Klasse mit der lokal installierten identisch ist. Unter Systemklassen werden hier alle Klassen verstanden, die mit einer JDK-Installation ausgeliefert werden (z.B. Klassen aus den java.lang.*, java.awt.*, java.util.* usw.). Ob es sich hier um eine Systemklasse handelt oder nicht, entscheidet schließlich die Superklasse des BasicClassLoaders – der java.lang.ClassLoader. Dazu wird die findSystemClass(className)-Methode des ClassLoaders aufgerufen. Die Methode loadClassBytes(className) ist eigentlich für die Lieferung der Bytearrays zuständig. Allerdings wurde sie abstrakt deklariert, was darauf hinweist, dass sie in den Unterklassen implementiert werden muss. Bei den Unterklassen handelt es sich um com.abien.framework.classloader.NetworkClassLoader und com.abien.framework.classloader.NetworkJarClassLoader. Beide sind eigentlich nur für die Implementierung der Methode loadClassBytes zuständig. Der NetworkClassLoader versucht die Klassendateien von einem entfernten Webserver zu laden.

Die Architektur des SJF-Frameworks

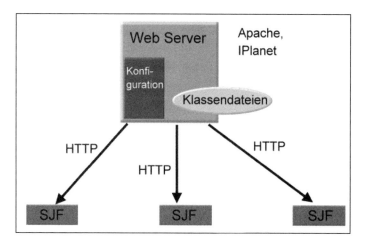

Abbildung 3.20: Der zentrale Webserver

Die Klassendateien werden einfach in dem Rootverzeichnis des Servers in ihrer Packagestruktur abgelegt.

```
protected synchronized byte[] loadClassBytes(String classname) throws
↪LoadingException {
String className = formatClassName(classname);
int port = 80;
try {
if (this.urls == null || this.urls.length <= 0)
throw new Exception("NetworkClassLoader.loadClassBytes() empty URL list ");
URL url = new URL(this.urls[0] + className);
URLConnection connection = url.openConnection();
DataInputStream inputStream = new DataInputStream(connection.getInputStream());
int length = connection.getContentLength();
byte[] data = new byte[length];
inputStream.readFully(data); // Actual byte transfer
inputStream.close();
return data;
} catch(Exception ex) {
throw new LoadingException(this, "Error by loading: " + className + " exception: "
↪+ ex.toString());
}
}
```

Der `NetworkJarClassLoader` funktioniert ähnlich, wobei er nur in der Lage ist, die Inhalte aus einem vorher definierten JAR-Archiv zu holen.

```
protected synchronized byte[] loadClassBytes(String classname) throws
↪LoadingException {
String className = formatClassName(classname);
int port = 80;
try {
```

```
if (this.urls == null || this.urls.length <= 0)
    throw new Exception("NetworkClassLoader.loadClassBytes() empty URL list ");
URL url = new URL("jar:" + this.urls[0] + this.jarFileName + "!/" + className);
URLConnection connection = (JarURLConnection)url.openConnection();
DataInputStream inputStream = new DataInputStream(connection.getInputStream());
int length = connection.getContentLength();
byte[] data = new byte[length];
inputStream.readFully(data); // Actual byte transfer
inputStream.close();
return data;
} catch(Exception ex) {
    throw new LoadingException(this, "Error by loading: " + className + " exception: "
↪+ ex.toString());
}
}
```

Die Fähigkeit, Klassen nicht nur aus lokalen Verzeichnissen zu laden wird im SJF selber intensiv genutzt. Da die `ClassFetcherFactory` sofort nach der Initialisierung des `PersistenceServiceIF` instanziiert wird, lassen sich auch große Teile des Frameworks selber beliebig verteilen. Eine mögliche Konsequenz wäre die Installation von allen Klassendateien nur auf einem Webserver. Alle laufenden SJF-Frameworks wären dann in der Lage sowohl ihre Konfigurationen als auch die Klassendateien von diesem Server aus zu laden. Falls für die momentane Implementierung des Interfaces `PersistenceServiceIF` eine echte persistente Variante gewählt wird, können alle geladenen Klassen in einem Repository oder einer Datebank abgelegt werden.

```
com.abien.framework.persistence.PersistenceServiceFactory.PersistenceServiceType=
com.abien.framework.persistence.DurablePersistenceService
com.abien.framework.persistence.DurablePersistenceService.fileName=c:/
↪fdatabase.ser
com.abien.framework.persistence.DurablePersistenceService.forceUpdate=false
com.abien.framework.persistence.DurablePersistenceService.jndiName=
PersistenceService
```

Dann kann der jeweilige SJF-Server so konfiguriert werden, dass eine ständige Verbindung mit dem zentralen Server nicht mehr benötigt wird. Beim Hochfahren des Servers werden die meisten seiner Klassen aus dem Repository gelesen. Nur für die periodischen Updates müssten die benötigten Klassen von dem Webserver heruntergeladen werden. Diese Aufgabe eignet sich aber hervorragend für eine konkrete `Timelet`-Implementierung.

3.1.14 Die Mailingfunktionalität

In vielen Internetprojekten ist es essentiell wichtig, E-Mails zu verschicken oder zu empfangen. Das SJF Framework bringt eine einfache Schnittstelle gleich mit, die das E-Mailhandling erheblich erleichtert. Diese Schnittstelle wurde ursprünglich entwickelt, um die Frameworkaktivitäten aus einem entfernten Rechner mitprotokollieren zu können. Da es sich bei dem SJF eher um ein Application Server Framework handelt, läuft es auch meist auf schwer zugänglichen Rechnern in Serverräumen. Das Debugging bzw. Tracing ist auch dementsprechend schwierig, da man oft keinen direkten Zugriff auf den Server hat. Aus diesem Grund wurde ein Timelet entwickelt, das periodisch die Inhalte der Logdateien sammelt und per E-Mail an den Systemadministrator schickt. Die Implementierung des Timelets com.abien.framework.services.FileMailer konnte einfach gehalten werden, da man hier die Funktionalität des Packages com.abien.framework.mail verwendet.

```
public class FileMailer extends DefaultTimelet {
  private MailManagerIF mailManager   = null;
  public final static String FILES    = "file2Send";
  public final static String MAILS    = "mails2Send";
  public final static String MESSAGE  = "messageContent";
  public final static String SUBJECT  = "subject";
  public final static String FROM     = "from";
  public final static String SEPARATOR = ",";
  private String fileNames[]          = null;
  private String mailAddress[]        = null;
  private String message              = null;
  private String subject              = null;
  private String from                 = null;
  public FileMailer(PropertiesManager propertiesManager) throws RemoteException{
    super(propertiesManager);
  }
  public void init( FrameworkContext frameworkContext ) throws FrameworkException{
        super.init(frameworkContext);
        this.getMandatoryProperty(FILES);
        this.getMandatoryProperty(MAILS);
        this.fileNames    = this.getPropertyAsArray(FILES,SEPARATOR);
        this.mailAddress  = this.getPropertyAsArray(MAILS,SEPARATOR);
        this.message      = this.getMandatoryProperty(MESSAGE);
        this.subject      = this.getMandatoryProperty(SUBJECT);
        this.from         = this.getMandatoryProperty(FROM);
  }

  public void go() throws FrameworkException {
   try{
this.mailManager = MailManagerFactory.getExistingInstance().getMailManagerIF();
FFileAttachmentMail mail = new FFileAttachmentMail(this.mailAddress,this.from,this.subject,this.message);
 for(int i=0;i<fileNames.length;i++){
    mail.addFileAttachment(this.fileNames[i],"text/html");
 }
   this.mailManager.sendMail(mail);
   }catch(Exception e){
  throw new FrameworkException(this,"go() " + e.toString());
   }
  }
  public void cleanup() throws FrameworkException {
  }
}
```

Dieses Package wurde SJF-konform aufgebaut, d.h. es besteht aus einer Factory, die in der Lage ist, die aktuelle Implementierung zu erzeugen und zurückzugeben. Diese Factory basiert auch hier auf der Funktionalität der ConfigurableFactory. Die MailManagerFactory entspricht auch dem Singleton-Pattern. Sie wird beim Hochfahren des Servers duch den StartupManager instanziiert. Die Konfiguration des Servers wird bereits in der Initialisierungsphase gelesen, um die zu erzeugende Implementierung des Interfaces MailManagerIF dynamisch laden zu können.

    com.abien.framework.mail.MailManagerFactory.mailManager=com.abien.framework.mail.
    ➥DefaultMailManager

Es können so unterschiedliche Protokollimplementierungen in das Framework eingebunden werden.

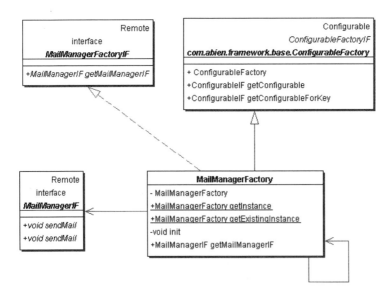

Abbildung 3.21: Das Package com.abien.framework.mail

Der DefaultMailManager ist hier für das Verschicken der Mails verantwortlich. In diesem Fall wird die Funktionalität der JavaMail 1.2 API genutzt Bei dem DefaultMailManager handelt es sich eigentlich um ein typisches Adapter-Pattern, das in der Lage ist die Objekte com.abien.framework.mail.FMail in die javax.mail.MimeMessage-Objekte der JavaMail-API zu konvertieren. Die Inhalte der Instanz FMail werden ausgelesen und mit diesen Informationen wird eine MimeMessage-Instanz aufgebaut, die dann auch mit Hilfe der JavaMail-API sofort verschickt werden kann.

```
public void sendMail( FMail fmail ) throws RemoteException{
try{
setRequiredFields(fmail);
this.mimeMessage.setSentDate(new Date());
this.mimeMessage.setText(fmail.getBody());
Transport.send(this.mimeMessage);
 }catch( Exception e ){
throw new RemoteException("DefaultMailManager.sendMail " + e.toString());
 }
}
```

Die Einstellungen, die für das Verschicken der Mail notwendig sind, können hier bequem aus der Konfiguration des Frameworks geliefert werden. Diese Eigenschaft verdankt der `DefaultMailManager` seiner Superklasse, der Klasse `Configurable`. Mit diesen Fähigkeiten lässt sich die Konfiguration bequem z.B. aus einer Datei auslesen.

```
com.abien.framework.mail.DefaultMailManager.jndiName=MailManager
com.abien.framework.mail.DefaultMailManager.mail_smtp_host=mailserver
```

Diese Properties werden dann ungefiltert an das Objekt `javax.mail.Session` der Java-Mail-API übergeben.

```
private void init() throws RemoteException{
this.session =
Session.getDefaultInstance(this.getPropertiesManager().getPropertiesForObject(this
➥));
this.mimeMessage = new MimeMessage(session);
}
```

Der Inhalt der Properties muss also der JavaMail-Spezifikation entsprechen und nicht vom `DefaultMailManager` verstanden werden. Die Mails werden im SJF durch `FMail` und ihre Unterklassen repräsentiert. Bei der Klasse `FMail` handelt es sich um ein typisches »Value-Object«-Pattern. Die Klasse `FMail` enthält also keinerlei Funktionalität, sie ist nur für den Transport der Daten zuständig.

```
public class FMail implements Serializable{
   private String to[]    = null;
   private String from    = null;
   private String subject = null;
   private String body    = null;
   public FMail( String to[],String from,String subject,String body ){
     this.to      = to;
     this.from    = from;
     this.subject = subject;
     this.body    = body;
   }
   public FMail( String to,String from,String subject,String body ){
     this.to      = new String[1];
     this.to[0]   = to;
     this.from    = from;
     this.subject = subject;
```

```
        this.body    = body;
    }
    public String[] getTo(){ return this.to;}
    public String   getFrom(){ return this.from; }
    public String   getSubject(){ return this.subject;}
    public String   getBody(){   return this.body; }
}
```

Die Klasse `FMail` wurde bewusst einfach gehalten, um eine möglichst unkomplizierte Schnittstelle zu dem Mailsystem des SJF zu erhalten. Um eine Mail zu verschicken reicht die Übergabe einer Instanz `FMail` an die Implementierung des Interfaces `MailManagerIF`. Dazu muss zuerst eine Instanz der Klasse `FMail` erzeugt werden.

```
FMail mail = new FMail("abien@java-architect.com","sjf@java-architect.com","sjf test","nur ein test");
```

Danach wird eine Instanz des Interfaces `MailManagerIF` benötigt, um die Mail zu verschicken. Grundsätzlich gibt es folgende Möglichkeiten:

▷ Ein `MailManagerIF` lässt sich bequem mit der `MailManagerFactory` erzeugen bzw. eine gültige Referenz auf die bereits bestehende Instanz zurückgeben.

▷ Es ist auch möglich, die JNDI-API zu benutzen um eine bestehende Referenz auf das Interface `MailManagerIF` zu erhalten. `(MailManagerIF)Naming.lookup("rmi://localhost/MailManager")`. Die Implementierung des Interfaces `MailManagerIF` muss natürlich »remotefähig« sein. Ferner muss sie auch in dem JNDI-Namensraum angemeldet werden. Diese Möglichkeit wird benötigt, wenn man echte verteilte Anwendungen entwickelt, die auf unterschiedlichen JVMs laufen.

Allerdings repräsentiert die Instanz `FMail` nur einfache Textnachrichten. Um Attachments zu verschicken sollten die Unterklassen `com.abien.framework.mail.FAttachmentMail` oder `com.abien.framework.mail.FFileAttachmentMail` benutzt werden. Die Klasse `FAttachmentMail` entspricht selber auch dem »Value-Object«-Pattern, da sie eigentlich nur für den Transport der Daten zuständig ist. Allerdings implementiert sie bereits ein wenig Anwendungslogik, um die einzelnen Attachments verwalten zu können.

```
public class FAttachmentMail extends FMail{
    private Vector attachments    = null;
public FAttachmentMail( String to[],String from,String subject,String body ){
        super(to,from,subject,body);
        this.attachments = new Vector();
    }
    public FAttachmentMail( String to,String from,String subject,String body ){
        super(to,from,subject,body);
        this.attachments = new Vector();
    }
    public Attachment getAttachment(int index){ return
    (Attachment)this.attachments.elementAt(index); }
```

```
  public void addAttachment(Attachment attachment){
   this.attachments.add(attachment); }
  public void addAttachment(byte content[],String mimeType,String name){
      this.attachments.add(new Attachment(content,mimeType,name));
  }
  public int numberOfAttachments(){ return this.attachments.size(); }
}
```

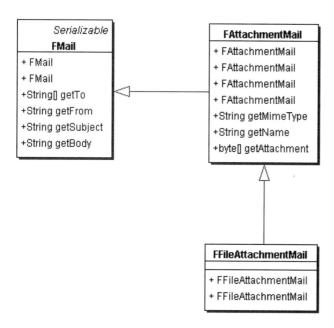

Abbildung 3.22: Die Mail-Objekte des Frameworks

Ein Attachment besteht aus dem Inhalt (byte[]), dem MIME Type – also der Bedeutung der Daten und den Namen des Attachments. Der MIME ist für das Verhalten des Browsers, der die Mail empfängt, verantwortlich. Bei lesbaren Attachments (»text/html«,"text/ascii« usw.) werden die Attachments in die eigentliche Nachricht eingebettet. Attachments, die jedoch binäre Dateien repräsentieren, können meistens nicht direkt als Text dargestellt werden. Der Browser startet dann dementsprechend entweder eine Anwendung, die mit dem Inhalt etwas anfangen kann, oder das Attachment wird dem Benutzer zum Herunterladen angeboten.

Auch bei der Klasse com.abien.framework.mail.Attachment handelt es sich um ein Value Object, da sie nur dazu dient, einige Parameter zusammenzufassen und zu transportieren.

Abbildung 3.23: Die Reaktion des Webbrowsers auf einen unbekannten MIME-Type des Attachments

```
public class Attachment implements Serializable {

  private byte[] content  = null;
  private String mimeType = null;
  private String name     = null;

  public Attachment(byte[] content,String mimeType,String name) {
    this.content  = content;
    this.mimeType = mimeType;
    this.name     = name;
  }

  public byte[] getContent(){ return this.content; }
  public String getMimeType(){ return this.mimeType; }
  public String getName(){ return this.name; }
}
```

FFileAttachment erweitert die Funktionalität ihrer Superklasse lediglich um eine einzige Methode, die jedoch den Umgang mit Dateien erheblich erleichtert.

```
public void addFileAttachment(String fileName,String mimeType) throws IOException{
  byte content[] = ByteArrayDataSourceFactory.getInstance().getDataSource(new
FileInputStream(fileName),mimeType).getData();
  Attachment attachment = new Attachment(content,mimeType,fileName);
  this.addAttachment(attachment);
}
```

Es müssen der vollqualifizierte Dateiname und der MIME-Type übergeben werden. Die Datei wird dann automatisch gelesen und der Inhalt in ein Bytearray kopiert. Dieses Vorgehen ist notwendig, da man ab diesem Zeitpunkt nur noch mit dem Objekt com.abien.framework.mail.Attachment arbeiten möchte. In der Klasse com.abien.framework.mail.FFileAttachment findet lediglich eine Konvertierung einer Datei in ein Attachment statt. Nach der Konvertierung wird sofort mit der Funktionalität der Superklasse gearbeitet, da der Attachment-Parameter von der Oberklasse verstanden wird.

Abbildung 3.24 beschreibt die einzelnen Bausteine des Packages `mail`.

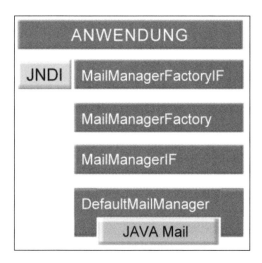

Abbildung 3.24: Die einzelnen Bausteine des Packages com.abien.framework mail

Das SJF-Framework implementiert die einzelnen Protokolle nicht selber, sondern delegiert diese Aufgabe an die unterste Schicht. Diese Schicht wird im Normalfall durch den `DefaultMailManager` repräsentiert. Dieser »wrapped« die JavaMail-API und sorgt lediglich für die Konvertierung der Nachrichten in ein JavaMail-konformes Format. Das SJF vereinfacht hier lediglich die Schnittstellen, sorgt für die Austauschbarkeit der Implementierungsschicht und stellt somit die Unabhängigkeit der SJF-Funktionalität von der jeweiligen API sicher. Ferner können die Maildienste auch »remote« angeboten werden, was das »Thin-Clients«-Prinzip unterstützt. Durch die bereits bestehende Infrastruktur des Frameworks können die Maildienste automatisch überwacht, getraced oder verteilt werden. Besonders interessant wäre auch hier der Einsatz der Funktionalität des Packages `com.abien.framework.classloader`, was das Herunterladen von benötigten »Protokollklassen« von einem entfernten Rechner ermöglichen könnte.

3.1.15 Die Servlet-Technologie im SJF-Umfeld

Die Servlet-Technologie wurde erst nachträglich in das SJF integriert. Das Package `com.abien.framework.servlet` erleichtert lediglich den Umgang mit der Servlet-API. Es wurden keine proprietären Erweiterungen vorgenommen. Es handelt sich weiterhin um pure Servlet-Technologie, die in jedem Webcontainer ablauffähig ist. Die Erweiterungen der API beziehen sich lediglich auf die Infrastruktur des Webcontainers. Die Arbeit mit den verschiedenen Webcontainern hat sich als sehr problematisch herausgestellt. Besonders die Eingabe der Initparameter war schwierig, da hier unterschiedliche Oberflächen zur Verfügung standen (JRun, JavaWebServer, Tomcat usw.). Bei sehr vielen Einträgen war die Installation des Servlets sehr aufwändig und fehleranfällig. Man hat versucht die benötigten Einstellungen auf eine von dem Webcontainer unabhängige Art bereitzustellen. So entstand die erste Version der abstrakten Klasse com.abien.framework.servlet.GenericServer, die jetzt als Basis für die Servletanwendungen in dem SJF eingesetzt werden. Das Package com.abien.framework.servlet unterscheidet sich grundsätzlich von den anderen Packages des Frameworks. Die Standard-Packages des Frameworks enthalten Komponenten, die beim Hochfahren des Servers initialisiert werden. Sie laufen also in der JVM des SJF ab. Das Package com.abien.framework.servlet verhält sich hier anders. Ein Servlet läuft normalerweise in einem Webcontainer ab, der sich um den Lebenszyklus des Servlets kümmert. Ein Webcontainer läuft aber immer in einem getrenntem Prozess und möglicherweise auch noch auf physikalisch getrennten Rechnern ab. Deswegen nutzen zwar die Unterklassen des GenericServer die SJF Funktionalität, sie wird aber »remote« bereitgestellt. Der GenericServer verlässt sich auf die Tatsache, dass die Kernfunktionalität des Frameworks in dem JNDI-Namensraum gebunden wurde und holt sich diese meistens mit Hilfe der RMI-Technologie.

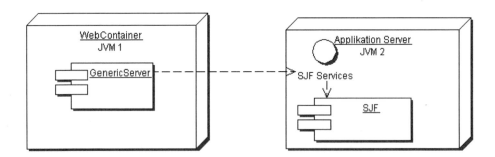

Abbildung 3.25: Die Verteilung der Komponente

Beim Hochfahren des Servlets durch den Webcontainer, wird die Methode init des GenericServer aufgerufen. In dieser Methode werden dann die benötigten Komponenten gesucht und referenziert. Falls das SJF-Framework zu diesem Zeitpunkt nicht verfügbar sein sollte, wird das Servlet auch nicht fehlerfrei hochfahren bzw. wird sofort von dem Webcontainer zerstört.

Für eine transparente Erweiterung der Funktionalität des Servlets wurden sowohl das Interface javax.servlet.http.HttpServletRequest als auch javax.servlet.http.HttpServletResponse implementiert. Diese Implementierung erlaubt die Umhüllung der in den Methoden doGet(), doPost(), do...() übergebenen Parameter. Diese Interfaces wurden aber nur indirekt implementiert.

```
public interface FHttpServletRequestIF extends HttpServletRequest,Serializable{
  public void setHttpServletRequest(HttpServletRequest servletRequest);
}
```

Die Interfaces com.abien.framework.servlet.http.FHttpServletRequestIF bzw. com.abien.framework.servlet.http.FHttpServletResponseIF werden hier implementiert. Beide Interfaces schreiben die Aufnahme der Originalinstanz, d.h. der Instanz des Interfaces HttpServletRequest bzw. HttpServletResponse, vor. An die übergebene Instanz werden Methodenaufrufe delegiert, die nicht direkt abgearbeitet werden können (z.B. getWriter(), encodeURL() usw.). Die Standardimplementierungen FHttpServletResponse und FHttpServletRequest stellen selber keine zusätzliche Funktionalität zur Verfügung.

```
public class FHttpServletResponse implements FHttpServletResponseIF,
ConfigurableIF {
private HttpServletResponse servletResponse = null;
public FHttpServletResponse(PropertiesManager propertiesManager) throws
RemoteException{
  }
  public void setHttpServletResponse(HttpServletResponse servletResponse){
        this.servletResponse = servletResponse;
  }
  public void addCookie(Cookie cookie){ this.servletResponse.addCookie(cookie);}
  public void addDateHeader(String name,long
date){this.servletResponse.addDateHeader(name,date);}
  //….
}
```

Es wird lediglich die übergebene Instanz gehalten. Diese kann dann für die Delegierung der Methodenaufrufe verwendet werden. Da die Implementierung des FHttpServletResponseIF austauschbar ist, sind wir hier in der Lage neue Implementierungen bereitzustellen, ohne dass die Servletanwendung neu kompiliert werden muss. Die Instanz der Klasse GenericServer erhält die Referenzen auf die FHttpRequestIF bzw. FHttpResponseIF über den RMI-Mechanismus. Beide Instanzen werden automatisch in dem JNDI-Namensraum des Servers abgelegt. Interessanterweise leiten die Implementierungen nicht von der Basisklasse Configurable ab, sondern implementieren das Interface ConfigurableIF und somit auch das Marker-Interface java.io.Serializable. Die in dem Interface festgelegten Methoden müssen noch implementiert werden.

```
public String getConfigurablePath() { return this.getClass().getName(); };
public int getPropertiesType() { return -1; }
public String getConfigurationLocation() { return null; }
```

Ein Konstruktor mit einem Parameter vom Typ com.abien.framework.util.PropertiesManager muss noch deklariert werden, um die Implementierung mit dem ConfigurableCreator erzeugen zu können.

```
public FHttpServletResponse(PropertiesManager propertiesManager) throws
RemoteException{}
```

Warum ist dieser Aufwand notwendig? Warum leitet man nicht gleich von der Klasse Configurable ab? Die Antwort liegt in dem gewünschtem Verhalten der Objekte. Wir sind an dieser Stelle ausnahmsweise nicht daran interessiert, echte verteilte Referenzen zu erzeugen. In dem Fall ist es sinnvoll echte Kopien der Objekte über das Netz zu schicken.

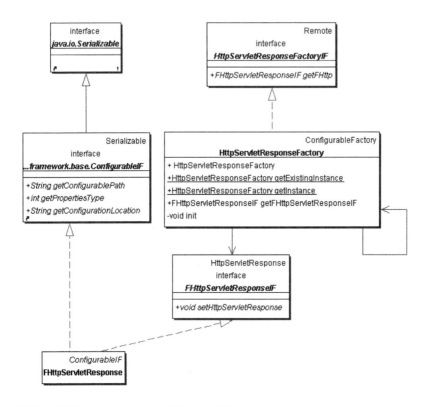

Abbildung 3.26: Die Implementierung FHttpServletResponse

Ein Configurable leitet zuerst von der Klasse com.abien.framework.base.FObject ab. Die Klasse FObject ist für das Standardverhalten alle SJF-Objekte zuständig. Sie überschreibt Methoden wie toString oder toXMLString. Ferner ist sie auch ein java.rmi-server.UnicastRemoteObject. Das bedeutet, dass alle Configurables auch »remotefähig« sind. Ferner wird auch noch das Interface com.abien.framework.naming.NamingRegistable implementiert.

```
public interface NamingRegistable extends Remote{
  public final static String NAME_KEY="jndiName";
  public Name getName() throws RemoteException;
}
```

Dieses Interface ist eine direkte Erweiterung des Interface `java.rmi.Remote`. Diese Tatsache erfordert die Generierung von Stubs und je nach JDK-Version auch Skeletons. Eine Übergabe »per Value« ist somit ausgeschlossen.

In unserem speziellen Fall sind aber echte Kopien von Objekte notwendig. Wir sind nur an solcher Funktionalität interessiert, die lokal (also im Webcontainer) ausgeführt werden kann. Das SJF-Framework kann die Funktionalität eines `HttpServletRequest` oder `HttpServletResponse` nicht abbilden, da es nicht in einer direkten Verbindung zu dem Browser bzw. einem Webclient steht. Ferner lässt sich ein `HttpServletRequest` oder `HttpServletResponse` nicht sinnvoll verteilen, da die Instanzen selber Referenzen auf Streams- oder Writer-Instanzen halten. Sowohl die Stream- als auch Writer-Klassen sind aber nicht serialisierbar, was eine Übergabe als Parameter an eine entfernte Methode unmöglich macht.

Dem `GenericServer` werden aber nicht nur »gewrappte« `HttpServletRequest`- und `HttpServletResponse`-Objekte zur Verfügung gestellt. Die Instanz der `javax.servlet.ServletConfig`-Klasse wird auch im Initialisierungsprozess umhüllt. Für diese Aufgabe ist die Implementierung des Interfaces `com.abien.framework.servlet.FServletConfigIF` zuständig.

```
public interface FServletConfigIF extends ServletConfig{
  public void setServletConfig(ServletConfig servletConfig);
}
```

Die Implementierung wird, ähnlich wie bei den `FhttpServletRequestIF`- und `FhttpServletResponseIF`-Interfaces, von einer Factory erzeugt. `com.abien.framework.servlet.ServletConfigFactory` ist selber remotefähig, was die Referenzierung der Instanz von einer entfernten JVM erleichtert.

Man versucht hier die von dem Webcontainer übergebene Instanz des `ServletConfig` zu umhüllen, um auch Webcontainer-unabhängige Konfiguration zentral verwalten zu können. Obwohl die jeweilige Implementierung des Interfaces `FServletConfigIF` »per Value« an die Servletinstanz übergeben wird, könnte sie auch echte Remotereferenzen auf bestimmte Services des Frameworks enthalten. Eine interne Benutzung des `PersistenceServiceIF` ist nicht ausgeschlossen.

Das Wrapping ersetzt hier die dynamische Erweiterung von bestehenden Instanzen. Mit der Umhüllung der Referenzen sind wir in der Lage, die Funktionalität der bereits von dem Webcontainer übergebenen Instanzen zu erweitern oder zu ersetzen. Da die Wrapper in der JVM des SJF geladen und erzeugt werden, können sie auch zentral verwaltet und konfiguriert werden. Die Implementierungen werden mit der `ConfigurableFactory` erzeugt, somit lassen sie sich leicht austauschen und neue Implementierungen können dynamisch dazugebunden werden. Sogar das Laden von Klassen, die aus einem entfernten Webserver stammen, ist nur eine Konfigurationssache des Frameworks.

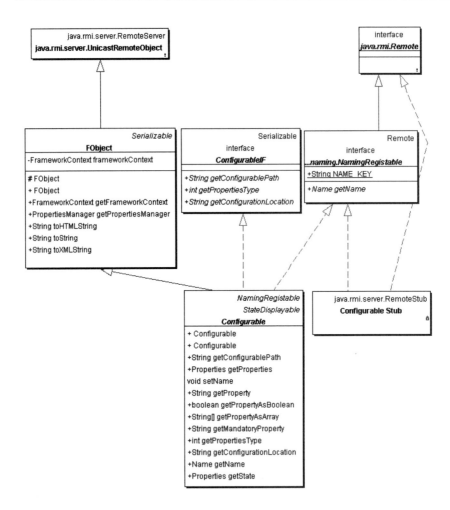

Abbildung 3.27: Die Klassenhierarchie des Configurables

In den meisten Fällen sind wir an einer Ersetzung und nicht einer Erweiterung von bestehender Funktionalität interessiert. Falls es notwendig sein sollte, mehrere voneinander unabhängige Webcontainer zu einem Cluster zusammenzufassen, sind wir sogar gezwungen die Funktionaliät der Standardmethoden des HttpServletRequest und HttpServletResponse zu ersetzen. Die Geschäftslogik der folgenden Methoden des HttpServletResponse müsste ersetzt werden:

```
public String encodeRedirectUrl(String url)
public String encodeRedirectURL(String url)
public String encodeUrl(String url)
public String encodeURL(String url)
public void sendRedirect(String location)
```

Die Architektur des SJF-Frameworks

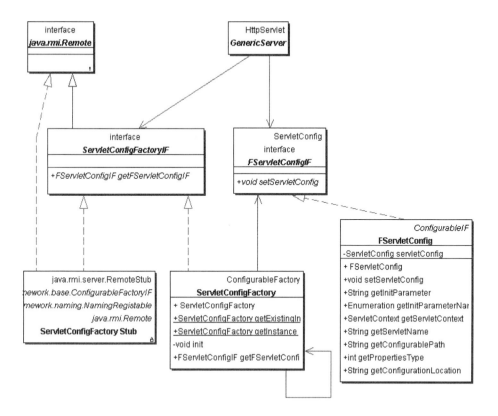

Abbildung 3.28: Die Klassenhierarchie des ServletConfigFactory

Diese Methoden müssten in ihrer Logik die Existenz eines Clusters berücksichtigen. Möglicherweise wäre ein zentrales Servlet (»LoadBalancer«) für die Verteilung der Last auf die einzelnen Clustermitglieder zuständig. Dazu müssten auch alle URLs, die ursprünglich mit dem Originalservlet verknüpft waren, »umgebogen« werden. Ähnlich kritisch gestaltet sich die Verwaltung der javax.servlet.http.HttpSession. Allerdings müsste hier die Funktionalität des HttpServletRequests angepasst werden. Die folgenden Methoden der Klasse HttpServletRequest sollten erweitert werden.

```
public HttpSession getSession()
public HttpSession getSession(boolean create)
public String getRequestedSessionId()
public boolean isRequestedSessionIdFromCookie()
public boolean isRequestedSessionIdFromUrl()
public boolean isRequestedSessionIdFromURL()
public boolean isRequestedSessionIdValid()
```

Als besonders kritisch muss in einem Cluster die Verwaltung von gemeinsamen Daten betrachtet werden. Die Cluster-Webcontainer können voneinander unabhängig Anfragen entgegennehmen. Diese Anfragen können dann gemeinsame Daten manipulieren. Zu solchen Daten zählen auch die Inhalte der Instanzen `javax.servlet.http.HttpSession`. Diese sollten dann entweder zentral verwaltet oder in Echtzeit repliziert werden. Eine Echtzeitreplikation kann meist nur mit Hilfsmitteln wie z.B. Broadcast oder Multicast realisiert werden. Dieser Ansatz ist bei weitem schwerer und anfälliger zu realisieren als die zentrale Datenhaltung.

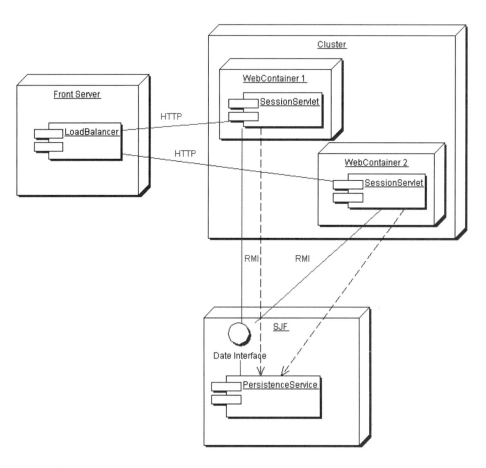

Abbildung 3.29: Die Clusterbildung von Webcontainern

Im SJF werden die Sessiondaten zentral in einer Datenbank abgelegt. Es verwaltet nicht jedes Mitglied des Clusters seine Daten selber, sondern es wird eine zentrale Datenbank konsultiert. Mit diesem Ansatz sind alle Webcontainer up-to-date. Der »Loadbalancer« kann somit die Anfragen rein zufällig oder mit vorher bestimmten Algorithmen verteilen. Die Anfrage kann von jedem Webcontainer des Clusters abgearbeitet werden, da dieser auf zentrale Daten zugreifen kann. Es muss lediglich noch dafür gesorgt werden, dass in jedem Webcontainer auch die gleichen Servlets installiert wurden. Diese Aufgabe übernimmt aber gerne das Package com.abien.framework.classloader.

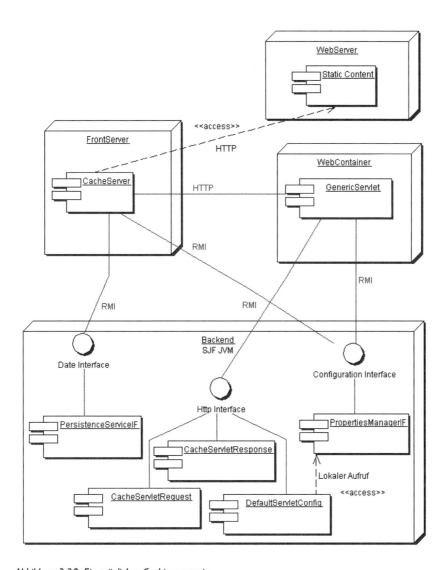

Abbildung 3.30: Ein mögliches Cachingszenario

Nicht nur in der Clusterbildung, sondern auch in Cachingszenarien kann die Modifikation von HttpServletRequest bzw. HttpServletResponse erforderlich sein. Oft ist für das Caching eine eigene Servletinstanz verantwortlich. Dieses Servlet nimmt alle Anfragen entgegen und versucht die zugehörigen Inhalte zurückzuliefern. Im Idealfall werden diese aus dem Cache geholt, sonst wird die Anfrage an das Zielservlet gerichtet. Die Geschäftslogik befindet sich bereits auf dem Zielservlet und das Caching sollte für diese Logik transparent ablaufen. Auch das CachingServlet muss so allgemein geschrieben werden, dass es in der Lage ist unterschiedliche Servlets bzw. Internetseiten zu bedienen. In dem Fall müssen alle dynamisch erzeugten URL auf dem Zielservlet umgeschrieben werden. Das URL-rewriting muss dementsprechend auch angepasst werden, da alle Anfragen an das CachingServlet und nicht an das »Geschäftslogikservlet« adressiert werden müssen. Dieses Servlet braucht auch die Ursprungs-URL, die gewöhnlicherweise als GET- oder POST-Parameter übergeben wird. Das Servlet com.abien.framework.servlet.CacheServer erwartet die URL als den Wert des »site«-Parameters. Ein gültiger CacheServer-Aufruf könnte somit so aussehen: http://localhost/servlet/CacheServer?site=http://www.java-architect.com. Der CacheServer würde dann versuchen den Inhalt der Seite www.java-architect.com aus dem Cache zu holen. Falls der Inhalt sich noch nicht in dem Cache befinden sollte, muss die Originalseite zunächst geholt werden, um schließlich in dem Cache gespeichert zu werden. Danach wird der Inhalt der Seite an den Aufrufer des Servlets ausgeliefert.

Der CacheServer ist für das Zwischenspeichern der Inhalte zuständig. Die Funktionalität wird von der Methode manageRequest bereitgestellt.

```
public void manageRequest(HttpServletRequest request, HttpServletResponse
➥response) throws ServletException {
        String site = request.getParameter(SITE);
        if (site == null) {
            error("The site parameter could not be null...");
        } else if (site.startsWith("http")) {
            tryToRespond(site);
        } else if (site.equalsIgnoreCase(RELOAD_VALUE)) {
            reloadAllSites();
        } else if (site.equalsIgnoreCase(CLEAR_CACHE_VALUE)) {
            clearCache();
        }
}
```

Dabei handelt es sich um die Implementierung der abstrakten manageRequest Methode der GenericServer-Klasse. Diese wird bei jeder Anfrage (POST, GET usw.) aufgerufen. Die Methode manageRequest wird innerhalb der Methode service des GenericServers aufgerufen. Die Methode service übernimmt hier die »Dispatcher«-Rolle.

```
public final void service(HttpServletRequest req, HttpServletResponse res) throws
➥IOException, ServletException {
        this.request = req;
        this.response = res;
        this.requestProperties = extractParameters();
        if (this.fRequest == null || this.fResponse == null) {
            manageRequest(req, res);
```

```
            return;
        }
        this.fRequest.setHttpServletRequest(req);
        this.fResponse.setHttpServletResponse(res);
        manageRequest(this.fRequest, this.fResponse);
    }
```

Dabei werden bereits die an die Methode service übergebenen Instanzen HttpServletRequest und HttpServletResponse mit den FhttpServletRequest- bzw. FhttpServletResponse-Implementierungen gewrapped. Für die jeweilige Unterklasse ist das Wrapping vollkommen transparent. Sie arbeitet mit den HttpServletRequest- und HttpServletResponse-Objekten, ohne zu wissen, dass es sich eigentlich um SJF-Objekte handelt. Somit ist es tatsächlich möglich, den bestehenden Implementierungen eigene erweiterte Funktionalität bereitzustellen. Der GenericServer sucht lediglich nach der Funktionalität in der RMIRegistry. Wo sich die Objekte befinden, muss in den Init-Parametern festgelegt werden.

```
public abstract class GenericServer extends HttpServlet {
//...
public synchronized void init(ServletConfig config) throws
ServletException {
super.init(config);
try {
this.fServletConfig =   config.getInitParameter(SERVLET_CONFIG_FACTORY);
this.configFactory = (ServletConfigFactoryIF)Naming.lookup(this.fServletConfig);
this.fConfig = this.configFactory.getFServletConfigIF();
this.fConfig.setServletConfig(config);
this.initialProperties = extractProperties(this.fConfig);
this.httpRequestFactoryLocation =
this.initialProperties.getProperty(HTTP_REQUEST_FACTORY_LOCATION);
this.httpResponseFactoryLocation =
this.initialProperties.getProperty(HTTP_RESPONSE_FACTORY_LOCATION);
} catch (Exception e) {
throw new ServletException("Problem initializing GenericServer: " + e.toString());
}
initFactories();
}
private void initFactories() throws ServletException {
try {
this.requestFactory =
(HttpServletRequestFactoryIF)Naming.lookup(this.httpRequestFactoryLocation);
this.fRequest = this.requestFactory.getFHttpServletRequestIF();
this.responseFactory =
(HttpServletResponseFactoryIF)Naming.lookup(this.httpResponseFactoryLocation);
this.fResponse = this.responseFactory.getFHttpServletResponseIF();
} catch (Exception e) {
throw new ServletException("Problem initializing: "+e);
}
}
}
```

Die Init-Parameter werden meistens in der Datei web.xml angegeben. Bei einem einfachem Servlet könnte die Datei web.xml so ausschauen:

```xml
<web-app>
<servlet>
<servlet-name>TestServlet</servlet-name>
<servlet-class>
com.abien.framework.servlet.TestServlet
</servlet-class>
<load-on-startup>1</load-on-startup>
<init-param>
<param-name>HTTP_REQUEST_FACTORY_LOCATION</param-name>
<param-value>rmi://localhost/FHttpServletRequestFactory</param-value>
</init-param>
<init-param>
<param-name>HTTP_RESPONSE_FACTORY_LOCATION</param-name>
<param-value>rmi://localhost/FHttpServletResponseFactory</param-value>
</init-param>
<init-param>
<param-name>SERVLET_CONFIG_FACTORY</param-name>
<param-value>rmi://localhost/ServletConfigFactory</param-value>
</init-param>
</servlet>
</web-app>
```

Dazu müsste lokal das SJF-Framework laufen. Die in der Datei web.xml angegebenen Konstanten (ServletConfigFactory, FHttpServletResponseFactory, FHttpServletRequestFactory) müssen auch dementsprechend in der Konfiguration des SJFs auftauchen.

```
com.abien.framework.servlet.http.HttpServletRequestFactory.fHttpServletRequestIF=
↪com.abien.framework.servlet.http.DefaultHttpRequest
com.abien.framework.servlet.http.HttpServletRequestFactory.jndiName=
↪FHttpServletRequestFactory

com.abien.framework.servlet.http.HttpServletResponseFactory.fHttpServletResponseIF
=com.abien.framework.servlet.http.DefaultHttpResponse
com.abien.framework.servlet.http.HttpServletResponseFactory.jndiName=
↪FHttpServletResponseFactory

com.abien.framework.servlet.ServletConfigFactory.fServletConfigIF=com.abien.
↪framework.servlet.DefaultServletConfig
com.abien.framework.servlet.ServletConfigFactory.jndiName=ServletConfigFactory
```

Aber nicht nur der Name kann in der SJF-Konfiguration festgelegt werden, sondern auch noch die aktuelle Implementierung des Interfaces. Es wird der vollqualifizierte Name dieser Klasse angegeben, die das Interface implementieren soll. Es können natürlich auch mehrere Implementierungen angegeben werden, die allerdings unter unterschiedlichen JNDI-Namen in den Namespace eingebunden werden. Das Servlet kann dann je Bedarf unterschiedlich konfiguriert werden. Die eigentliche Infrastrukturlogik des Servlets kann auf ein Minimum reduziert werden.

```
public class TestServlet extends GenericServer {
public void init(ServletConfig config) throws ServletException {
super.init(config);
}
public void manageRequest(HttpServletRequest request, HttpServletResponse
response) throws ServletException {
try {
response.getWriter().println("nur ein test");
} catch (Exception e) { }
}
}
```

Die Unterklassen können sich voll auf die Geschäftslogik konzentrieren. Die Initialisierung der Factories, das Wrapping der HttpServletRequest-, HttpServletResponse- und ServletConfig-Instanzen und die Bereitstellung der Initialisierungsparameter wird bereits in der Superklasse abgewickelt. Für das Geschäftslogik-Servlet ist diese »Infrastrukturlogik« vollkommen transparent. Man arbeitet wie gewohnt mit den HttpServletRequest- und HttpServletResponse-Interfaces, ohne zu wissen, dass sich hinter den Instanzen SJF-Implementierungen verbergen. In einem Clusterbetrieb muss nicht einmal Rücksicht auf die zentrale Datenhaltung genommen werden. Bei Bedarf können eigene Implementierungen bereitgestellt werden, die dann die zentrale Datenhaltung übernehmen können. In dem Fall wird die Funktionalität der von dem Webcontainer übergebenen Instanzen einfach ausgeblendet. Die zentrale Datenhaltung kann beispielsweise durch den Persistence-Service des SJFs übernommen werden.

Die abstrakte Klasse GenericServer nutzt lediglich die Funktionalität des SJF. Dazu muss das Framework in eigener JVM bereits laufen. Die benötigten Dienste werden zuerst in dem Naming-Service des Frameworks gesucht, um dann referenziert zu werden. Diese Vorgehensweise zahlt sich aber nur aus, wenn mehrere Anwendungen die SJF-Funktionalität nutzen. Bei einem Servlet würde sich der Mehraufwand nicht lohnen. Aus diesem Grund wurde die Klasse com.abien.framework.servlet.FServlet entwickelt. Dieses Servlet nutzt nicht nur die Funktionalität einer bereits laufender SJF-Anwendung, sondern es startet das SJF-Framwork selber. Die Methode init(ServletConfig config) dieses Servlets instanziiert den StartupManager des Frameworks, erzeugt aus der web.xml-Datei das Objekt java.util.Properties und übergibt es an den PropertiesManager.

```
public abstract class FServlet extends GenericServer {
    private PropertiesManager propertiesManager = null;
    private StartupManager startupManager = null;
    private PropertiesProviderIF frameworkProperties = null;

    public synchronized void init(ServletConfig config) throws ServletException {
    try {
```

```
this.startupManager = new StartupManager();
this.initialProperties = this.extractProperties(config);
this.frameworkProperties = PropertiesFactory.getInstance(
new SystemProperties(this.getInitialProperties())).getCurrentProperties();
this.startupManager.enterWebLevel(this.frameworkProperties);
super.init(config);
} catch (Exception e) {
throw new ServletException("FServlet.init() " + e.toString());
}
}
public PropertiesProviderIF getFrameworkProperties() { return
this.frameworkProperties; }
}
```

Das `FServlet` erwartet also in der Datei web.xml die gleichen Parameter, die normalerweise mit dem -D-Schalter in die Systemproperties der JVM abgelegt werden, in der web.xml-Datei des Webcontainers. Dabei handelt es sich um die Angabe der Art und der URL der Quelle, in der die Konfiguration des Frameworks abgelegt wurde. Um das SJF überhaupt starten zu können, müssen zwei Schlüssel/Wert-Paare übergeben werden. Der Schlüssel »properties« beschreibt den Typ der Konfiguration und der Schlüssel »location« den Pfad bzw. die URL, aus der die Konfiguration gelesen werden kann. In den meisten Fällen wird es sich um eine gewöhnliche ASCII-Datei handeln. Das kann mit den Werte-Paaren `properties=file_properties` und `location=pfad_zu_datei` angegeben werden.

```
<init-param>
<param-name>properties</param-name>
<param-value>file_properties</param-value>
</init-param>
<init-param>
<param-name>location</param-name>
<param-value>c:/framework.properties</param-value>
</init-param>
```

Das Objekt `FServlet` repräsentiert nicht nur die Servletinstanz, sondern auch noch das SJF-Framework selbst. Dieser Ansatz ist dann sinnvoll, wenn man das Framework bequem aus einer Adminconsole eines Webcontainers bedienen möchte. Mit dem »Herunterfahren« des Webcontainers oder Servlets wird auch das SJF heruntergefahren. Somit lässt sich der Lebenszyklus des SJF remote administrieren.

3.1.16 Der Starprozess des Frameworks

Bis jetzt haben wir die Funktionalität der einzelnen Subsysteme des Frameworks kennen gelernt. Obwohl man nur Teile der Funktionalität nutzen kann, kann auch das SJF als eine Serveranwendung hochgefahren werden. In dem Fall ist die Reihenfolge der Initialisierung der Factories entscheidend. Die Initialisierungsreihenfolge wurde in dem `com.abien.framework.base.StartupManager` festgelegt. Die einzelnen Packages sind

Die Architektur des SJF-Frameworks

nicht vollkommen voneinander unabhängig. Der `BasicClassLoader` braucht beispielsweise eine Instanz des Interfaces `PersistenceServiceIF`, um initialisiert zu werden. Ferner ist es auch sinnvoll, möglichst frühzeitig die Loggingfunktionalität zu starten, um die Aktivitäten des Servers tracen zu können.

Bei dem `StartupManager` handelt es sich also um die Treiberklasse, die das Framework startet. Die Methode `enterLevel(int level)` bestimmt, welche Teile des Frameworks hochgefahren werden sollen.

```
public void enterLevel(int level) throws RemoteException {
if (level >= SYSTEM_INITIAL_STARTUP) {
this.systemProperties = new SystemProperties();
this.propertiesFactory = PropertiesFactory.getInstance(this.systemProperties);
this.propertiesManager =
PropertiesManager.getInstance(this.propertiesFactory.getCurrentProperties());
ROIServiceManager.getInstance(this.propertiesManager);
this.namingManagerFactory =
NamingManagerFactory.getInstance(this.propertiesManager);
this.namingManager = this.namingManagerFactory.getNamingManager();
this.namingManager.registerComponent(this.propertiesManager);
        }
        if (level >= SYSTEM_STREAM_STARTUP) {
            this.reinitializationManager = ReinitializationManager.getInstance();
this.reinitializationManager.registerReinitializable(this.propertiesManager);
InvocationHandlerFactory.getInstance(this.propertiesManager);
            this.systemStreamFactory =
FSystemStreamFactory.getInstance(this.propertiesManager);
        }
        if (level >= SYSTEM_SERVICES_STARTUP) {
PersistenceServiceFactory.getInstance(this.propertiesManager);
this.namingManager.registerComponent(PersistenceServiceFactory.getExistingInstance
().getPersistenceService());
            ClassFetcherFactory.getInstance(this.propertiesManager);
this.namingManager.registerComponent(ClassFetcherFactory.getExistingInstance().get
ClassFetcherIF());
FrameletManager.getInstance(this.propertiesManager);
MailManagerFactory.getInstance(this.propertiesManager).getMailManagerIF();
        }
        if (level >= ADDITIONAL_COMPONENTS_STARTUP) {
            HttpServletRequestFactory requestFactory =
HttpServletRequestFactory.getInstance(this.propertiesManager);
            this.namingManager.registerComponent(requestFactory);
            HttpServletResponseFactory responseFactory =
HttpServletResponseFactory.getInstance(this.propertiesManager);
            this.namingManager.registerComponent(responseFactory);
            ServletConfigFactory configFactory =
ServletConfigFactory.getInstance(this.propertiesManager);
            this.namingManager.registerComponent(configFactory);
        }
    }
```

Die Klasse StartupManager ist aber nicht direkt ausführbar, so dass man noch eine zusätzliche Klasse benötigt. Diese Aufgabe übernimmt hier die Klasse com.abien.Starter, die lediglich den StartupManager initialisiert und den Startup-Level bestimmt.

```
public class Starter {
  public Starter() {
  try{
  StartupManager startUpManager = new StartupManager();
  startUpManager.enterLevel(StartupManager.HIGHEST_LEVEL);
  }catch(Exception e){}
  public static void main(String[] args) {
    new Starter();
  }
  }
}
```

Diese Funktionalität kann jedoch auch von dem FServlet übernommen werden, falls man nur mit einem Webcontainer arbeiten möchte. Es existieren vier unterschiedliche Levels, die den Initialisierungsgrad des Frameworks beschreiben.

```
public final static int HIGHEST_LEVEL = 99;
public final static int SYSTEM_INITIAL_STARTUP = 0;
public final static int SYSTEM_STREAM_STARTUP = 3;
public final static int SYSTEM_SERVICES_STARTUP = 4;
public final static int ADDITIONAL_COMPONENTS_STARTUP = 5;
```

Die gewünschte Stufe wird einfach an die Methode enterLevel übergeben, die dann die entsprechenden Factories initialisiert.

Die einzelnen Stufen entsprechen einer Gruppierung von Factories, die hintereinander initialisiert werden. Interessanterweise werden die Referenzen auf die Factories nicht von dem StartupManager gehalten. Er ruft lediglich die Methode getInstance der Factory auf.

```
PersistenceServiceFactory.getInstance(this.propertiesManager);
```

Das ist nur möglich, da alle Factories auch Singletons sind. Nach der ersten Initialisierung hält sich die jeweilige Factory in einer statischen Membervariable selber.

```
public class XXXFactory{
  private static XXXFactory instance = null;

  public static XXXFactory getInstance() {
      if (instance == null) {
          try {
              instance = new XXXFactory ();
          } catch (Exception e) {}
      }
          return instance;
    }
}
```

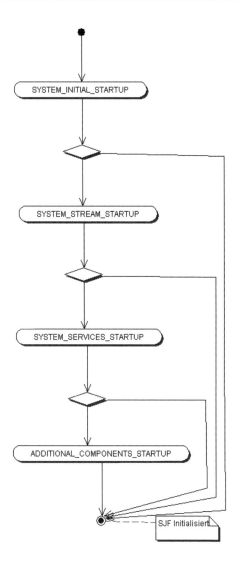

Abbildung 3.31: Der Startprozess des Frameworks

Dieser Trick ist nur möglich, da es sich bei der Variable instance um eine ganz gewöhnliche statische Referenz handelt, die das *Garbage Collecting* verhindert. In einer Clientumgebung müsste man mit Weak-References arbeiten, um die jeweilige Factory irgendwann für die *Garbage Collection* freigeben zu können. Der StartupManager müsste dann umgeschrieben werden, da sofort nach der Initialisierung des Singletons die Instanz *Garbage Collected* werden würde. Bei der Entwicklung des StartupManagers stellte sich immer wieder die Frage, ob man eher mit *Lazy Initializing* arbeiten sollte oder nicht. Man hat sich aus Performance- und Stabilitäts-Gründen gegen das *Lazy Ini-*

tializing entschieden. Dem SJF sind die meisten Implementierungen seiner Interfaces zur Kompilierzeit noch nicht bekannt. Erst beim Hochfahren des Frameworks werden diese Informationen aus der Konfiguration des Frameworks gelesen. Diese Architektur lässt sich nur mit dem dynamischen Laden von Klassen und dem Reflection-Mechanismus überhaupt realisieren. Sowohl das dynamische Laden von Klassen als auch der Reflection-Mechanismus sind wesentlich teurer als der konventionelle Weg.

Da das SJF eher serverseitig eingesetzt wird, ist die Dauer der Initialisierung bei weitem nicht so kritisch. Viel wichtiger ist hier das Laufzeitverhalten des Servers. Da bereits in der Startphase die wichtigsten Factories initialisiert werden, fährt das Framework zwar etwas langsamer hoch, aber die Laufzeitperformance des SJF ist identisch mit statischen Architekturen. Was genau passiert jetzt in der Startphase des SJF wirklich? Die Konfiguration des Frameworks muss zunächst initialisiert werden. Zuerst wird das Objekt com.abien.framework.base.SystemProperties initialisiert. Dieses Objekt liest die Werte der Schlüssel »properties« und »location«, die an die JVM mit dem -D-Schalter übergeben werden. Der Aufruf des Frameworks sieht dann so aus:

```
java-Dproperties=file_properties|url_properties-Dlocation=URL|File
com.abien.Starter.
```

Die Klasse SystemProperties hat nur eine einzige Aufgabe, die Konvertierung der Eingabeparameter (-D) in int-Konstanten.

```
public int getPropertiesProviderType() throws MandatoryPropertyNotFoundException {
this.propertiesValue = properties.getProperty(PROPERTIES);
int retVal = -1;
if (this.propertiesValue == null)
return UNKNOWN;
else if(this.propertiesValue.equalsIgnoreCase(URL_PROPERTIES_VALUE)) {
if (!this.locationExists())
throw new MandatoryPropertyNotFoundException(this,
"Choosing the URL properties an URL must be provided !!! => location=
➥www.java-architect.com ");
retVal = URL_PROPERTIES;
} else if(this.propertiesValue.equalsIgnoreCase(FILE_PROPERTIES_VALUE)) {
if (!this.locationExists())
throw new MandatoryPropertyNotFoundException(this,
"Choosing the URL properties an URL must be provided !!! => location=c://
➥system.properties");
retVal = FILE_PROPERTIES;
} else
retVal = UNKNOWN;
this.location = properties.getProperty(PROPERTIES_LOCATION);
return retVal;
}
```

Falls der Wert des Properties-Schlüssels nicht erkannt werden sollte, wird die Konstante UNKNOWN zurückgegeben.

Die Instanz der Klasse SystemProperties wird dann an com.abien.framework.util. PropertiesFactory in dem Aufruf getInstance übergeben. Die PropertiesFactory versucht mit Hilfe der Konstanten, die durch die Klasse SystemProperties evaluiert wurden, die richtige Implementierung für das Interface com.abien.framework.util. PropertiesProviderIF zu finden und zu initialisieren. Interessanterweise wird versucht, falls die Konstante den Wert UNKNOWN haben sollte, den Wert des Schlüssels als einen vollqualifizierten Namen einer Klasse zu interpretieren. Falls es gelingt, die Klasse zu instanziieren, wird diese Instanz auf den Typ PropertiesProviderIF gecasted. Danach wird diese Instanz zurückgegeben. Es ist möglich, folgende Parameter an die JVM zu übergeben: -Dproperties=com.abien.framework.util.CustomProps. Es können also auch hier externe Implementierungen des PropertiesProviderIF bereitgestellt werden, ohne die PropertiesFactory neu kompilieren zu müssen.

```java
public class PropertiesFactory {
//…
private void init() throws MandatoryPropertyNotFoundException {
this.type = this.systemProperties.getPropertiesProviderType();
this.propertiesProvider =
getPropertiesProvider(this.type,this.systemProperties.getLocation());
}
public PropertiesProviderIF getPropertiesProvider(int type, String location )
throws MandatoryPropertyNotFoundException{
if( type == -1 ){
type = this.type;
}
switch (type) {
case SystemProperties.URL_PROPERTIES:
try {
return new URLProperties(location);
} catch(Exception e) {
throw new MandatoryPropertyNotFoundException(this, e.toString());
}
case SystemProperties.FILE_PROPERTIES:
try {
return  new FileProperties(location);
} catch(Exception e) {
throw new MandatoryPropertyNotFoundException(this, e.toString());
}
case SystemProperties.UNKNOWN:
try {
return (PropertiesProviderIF)Class.forName(this.systemProperties.getGivenValue()).
↪newInstance();
} catch(Exception e) {
throw new MandatoryPropertyNotFoundException(this,
"Trying to instantiate unknown type of PropertiesManager with default
↪Constructor " + e.toString());
}
default:
System.err.println("Unknown type of properties !");
```

```
        }
    return null;
    }
}
```

Die Klasse PropertiesFactory leitet hier nicht von der ConfigurableFactory ab, sondern sie gibt sich mit dem java.lang.Object zufrieden. Die ConfigurableFactory ist auf die Funktionalität des PropertiesManager angewiesen, dieser existiert aber zu diesem Zeitpunkt noch nicht. Die Instanz der Klasse PropertiesFactory erzeugt Implementierungen des Interfaces PropertiesProviderIF, die für die Initialisierung des PropertiesManager notwendig sind. Zuletzt wird der PropertiesManager instanziiert, was erst die Initialisierung der Unterklassen der ConfigurableFactory ermöglicht.

```
this.systemProperties = new SystemProperties();
this.propertiesFactory = PropertiesFactory.getInstance(this.systemProperties);
this.propertiesManager =
PropertiesManager.getInstance(this.propertiesFactory.getCurrentProperties());
```

Ab dem Zeitpunkt der Initialisierung des PropertiesManagers ist es möglich, alle Unterklassen des Configurable (also auch die ConfigurableFactory) zu initialisieren. Die Klassen Configurable erhalten eine nur für sie bestimmte Untermenge der globalen Konfiguration des SJF. Die globale Konfiguration wird durch den PropertiesProviderIF bereitgestellt. Der PropertiesManager extrahiert nur die für die gerade erzeugte Instanz bestimmte Untermenge der java.util.Properties. Standardmäßig wird für die Extrahierung der vollqualifizierte Klassenname benutzt, der durch den Aufruf getConfigurablePath() bestimmt wird. Dazu wird die Methode getConfigurablesForObject() des PropertiesManagers benutzt.

```
private Properties getPropertiesForObject( PropertiesProviderIF
propertiesProvider,ConfigurableIF configurable){
Properties tempProperties = new Properties();
try{
String prefix = configurable.getConfigurablePath() + ".";
Properties props = propertiesProvider.getProperties();
String validKey = null;
for (Enumeration e = props.propertyNames(); e.hasMoreElements(); ) {
String key = (String)e.nextElement();
    if (key.startsWith(prefix)) {
validKey = key.substring(key.lastIndexOf('.') + 1, key.length()).trim();
tempProperties.put(validKey.replace('_','.'), props.getProperty(key).trim());
}
}
}catch( Exception e){ }
return tempProperties;
}
```

Nach dem Start des PropertiesManagers wird der com.abien.framework.roi.ROIServiceManager instanziiert. Dieser benötigt die Instanz des PropertiesManagers um eigene Einträge aus der Konfiguration des Servers lesen zu können.

Die Architektur des SJF-Frameworks 233

```
this.roiServiceManager = ROIServiceManager.getInstance(this.propertiesManager);
```

Der `ROIServiceManager` ist nur an der Portnummer interessiert, auf der er seine ROI-Dienste der Welt zur Verfügung stellt.

```
com.abien.framework.base.ROIServiceManager.portNumber=91
```

Auch `com.abien.framework.naming.NamingManagerFactory` benötigt die Instanz des `PropertiesManagers`, um die für sie bestimmte Konfiguration lesen zu können. Bei den Erzeugnissen dieser Factory handelt es sich um Implementierungen des Interfaces `NamingManagerIF`. Sie sind für die Verwaltung der Interfaces `NamingRegistable` zuständig. Das Interface `NamingRegistable` sollte von allen Komponenten implementiert werden, die daran interessiert sind, ihre Dienste lokal oder remote zur Verfügung zu stellen. Die Art der Verteilung wird durch die Implementierung des Interfaces `NamingManagerIF` festgelegt. Da es sich bei der `NamingManagerFactory` bereits um eine vollwertige `ConfigurableFactory` handelt, kann die jeweilige Implementierung durch die Konfiguration des Frameworks beeinflusst werden. Die Standardkonfiguration des Frameworks sieht die RMIRegistry für diese Aufgabe vor. Der `com.abien.framework.naming.RMINamingManager` nutzt die JNDI-API für seine Naming-Dienste. Die JNDI-SPI kann auch durch die Konfiguration des Frameworks bestimmt werden.

```
com.abien.framework.naming.NamingManagerFactory.namingManager=com.abien.framework.
naming.RMINamingManager
com.abien.framework.naming.RMINamingManager.java_naming_factory_initial=com.sun.
↪jndi.rmi.registry.RegistryContextFactory
com.abien.framework.naming.RMINamingManager.java_naming_provider_url=rmi://
localhost:1099
```

Nach der Initialisierung des Naming-Dienstes wird dieser sofort dazu verwendet, den `PropertiesManager` zu registrieren. Ab jetzt können auch Instanzen der Klasse `Configurable` aus anderen JVM die Konfiguration des Frameworks lesen.

```
this.namingManagerFactory =
NamingManagerFactory.getInstance(this.propertiesManager);
this.namingManager = this.namingManagerFactory.getNamingManager();
this.namingManager.registerComponent(this.propertiesManager);
```

Der `PropertiesManager` muss »per Hand« angemeldet werden, da hier die Infrastruktur noch aufgebaut werden muss. Ab jetzt werden aber alle `Configurables` automatisch mit Hilfe der Implementierung des Interfaces `NamingManagerIF` registriert. Mit der Registrierung des `PropertiesManagers` ist die erste Stufe (SYSTEM_INITIAL_STARTUP) der SJF-Initialisierung abgeschlossen. Die Kernfunktionalität des Frameworks steht ab jetzt zur Verfügung.

Die nächste Stufe (SYSTEM_STREAM_STARTUP) setzt die Initialisierung der Kernfunktionalität des Frameworks voraus. Zuerst wird `com.abien.framework.base.ReinitializationManager` instanziiert.

```
this.reinitializationManager = ReinitializationManager.getInstance();
```

Dieser ermöglicht die Neuinitialisierung aller Frameworkkomponenten im laufenden Betrieb.

Da der `ReinitializationManager` die Neuinitialisierung aller registrierter Komponenten anstoßen muss, sollte er auch »fernbedienbar« sein. Da lediglich die parameterlose Methode `reinitialize()` zu diesem Zweck aufgerufen werden muss, ist es unnötig, den `NamingManager` für diesen Zweck zu verwenden. Ferner handelt sich hier nicht um einen öffentlichen Dienst, sondern um eine eher administrative Maßnahme. Diese Aufgabe übernimmt hier gerne der `ROIServiceManager`.

```
this.roiServiceManager.register(this.reinitializationManager);
```

Da der `PropertiesManager` auch das Interface `com.abien.framework.base.Reinitializable` implementiert, kann er auch bei dem `ReinitalizationManager` angemeldet werden.

```
this.reinitializationManager.registerReinitializable(this.propertiesManager);
```

Die Funktionalität des Frameworks hängt größtenteils von der Konfiguration ab. Da der `PropertiesManager` nur während der Instanziierung die Konfiguration liest, muss er auch zuerst benachrichtigt werden. Die Reihenfolge der Neuinitialisierung der Komponenten muss nicht unbedingt von der Reihenfolge der Registrierung abhängen. Das Interface `Reinitializable` erfordert die Implementierung der Methode `getSequenceNumber()`. Diese Methode gibt die Reihenfolge der Neuinitialisierung vor. Der `PropertiesManager` gibt die kleinstmögliche Zahl zurück, um zuerst benachrichtigt zu werden.

```
public class PropertiesManager extends FObject implements
PropertiesManagerIF,NamingRegistable,ConfigurableIF,Reinitializable{
//…
public int getSequenceNumber(){ return PROPERTIES_MANAGER; }
//..
}
```

Für die Core-Komponenten des Frameworks wurden die jeweiligen Werte im Interface `com.abien.framework.base.CoreReinitSequence` festgelegt.

```
public interface CoreReinitSequence {
  public final static int PROPERTIES_MANAGER=Integer.MIN_VALUE;
  public final static int FSYSTEM_STREAM_FACTORY=PROPERTIES_MANAGER+1;
  public final static int FSYSTEM=FSYSTEM_STREAM_FACTORY+1;
  public final static int INVOCATION_HANDLER_FACTORY=FSYSTEM+1;
  public final static int STARTUP_MANAGER=Integer.MAX_VALUE;
}
```

Direkt anschließend wird `com.abien.framework.proxy.InvocationHandlerFactory` instanziiert.

```
InvocationHandlerFactory.getInstance(this.propertiesManager);
```

Diese Factory ist für die Erzeugung der dynamischen Proxies verantwortlich. Mit diesen Proxies können alle innerhalb von SJF erzeugten Objekte »gewrapped« werden. Je nach Implementierung der Proxies kann somit automatisches Logging, Profiling und sogar Caching durchgeführt werden. Für die Fachobjekte selber ist dieses Vorgehen transparent. Bei der InvocationHandlerFactory handelt es sich wie erwartet auch um eine ConfigurableFactory, sodass die Art der Proxies sich in der Konfiguration des Frameworks festlegen lässt.

```
com.abien.framework.proxy.InvocationHandlerFactory.defaultInvocationHandler=
↪com.abien.framework.proxy.LoggingHandler
```

Bis jetzt waren die folgenden Streams FSystem.out, FSystem.sys, FSystem.err und FSystem.deb an die Standardstreams der JVM gekoppelt. Alle Ausgaben des Frameworks wurden somit in die Console geschrieben. Nach der Initialisierung der com.abien.framework.base.FSystemStreamFactory ist es möglich, dieses Verhalten zu ändern.

```
this.systemStreamFactory =
FSystemStreamFactory.getInstance(this.propertiesManager);
```

Der Typ, die Parameter und das Verhalten jedes Streams können auch in der Konfiguration des Frameworks festgelegt werden.

```
com.abien.framework.base.FSystemStreamFactory.debugStreamType=file
com.abien.framework.base.FSystemStreamFactory.debugStreamLocation=c:/FStream.deb
com.abien.framework.base.FSystemStreamFactory.debugStreamFormat=FDebug info
\"{0}\"
```

Nach der Instanziierung der FSystemStreamFactory muss auch die Neuinitialisierung des FSystems angestoßen werden, um die gerade gelesene Einstellungen zu übernehmen.

```
FSystem.init();
```

Damit auch das com.abien.framework.base.FSystem reinitialisiert werden kann, muss auch eine Instanz dieser Klasse in dem ReinitializationManager angemeldet werden.

```
this.reinitializationManager.registerReinitializable(new FSystem());
```

Nach der Registrierung der Instanz FSystem ist die Initialisierung der SYSTEM_STREAM_STARTUP-Stufe abgeschlossen. In dieser Stufe wurden zusätzliche Dienste des Frameworks initialisiert. Bei den Diensten handelt es sich wieder um »Packagefactories« die in der Lage sind konfigurationsabhängige dynamische Implementierungen für bekannte Interfaces zu erzeugen. Die Stufe SYSTEM_STREAM_ STARTUP ist von der Infrastruktur der Stufe SYSTEM_INITIAL_STARTUP abhängig, deswegen ist die Reihenfolge der Initialisierung hier sehr wichtig.

Die Stufe `SYSTEM_SERVICES_STARTUP` initialisiert weitere Komponenten, die lediglich die Funktionalität des Frameworks erweitern oder in der Lage sind administrative Aufgaben zu übernehmen. Zuest wird die `com.abien.framework.persistence.PersistenceServiceFactory` initialisiert.

```
this.reinitializationManager.registerReinitializable(PersistenceServiceFactory.get
Instance(this.propertiesManager));
```

Diese erzeugt sofort eine Implementierung für das Interface `PersistenceServiceIF`. Die Implementierung wird vollautomatisch mit der bereits initialisierten `ConfigurableFactory` erzeugt. Die Implementierung kann natürlich auch durch die Konfiguration des Frameworks beeinflusst werden.

```
com.abien.framework.persistence.PersistenceServiceFactory.PersistenceServiceType=
↪com.abien.framework.persistence.DurablePersistenceService
com.abien.framework.persistence.PersistenceServiceFactory.PersistenceServiceType.
↪loadOnStartup=2
com.abien.framework.persistence.DurablePersistenceService.fileName=c:/
↪fdatabase.ser
com.abien.framework.persistence.DurablePersistenceService.forceUpdate=false
com.abien.framework.persistence.DurablePersistenceService.jndiName=
↪PersistenceService
com.abien.framework.persistence.DurablePersistenceService.loadOnStartup=1
hugo*com.abien.framework.persistence.DurablePersistenceService.fileName=c:/
↪fdatabase1.ser
hugo*com.abien.framework.persistence.DurablePersistenceService.forceUpdate=false
hugo*com.abien.framework.persistence.DurablePersistenceService.jndiName=
↪PersistenceService2
hugo*com.abien.framework.persistence.DurablePersistenceService.loadOnStartup=1
```

Neben dem Typ der Implementierung kann auch noch die Reinitialisierungssequenz angegeben werden. Ferner ist es auch möglich, einen Aliasnamen für weitere Konfigurationen zu vergeben. Mit dem Alias ist können mehrere unabhängige Datenbanken erzeugt werden. Diese Vorgehensweise ist hier notwendig, da eine Datenbankinstanz bereits für systeminterne Zwecke, wie die Implementierung des Interfaces `com.abien.framework.classloader.ClassFetcherIF`, benötigt wird. Nach der Initialisierung des Persistence-Dienstes wird die `com.abien.framework.classloader.ClassFetcherFactory` initialisiert.

```
this.reinitializationManager.registerReinitializable(ClassFetcherFactory.
↪getInstance(this.propertiesManager));
```

Die Reihenfolge ist hier sehr wichtig, da die Implementierungen `com.abien.framework.classloader.ClassFetcherIF` für Cachingzwecke eine Instanz `PersistenceServiceIF` benötigen. Auch hier wird zuerst der `PropertiesManager` konsultiert, um bereits vorkonfigurierte Produkte zu erzeugen.

Die Architektur des SJF-Frameworks

```
com.abien.framework.classloader.ClassFetcherFactory.classFetcherType=com.abien.
➥framework.classloader.URLClassFetcher
com.abien.framework.classloader.ClassFetcherFactory.loadOnStartup=4

com.abien.framework.classloader.URLClassFetcher.baseURLS=http://navajo:8080/
➥test_root/
com.abien.framework.classloader.URLClassFetcher.classExtension=.class
com.abien.framework.classloader.URLClassFetcher.replacementChar=/
com.abien.framework.classloader.URLClassFetcher.jndiName=ClassFetcher
com.abien.framework.classloader.URLClassFetcher.loadOnStartup=3
```

`com.abien.framework.services.FrameletManager` lädt alle in der Konfiguration angegebenen Timelets und Framelets nach. Bei diesen Komponenten kann es sich um Objekte handeln, die beliebige Aufgaben erledigen können.

```
this.reinitializationManager.registerReinitializable(FrameletManager.getInstance
➥✤(this.propertiesManager));
```

Diese werden oft für die Systemadministrierung des Servers benutzt. Das Framelet `com.abien.framework.services.Terminator` ermöglicht das remote Herunterfahren des Frameworks.

```
com.abien.framework.services.FrameletManager.framelets2Load=com.abien.framework.
➥services.Terminator,com.abien.framework.comps.TestTimelet
com.abien.framework.services.FrameletManager.loadOnStartup=5

com.abien.framework.services.Terminator.roiName=Terminator
com.abien.framework.services.Terminator.loadOnStartup=4
com.abien.framework.services.RemoteLoggerServer.roiName=RemoteLoggerServer
com.abien.framework.services.RemoteLoggerServer.loadOnStartup=5
```

Nach der Instanziierung des `FrameletManager`s ist auch die Initialisierung der SYSTEM_SERVICES_STARTUP-Stufe abgeschlossen.

Bei der Stufe ADDITIONAL_COMPONENTS_STARTUP handelt es sich lediglich um SJF-Erweiterungen, die hier initialisiert werden. Falls die Funktionalität des Frameworks durch weitere Factories erweitert werden sollte, ist das der richtige Platz für ihre Instanziierung. Die komplette Infrastruktur des SJF steht bereits zur Verfügung. Die Initialisierungsreihenfolge der Factories ist hier willkürlich, da keinerlei Abhängigkeiten zwischen den Komponenten bestehen. Zuerst wird `com.abien.framework.mail.MailManagerFactory` instanziiert.

```
this.reinitializationManager.registerReinitializable(MailManagerFactory.
➥getInstance(this.propertiesManager));
```

Diese liest wie erwartet zuerst die Konfiguration des Servers, um die richtige Implementierung des Interfaces `MailManagerIF` zu erzeugen.

```
com.abien.framework.mail.MailManagerFactory.mailManager=com.abien.framework.mail.
↪DefaultMailManager
com.abien.framework.mail.MailManagerFactory.loadOnStarup=100

com.abien.framework.mail.DefaultMailManager.jndiName=MailManager
com.abien.framework.mail.DefaultMailManager.mail_smtp_host=162.153.230.66
com.abien.framework.mail.DefaultMailManager.loadOnStartup=99
```

Direkt anschließend werden alle Factories initialisiert, die für die Erweiterung der Servletfunktionalität verantwortlich sind. Es fällt direkt auf, dass hier die Factories selber in dem `NamingManagerIF` angemeldet werden. Das bedeutet, dass die Dienste der Factories aus entfernten JVMs genutzt werden können. Bis jetzt wurden lediglich die Produkte in dem Naming-Service des Frameworks angemeldet. Die Erzeugnisse der »Servlet-Factories« sind aber die einzigen, die »per Value« referenziert werden. Die Produkte implementieren also nicht das Interface `java.rmi.Remote`, sondern das Interface `java.io.Serializable`. Für diese Factories existieren natürlich Stubs und Skeletons, da sie selber »per Reference« benötigt werden.

Zuerst wird die `com.abien.framework.servlet.http.HttpServletRequestFactory` instanziiert und sofort danach sowohl in dem `ReinitializationManager` und `NamingManager` registriert.

```
HttpServletRequestFactory requestFactory =
HttpServletRequestFactory.getInstance(this.propertiesManager);
this.reinitializationManager.registerReinitializable(requestFactory);
this.namingManager.registerComponent(requestFactory);
```

Die `HttpServletRequestFactory` ist wiederum eine `ConfigurableFactory`, sodass auch hier die Konfiguration automatisch gelesen wird.

```
com.abien.framework.servlet.http.HttpServletRequestFactory.fHttpServletRequestIF=
↪com.abien.framework.servlet.http.DefaultHttpRequest
com.abien.framework.servlet.http.HttpServletRequestFactory.jndiName=
↪FHttpServletRequestFactory
com.abien.framework.servlet.http.HttpServletRequestFactory.loadOnStartup=100
```

Wie erwartet handelt es sich dabei um Standardeinträge wie die Implementierung des Interfaces `FHttpServletRequestIF` und der JNDI-Namen mit dem die Factory remote referenziert werden kann.

Bei `com.abien.framework.servlet.http.HttpServletResponseFactory` handelt es sich um eine »Zwillingsfactory«, somit sieht die Initialisierung wie auch die Registrierung dieser Factory der `HttpServletRequestFactory` sehr ähnlich.

```
HttpServletResponseFactory responseFactory =
HttpServletResponseFactory.getInstance(this.propertiesManager);
this.reinitializationManager.registerReinitializable(responseFactory);
this.namingManager.registerComponent(responseFactory);
```

Auch hier werden folgende Einträge aus der Konfiguration gelesen:

```
com.abien.framework.servlet.http.HttpServletResponseFactory.
➥fHttpServletResponseIF=com.abien.framework.servlet.http.DefaultHttpResponse
com.abien.framework.servlet.http.HttpServletResponseFactory.jndiName=
➥FHttpServletResponseFactory
com.abien.framework.servlet.http.HttpServletResponseFactory.loadOnStartup=100
```

`com.abien.framework.servlet.ServletConfigFactory` wird genauso wie `HttpServletRequestFactory` und `HttpServletResponseFactory` selber registriert, da auch ihre Produkte »per Value« zu den Clients geschickt werden müssen.

```
ServletConfigFactory configFactory =
ServletConfigFactory.getInstance(this.propertiesManager);
this.reinitializationManager.registerReinitializable(configFactory);
this.namingManager.registerComponent(configFactory);
```

Auch bei dieser Konfiguration handelt es sich um die üblichen Einträge:

```
com.abien.framework.servlet.ServletConfigFactory.fServletConfigIF=com.abien.
➥framework.servlet.DefaultServletConfig
com.abien.framework.servlet.ServletConfigFactory.jndiName=ServletConfigFactory
com.abien.framework.servlet.ServletConfigFactory.loadOnStartup=100
```

Nach der Instanziierung der `ServletConfigFactory` ist die Initialisierung der ADDITIONAL_COMPONENTS_STARTUP-Stufe abgeschlossen. Diese Stufe lässt sich natürlich mit weiteren Factories beliebig erweitern. Auch die Bereitstellung von zusätzlichen Stufen ist denkbar. Es muss jedoch überprüft werden, ob eine solche Erweiterung nicht mit einem Framelet erreicht werden könnte. Dieser Ansatz ist viel flexibler und erfordert nicht die Kompilierung des ganzen Frameworks.

3.1.17 Der Treiber des Frameworks

Der `StartupManager` ist für die Initialisierung des Frameworks verantwortlich. Ferner bestimmt er die Initialisierungsreihenfolge der Kernfactories. Bei den meisten Packages des Frameworks handelt es sich eigentlich um unabhängige Einheiten. Das Framework wurde so designed, dass man seine Dienste auch einzeln nutzen kann. Der `StartupManager` zeichnet sich also durch die umgekehrte Funktionaliät des »Lazy Initializing« aus – er versucht alle verfügbaren Factories so früh wie möglich zu initialisieren. Dieses Verhalten ist gerechtfertigt, da es sich hier eher um eine Serveranwendung handelt. Deswegen spielten die Länge der Startphase und der Speicherverbrauch der Anwendung keine so grosse Rolle. Viel wichtiger ist die Vermeidung der relativ teuren dynamischen Initialisierungen und Reflectionmechanismen zur Laufzeit des Frameworks. Neben der Reflection ist auch die Garbage Collection von nicht mehr benötigten Objektinstanzen ziemlich aufwändig. Mit dem Factory-Konzept werden alle Produkte von den Factories direkt referenziert. Die Produkte können somit nicht ohne weiteres freigegeben werden. Der GC-Process kann nur noch während der Reinitialisierung der Factories durchgeführt werden. Zur Laufzeit werden die nicht mehr referenzierten Objekte auf ein Minimum reduziert.

Um die Entkopplung der Factories zu erhöhen, melden sie sich nicht selber bei den »Dienst-Managern« des Frameworks an, sondern sie müssen vom StartupManager angemeldet werden.

```
HttpServletRequestFactory requestFactory =
HttpServletRequestFactory.getInstance(this.propertiesManager);
FSystem.sys.println("HttpServletRequestFactory successfully initialized !");
this.reinitializationManager.registerReinitializable(requestFactory);
FSystem.sys.println("HttpServletRequestFactory successfully registered in
ReinitializationManager !");
this.namingManager.registerComponent(requestFactory);
```

Diese Vorgehensweise erfordert zwar mehr Handarbeit, eine Factory ist jedoch nicht auf die Existenz des NamingManager oder ReinitializationManager angewiesen. Die Initialisierung alle Factories in der Startphase des SJF ermöglicht die Überprüfung der Konfiguration des Frameworks. Die meisten Factories initialisieren bei dem getInstance Aufruf nicht nur sich selber, sondern auch ihre Produkte. Da die Existenz der Produkte von externen Ressourcen abhängig sein kann (z.B. einer Datei, URL, Datenbankverbindung), ist es möglich, dass die Instanziierung fehlschlägt. Aus Stabilitätsgründen hat man sich hier entschieden, den Startprozess zu unterbrechen, falls die Initialisierung einer Factory nicht erfolgreich sein sollte. Zur Laufzeit können diese Fehler nicht mehr auftreten, da bereits die Konfiguration gelesen und überprüft wurde. Ferner werden bereits die meisten Produkte verwendet, sodass Initialisierungsfehler ausgeschlossen sind.

Der StartupManager kann nicht direkt gestartet werden, da er keine statische Methode main enthält. Diese Aufgabe übernimmt hier com.abien.Starter.

```
public class Starter {
 public Starter() {
   try{
   StartupManager startUpManager = new StartupManager();
startUpManager.enterLevel(StartupManager.HIGHEST_LEVEL);

   Object o = new Object();
   synchronized(o){
       o.wait();
   }
    }catch( Exception e){
   FSystem.err.println("Instantiation exception: " + e.toString());
  }
 }
  public static void main(String[] args) {
     new Starter();
   }
}
```

Der Starter erzeugt den StartupManager und bestimmt den Startlevel. Interessanterweise wird sofort danach ein Deadlock verursacht.

```
Object o = new Object();
synchronized(o){
     o.wait();
}
```

Das soll die sofortige Terminierung der JVM verhindern. Eigentlich ist diese Maßnahme hier nicht notwendig, da die meisten Objekte FObjects sind. Ein FObject ist wiederum ein UnicastRemoteObject. Die RMI-Technologie arbeitet ja bekanntermassen mit Threads. Diese verhindern das Beenden der JVM. Bei der Umstellung von RMI- auf CORBA-Technologien wäre aber dieser Maßnahme zwingend erforderlich, da CORBA intern mit Dämon-Threads arbeitet. Die Dämon-Threads unterbinden die Terminierung der JVM nicht, was das sofortige Beenden der Anwendung zur Folge hätte.

Um das SJF im Servermodus zu starten muss der com.abien.Starter mit den -D-Optionen gestartet werden. Ein gültiges Kommando könnte so aussehen: java-Dproperties =url_properties-Dlocation=http://www.java-architect.com/sjf/framework.properties- com.abien.Starter

4 Profiling des SJF

Um die Performance des Frameworks mit seinen verschiedenen Konfigurationen messen zu können, reichen bereits bestehende SJF-Fähigkeiten wie z.B. Dynamic Proxy nicht aus. Neben der eigentlichen Performance der Algorithmen sollte noch der Speicherverbrauch, Anzahl der geladenen Objekte, GC Verhalten usw. gemessen werden. Aus dem Grund werde ich hier ein kommerzielles Programm JProbe vorstellen, mit dem das SJF selber getestet wurde. Mit dieser Software ist es möglich, alle oben genannte Features zu testen. Neben JProbe (http://www.sitraka.com/) gibt es noch eine Reihe anderer Tools wie OptimizeIt oder NuMega mit ähnlichem Leistungsumfang.

4.1 Eingesetzte Tools

Beim JProbe handelt es sich um eine Java-Anwendung, innerhalb der beliebige Anwendungen getestet werden können. Die zu prüfende Anwendung wird einfach in der JProbe JVM gestartet. Die modifizierte JVM sammelt alle benötigten Informationen, die dann ausgewertet werden. Um das SJF zu starten, müssen noch einige Einstellungen vorgenommen werden. Das SJF wird dabei mit den File-Properties gestartet, die aus einer Datei z.B. c:/framework.properties gelesen werden. Das Framework wird standardmäßig mit dem `com.abien.Starter` initialisiert. Aus der Kommandozeile müsste man das SJF so starten: `java -Dproperties=file_properties -Dlocation=c:/framework.properties com.abien.Starter`. Ähnlich muss auch JProbe konfiguriert werden. Zuerst sollte das ausführbare Objekt im Feld »Class file« angegeben werden. Diese Klasse sollte die statische Methode `main(String args[])` deklariert haben. Als »Working directory« wurde hier das Verzeichnis gewählt, in das SJF kompiliert wurde. Somit sind alle Klassen des SJF bekannt.

Der Reiter VM ermöglicht eine Reihe von weiteren Einstellungen, wie JDK-Version, die JVM-Argumente und das Snapshot-Verzeichnis. Die Anforderung des SJF ist mindestens die JDK 1.3 (SJF Vorgabe). Im Textfeld »Arguments« lassen sich die -D-Parameter des SJF festlegen. Nach dieser Konfiguration kann man das SJF Framework starten. Um die Ausgaben des Profilers zu minimieren, sollte man die Filterfunktionalität des Reiters »Performance« aktivieren. Ansonsten werden Unmengen an Daten produziert, die für das Testen von SJF irrelevant sind. Dabei sollte man die SUN-eigenen Packages wie java.*, javax.*, com.sun.* deaktiviert haben. Diese Einstellung ist wichtig, ansonsten würden die Ausgaben dieser Packages dominieren. Ferner haben wir nur bedingten Einfluss auf die Implementierung dieser Klassen, sie werden ja bereits mitgeliefert. Falls man aber in den »Nachforschungen« Problemzonen bereits entdeckt hat, sollte man diese Packages wieder aktivieren, da man auch an diesen Ausgaben interessiert sein könnte. Bestes Beispiel wäre die Ersetzung von langsamen String-Konkatenationen durch die Aufrufe append des StringBuffers ...

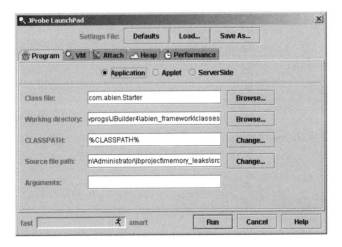

Abbildung 4.1: Angabe der ausführbaren Klasse

4.2 Das Startverhalten des SJF

Zuerst untersuchen wir nur die Startphase des Frameworks. Am einfachsten lässt sich das mit leicht modifizierter Klasse com.abien.Starter realisieren. Nach der Initialisierung wird sofort die JVM des Frameworks mit dem System.exit(0) Aufruf beendet. Bereits in der Startphase kann der Speicherverbrauch der Anwendung getraced werden.

Nach der Sortierung aller Methoden nach Method Time stellen wir fest, dass uns die ersten Objekte unbekannt sind. Dem Methodennamen nach handelt es sich dabei um Character-Byte-Konvertierung. Da diese Klasse nicht aus unserem Projekt stammt, handelt es sich offensichtlich um JDK-Klassen. Die Implementierung der Klasse CharToSingleByte lässt sich deswegen nicht ändern, aber wir können überprüfen, welche SJF-Klasse diese Funktionalität verwendet. Um die Darstellung überschaubarer zu halten, schalten wir in den Grafikmodus um. Hier lassen sich bequem alle vom Root ausgehenden Methodenaufrufe verfolgen. Da die Ausführung der Anwendung durch den Profiler teilweise drastisch verlangsamt wird, ist die Einstellung »CPU Time« des

Das Startverhalten des SJF

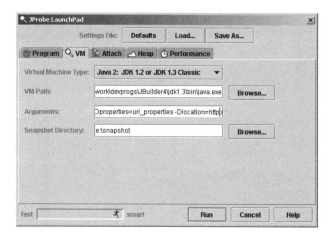

Abbildung 4.2: Angabe der JVM-Parameter

Performance-Reiters wichtig. Dabei wird die Zeit relativ, in CPU-Zyklen, gemessen. Somit sind die Messungen rechnerunabhängig.

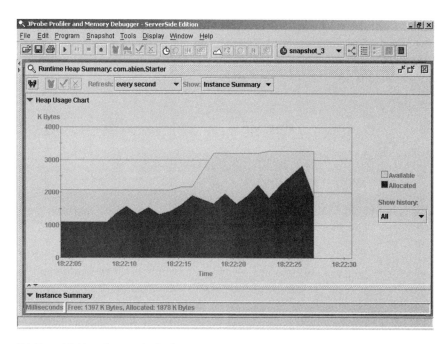

Abbildung 4.3: Heap-Anzeige des Profilers

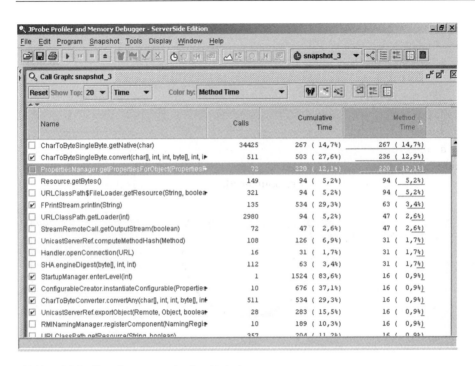

Abbildung 4.4: Profilinginformationen einzelner Methoden

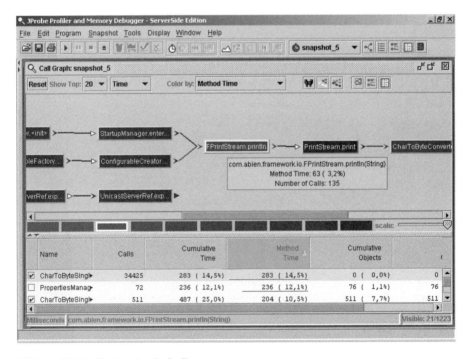

Abbildung 4.5: Der Graphmodus des Profilers

Erstaunlicherweise wird die Methode CharToSingleByte.convert innerhalb der Methode println der Klasse FPrintStream aufgerufen. Diese Klasse kann, abhängig von der Konfiguration des SJF, indirekt für die FSytem.out-, FSystem.deb-, FSystem. err-, FSystem.sys-Ausgaben verwendet werden. Wenn wir den Graph weiter nach links verfolgen, sehen wir, dass die statische Methode FPrintStream.println nur vom Startup-Manager und dem ConfigurableCreator aufgerufen wurde. Wichtig wäre es zu wissen, wie es innerhalb der Methode println ausschaut. Mit JProbe ist auch diese Option möglich, allerdings muss der Pfad zu dem Sourcecode der Anwendung in der Konfiguration des Profilers angegeben werden. Um in den Sourcecode der Methode FPrintStream.println zu schauen, wird der Sourcecode Panel des Profilers aufgerufen.

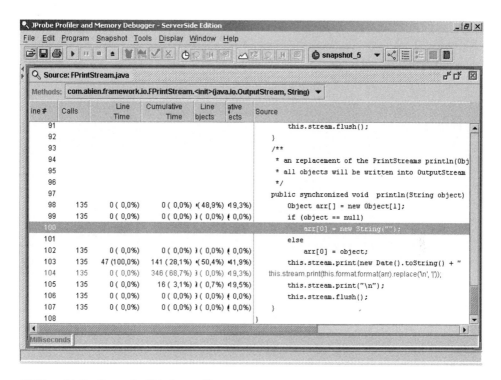

Abbildung 4.6: Der Source der FPrintStream Klasse

Erstaunlicherweise benötigt der Aufruf der Methode this.stream.println(this. format.format(arr).replace(‚\n',‚|'))   68,7 % der Zeit, die in der Methode println()verbracht wurde. Auch der Aufruf this.stream.print(new Date().toString() + "   ")) ist relativ »teuer«, er dauert nämlich 28,1 % der Gesamtzeit. Falls man die Performance des FPrintStream steigern möchte, müsste man diese beiden Aufrufe optimieren, sie benötigen nämlich ganze 96,8 % der Gesamtzeit. Dank der modularen Bauweise lassen sich durch den folgenden Konfigurationseintrag die Streams austauschen.

Den `FFilePrintStream` tauschen wir mit dem `FNullPrintStream` aus, der nur eine leere Implementierung repräsentiert.

```
com.abien.framework.base.FSystemStreamFactory.debugStreamType=null
com.abien.framework.base.FSystemStreamFactory.standardStreamType=null
com.abien.framework.base.FSystemStreamFactory.errorStreamType=null
com.abien.framework.base.FSystemStreamFactory.systemStreamType=null
```

Nach dem erneuten Starten des Frameworks befindet sich der Aufruf `FNullPrintStream.println()` nicht einmal unter den Top 20. Erst nach einer Volltextsuche wurde diese Klasse gefunden. Obwohl die Anzahl der Aufrufe konstant blieb (135), verbringt man durchschnittlich 0 % der Gesamtzeit in der Methode `println()`. Null Prozent bedeutet hier, dass die Messung außerhalb des Messbereichs des Profilers liegt. Die Methodenaufrufe »kosten« natürlich trotzdem ein wenig CPU-Zeit.

Nach der Ersetzung des `FFilePrintStreams` durch den `FNullPrintStream` gibt es plötzlich zwei andere Objekte, die uns hier Sorge bereiten: die `ConfigurableFactory` und den `ConfigurableCreator`. Zuerst wird die Methode `getConfigurable` der `ConfigurableFactory` untersucht.

```
public abstract ConfigurableFactory ....{
//...
public ConfigurableIF getConfigurable(String className, String name) throws
DynamicInstantiationException {
ConfigurableIF retVal = null;
if (className == null)
throw new DynamicInstantiationException(this, "The className should not be null
!");
    retVal = ConfigurableCreator.instantiateConfigurable(getPropertiesManager(),
className, name);
FSystem.numberOfCreatedConfigurables++;
FSystem.numberOfConfigurables++;
return retVal;
}
}
```

In dieser Methode verbraucht der Aufruf `instantiateConfigurable()` des `ConfigurableCreator` 100% der Gesamtzeit. Diese Methode wird sofort danach untersucht. Wie schon vermutet ist für die schlechte Performance der Methode das dynamische Laden und Erzeugen von `Configurable`-Instanzen verantwortlich.

% der Gesamt-zeit	Source
6,1	`clazz = Class.forName(className);`
51,5	`retVal = (ConfigurableIF)constructor.newInstance(args);`
6,1	`namingManager.registerComponent((NamingRegistable)retVal);`
15,2	`if (FrameworkContext.getDefaultFrameworkContext().isWrapping() && !(retVal instanceof NotWrappable))`

Interessant dabei ist, dass die if-Abfrage 15,2 % der Gesamtzeit verbraucht hat. Nach genaueren Untersuchung der geladenen Objekte hat sich gezeigt, dass nur die wenigsten das Marker-Interface com.abien.framework.base.NotWrappable implementieren. Die if-Abfrage wurde somit leicht modifiziert, damit das geladene Objekte zuerst auf den Typ NotWrappable überprüft wird. Da nur wenige Objekte dieses Interface implementieren, wird meistens die isWrapping()-Prüfung gar nicht mehr stattfinden.

% der Gesamt-zeit	Source
6,2	clazz = Class.forName(className);
46,9	retVal = (ConfigurableIF)constructor.newInstance(args);
12,5	namingManager.registerComponent((NamingRegistable)retVal);
6,2	if (!(retVal instanceof NotWrappable) && FrameworkContext.getDefaultFrameworkContext().isWrapping())

Diese Maßnahme hat die Performance der if-Abfrage nahezu verdoppelt. Nach der Modifikation verbraucht die if-Abfrage lediglich 6,2 % der Zeit.

Als Nächstes wird die Methode getName() der ConfigurableFactory untersucht.

```
public Name getName() {
      String name = 
this.getPropertiesManager().getPropertiesForObject(this).getProperty(NAME_KEY);
      try {
          if (name != null)
              return new CompositeName(name);
          else
              return null;
      } catch (Exception e) {
          return null;
      }
}
```

Die relativ teure Methode getPropertiesForObject() wird hier 24-mal aufgerufen. Die Parameter des Aufrufs bleiben aber dieselben. Die Methode getPropertiesForObject des com.abien.framework.util.PropertiesManagers verbraucht hier ganze 100%.

% der Gesamtzeit	Source
100 %	this.getPropertiesManager().getPropertiesForObject(this).↪getProperty(NAME_KEY);

Da sich die Parameter des getPropertiesForObject nicht ändern, stimmen auch die Rückgabewerte des Aufrufs überein. Die Idee ist es, diese Funktionalität der Methode in den Konstruktor auszulagern. Sie wird dann ein einziges Mal aufgerufen. Nur eine

Referenz auf das Objekt `javax.naming.Name` wird bei jedem Aufruf der Methode zurückgegeben.

Die leicht modifizierte `ConfigurableFactory` sieht dann so aus:

```
public abstract class ConfigurableFactory extends ReConfigurable implements
ConfigurableFactoryIF, NamingRegistable {

    private Name name = null;
    public ConfigurableFactory(PropertiesManagerIF propertiesManager) throws
RemoteException {
        super(propertiesManager);
        this.init();
    }
public ConfigurableFactory(PropertiesManagerIF propertiesManager, String name)
throws RemoteException {
super(propertiesManager, name);
        this.init();
    }
    private void init(){
        String tempName =
this.getPropertiesManager().getPropertiesForObject(this).getProperty(NAME_KEY);
        try {
            if (tempName != null)
                name = new CompositeName(tempName);
            else
                name = null;
        } catch (Exception e) {
            name = null;
        }

    }
    public Name getName() {
        return this.name;
    }

    //..
}
```

Diese Modifizierung bewirkt, dass nahezu überhaupt keine Prozessorzeit in der Methode `getName` »verbraten« wird. Stattdessen hat man diese Funktionalität in die private Methode `init()` ausgelagert. Die Methode `init()` wird nur einmal, beim Aufruf von einem der Konstruktoren, aufgerufen. Dieser relativ teure Aufruf findet also bei der Initialisierung der `ConfigurableFactory` statt. Die Rechnung geht hier auf, da die Methode `getName` mindestens einmal aufgerufen wird. Sie wird insgesamt sogar 24-mal aufgerufen, die private Methode `init()` nur 9-mal. Wir haben uns also ganze 15 teure Aufrufe gespart.

Nach der Umschaltung von »Cumulative Time« auf »Method Time« finden wir die Methode `getPropertiesForObject` des `PropertiesManager` an der ersten Stelle. Nach der genauen Untersuchung des Sourcecodes stellen wir fest, dass sich der Code nicht mehr spürbar optimieren lässt, da man hier »teure« Stringoperationen benötigt. Der Aufruf `key.startsWith(prefix)` benötigt 50 % der Gesamtzeit, die in der Methode `getPropertiesForObject` verbracht wurde. Dieser Aufruf ist aber absolut notwendig, da man nur so die benötigte Konfiguration objektbezogen extrahieren kann.

Zugegebenermaßen kann die Optimierung des Startverhaltens des Frameworks in Frage gestellt werden. Da das SJF eher auf dem Server zum Einsatz kommt, ist die Länge der Startphase des Frameworks nahezu egal. Allerdings ermöglichen solche Untersuchungen den Einblick in die internen Abläufe des Servers.

4.3 Das Laufzeitverhalten des SJF

Nach den Untersuchungen des Startverhaltens des Frameworks widmen wir uns der Optimierung der Laufzeitperformance. Dabei müssen folgende zwei Szenarien getestet werden:

▶ Die Anwendung und das SJF laufen auf unterschiedlichen JVM. Dabei wird die Clientanwendung untersucht. Besonders interessant ist die Zeit, die für die Kommunikation zwischen dem Client und dem SJF benötigt wird.

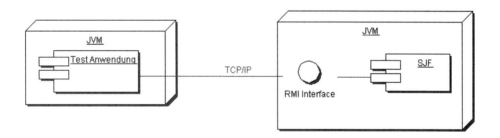

Abbildung 4.7: Das verteilte Szenario

▶ Die Anwendung läuft auf der gleichen JVM wie das SJF. Deshalb reicht die Untersuchung der Anwendung. Besonders interessant ist das Laufzeitverhalten der unterschiedlichen Konfigurationen des Frameworks.

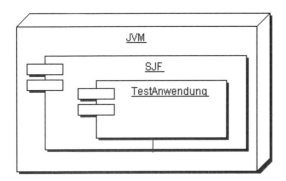

Abbildung 4.8: Das lokale Szenario

4.3.1 Die lokale Konfiguration

Zuerst testen wir die lokale Konfiguration des Frameworks. Dazu wird die Klasse com.abien.Starter leicht modifiziert. Es wird eine neue Methode test hinzugefügt.

```
public class Starter{
public Starter() {
  try{
  StartupManager startUpManager = new StartupManager();
            startUpManager.enterLevel(StartupManager.HIGHEST_LEVEL);
  this.test();
}catch(Exception e){}
  System.exit(0);
}
private void test() throws Exception{
  String test = "aaaaabbbbbcccccddddd eeeeefffffgggghhhhhiiiii";
  PersistenceServiceIF hugo =
PersistenceServiceFactory.getExistingInstance().getPersistenceService("hugo");
  hugo.store("test1","hallo1");
  hugo.store("test2","hallo2");
  hugo.store("huge",test);
  hugo.getValue("test1");
  hugo.getValue("test2");
  hugo.getValue("huge");
  hugo.getValue("nothing");
  }
}
```

In dieser Methode werden einige Testdaten erzeugt, die in PersistenceServiceIF abgelegt werden. Danach werden diese Daten gelesen.

Zuerst wird die aktuelle Implementierung des Interfaces com.abien.framework.persistence.PersistenceServiceIF aus der Konfiguration gelesen und dann instanziiert. Die Konfiguration sieht so aus:

```
com.abien.framework.persistence.PersistenceServiceFactory.PersistenceServiceType=
➥com.abien.framework.persistence.DurablePersistenceService
com.abien.framework.persistence.PersistenceServiceFactory.
➥PersistenceServiceType.loadOnStartup=2
hugo*com.abien.framework.persistence.DurablePersistenceService.fileName=c:/
➥fdatabase1.ser
hugo*com.abien.framework.persistence.DurablePersistenceService.forceUpdate=false
hugo*com.abien.framework.persistence.DurablePersistenceService.jndiName=
➥PersistenceService2
hugo*com.abien.framework.persistence.DurablePersistenceService.loadOnStartup=1
```

Eine Instanz der Klasse com.abien.framework.persistence.DurablePersistenceService wird erzeugt und im JNDI-Namespace abgelegt. Überraschenderweise stellt sich heraus, dass die Erzeugung der Implementierung über zwei Drittel der Zeit kostet.

% der Gesamtzeit	Source (DurablePersistenceService)
69,9	PersistenceServiceFactory.getExistingInstance().getPersistenceService(»hugo«);
12,4	hugo.store(»test1«,"hallo1«);
5,3	hugo.store(»test2«,"hallo2«);
5,3	hugo.store(»huge«,test);
3,5	hugo.getValue(»test1«);
0	hugo.getValue(»test2«);
0	hugo.getValue(»huge«);
1,8	hugo.getValue(»nothing«);

Ferner ist das Speichern beinahe doppelt so aufwändig wie das Lesen der Werte. Dieses Verhalten hängt aber von der Implementierung des Services ab.

```
public class DurablePersistenceService extends Configurable implements
PersistenceServiceIF {

  public Object getValue(Object entry) throws StorageException {
FSystem.sys.println("---------------------Trying to find: " + entry.toString());
        if (this.storage.containsKey(entry))
            FSystem.sys.println("--------------------------------entry found
➥!!!!");
        return this.storage.get(entry);
  }
  public void store(Object entry, Object value) throws StorageException {
synchronized(this.storage) {
try {
            this.storage.put(entry, value);
            this.serialSupport.storeObject(this.storage, this.fileName, true);
            } catch (Exception e) {
                throw new StorageException(this, e.toString());
```

```
            }
                FSystem.sys.println("Entry " + entry.toString() + " Value :" + value +
        " successfull stored !");
            }
        }
    }
```

Beim Lesen wird lediglich die interne Struktur `java.util.Hashtable` abgefragt. Dieses Objekt übernimmt hier die Cache-Funktionalität der Implementierung. Um die Konsistenz der Daten zu gewährleisten, wird bei jedem Schreibzugriff der Inhalt des Caches auf die Festplatte geschrieben. Die Instanz der Klasse `Hashtable` wird serialisiert. Zu diesem Zweck wird die Utility-Klasse `com.abien.framework.util.SerializationSupport` verwendet, die diese Aufgabe übernimmt.

```
public class SerializationSupport {
//..
public static synchronized void storeObject( Object o,String fileName,
    boolean override) throws Exception{

    File objectFile = new File( fileName );
    if(objectFile.exists() && !override )
        throw new Exception("SerialSupport.storeObject(Object object,String path)"
    + fileName + " already exists !");
    ObjectOutputStream stream = new ObjectOutputStream(new
    FileOutputStream(fileName));
    stream.writeObject(o);
    stream.flush();
    stream.close();
}
```

Die Implementierung der Methode `storeObject` ist auch alles andere als optimal. Bei jedem Zugriff wird zuerst eine Instanz der Klasse `java.io.File` erzeugt. Dieser Vorgang benötigt bereits 27,3 % der Gesamtzeit der Methode `storeObject`. Fast die ganze verbleibende Zeit wird für das Erzeugen der Instanz `java.io.ObjectOutputStream` benötigt (72,7%). Da es sich in unserem Beispiel nur um kleine Objekte handelt, fällt das Schreiben (`writeObject`) gar nicht mehr ins Gewicht. Die Implementierung des `DurablePersistenceService` hat noch ein anderes Problem. Diese Implementierung »cached« alle Einträge in einem `Hashtable`. Die Schlüssel mit ihren Werten werden einfach im Speicher gehalten. Bei sehr großen Datenmengen kann es zu Speicherproblemen kommen, was sich sogar durch die `java.lang.OutOfMemoryException` äußern kann. Interessant wäre es hier, nur diesen Cache, ohne die Zugriffe auf den Sekundärspeicher, zu testen. Zu diesem Zweck stellen wir die Konfiguration des Frameworks um:

```
com.abien.framework.persistence.PersistenceServiceFactory.persistenceServiceType=
    com.abien.framework.persistence.VolatilePersistenceService
```

Das Laufzeitverhalten des SJF

An Stelle des DurablePersistenceServices wird com.abien.framework.persistence. VolatilePersistenceService geladen. Dieser kann als Wrapper oder Adapter für die Hashtable gesehen werden. Die Implementierung dieses Services besteht lediglich aus der Umsetzung der PersistenceServiceIF-Aufrufe auf die Hashtable-Aufrufe.

```java
public class VolatilePersistenceService extends Configurable implements
PersistenceServiceIF {

    private HashMap hashMap = null;
    public VolatilePersistenceService(PropertiesManagerIF properties) throws
RemoteException{
        super(properties);
        this.hashMap = new HashMap();
    }

    public VolatilePersistenceService(PropertiesManagerIF properties, String name)
throws Exception {
        super(properties, name);
        this.hashMap = new HashMap();
    }

    public Object getValue(Object entry){
return this.hashMap.get(entry);
    }
    public void store(Object entry, Object value){
this.hashMap.put(entry,value);
    }

    public void removeAll(){
      this.hashMap = new HashMap();
    }

    public void remove( Object entry ){
      this.hashMap.remove(entry);
    }
    public int size(){ return this.hashMap.size(); }
    public boolean containsKey( Object entry ){
            return this.hashMap.containsKey(entry);
    }

}
```

Das Laufzeitverhalten ändert sich drastisch. Ganze 88,5 % der Zeit werden für die Erzeugung der Klasse VolatilePersistenceService benötigt.

% der Gesamtzeit	Source (VolatilePersistenceService)
88,5	PersistenceServiceFactory.getExistingInstance().getPersistenceService("hugo");
2,3	hugo.store("test1","hallo1");
2,3	hugo.store("test2","hallo2");
2,3	hugo.store("huge",test);
0	hugo.getValue("test1");
0	hugo.getValue("test2");
0	hugo.getValue("huge");
2,3	hugo.getValue("nothing");

Die Schreibzugriffe brauchen lediglich 2,3 % der Methodenzeit und die Lesezugriffe sind kaum messbar. Die eigentliche Ursache muss in der Art der Erzeugung des DurablePersistenceService liegen. Seine Konstruktoren sollten aus diesem Grund näher untersucht werden.

```
public VolatilePersistenceService(PropertiesManagerIF properties) throws
↪RemoteException{
     super(properties);
     this.hashMap = new HashMap();
}

public VolatilePersistenceService(PropertiesManagerIF properties, String name)
↪throws Exception {
     super(properties, name);
     this.hashMap = new HashMap();
}
```

Diese sind aber fast leer, sie beschränken sich lediglich auf die Initialisierung der java.util.HashMap. Warum ist die Instanziierung des VolatilePersistenceServices so teuer? Die Antwort finden wir wieder in der Implementierung. Diesmal ist nicht der VolatilePersistenceService selber, sondern seine Factory der Übeltäter. Der folgende Aufruf PersistenceServiceFactory.getExistingInstance().getPersistenceService("hugo") veranlasst unsere com.abien.framework.peristence.PersistenceServiceFactory zur Erzeugung einer neuen Instanz der Implementierung. Eine neue Instanz der VolatitePersistenceService-Klasse wird also zu Laufzeit, und zwar dynamisch, mit der ConfigurableFactory erzeugt.

```
public PersistenceServiceIF getPersistenceService() {
return this.persistenceService;
}
public PersistenceServiceIF getPersistenceService(String name) throws
```

```
DynamicInstantiationException {
return (PersistenceServiceIF)getConfigurableForKey(PERSISTENCE_SERVICE_TYPE,name);
}
```

In diesem Fall wird die Methode `getPersistenceService(String name)` der `Persistence-ServiceFactory` aufgerufen. Diese erzeugt eine neue Instanz der aktuellen Implementierung des Interfaces `PersistenceServiceIF`. Zunächst wird noch der Name (»hugo«) an die Instanz übergeben, damit der `PropertiesManager` die Gelegenheit erhält, die speziellen `Properties` für das gerade erzeugte Objekt zu lesen. Im Fall von »hugo« werden die folgende Informationen gelesen.

```
hugo*com.abien.framework.persistence.VolatilePersistenceService.jndiName=
↪VolatileService
hugo*com.abien.framework.persistence.VolatilePersistenceService.loadOnStartup=1
```

Wir führen noch mal eine Messung, diesmal ohne eine neue Instanz zu erzeugen, durch.

% der Gesamtzeit	Source (VolatilePersistenceService)
0	PersistenceServiceFactory.getExistingInstance().getPersistenceService();
20	hugo.store("test1","hallo1");
20	hugo.store("test2","hallo2");
20	hugo.store("huge",test);
0	hugo.getValue("test1");
0	hugo.getValue("test2");
0	hugo.getValue("huge");
20	hugo.getValue("nothing");

Der Messung nach kostet die Erzeugung der Instanz `VolatilePersistenceService` rein gar nichts. Diese Aussage ist nur teilweise richtig, da die Instanz bereits beim Hochfahren des Servers erzeugt wurde. Wie wir gerade feststellen, verteilt sich aber die übrige Zeit genauso auf die Methodenaufrufe wie im vorherigen Experiment. Insgesamt wird diese Methode also schneller abgearbeitet. Um die Implementierung `DurablePersistenceService` und die `VolatilePersistenceService` miteinander zu vergleichen, wird noch mal die gleiche Messung mit der persistenten Variante durchgeführt.

Zeit in Mikrosekunden	Source (DurablePersistenceService)
0	PersistenceServiceFactory.getExistingInstance().getPersistenceService();
41,2	Hugo.store("test1","hallo1");

Zeit in Mikrosekunden	Source (DurablePersistenceService)
17,6	`Hugo.store("test2","hallo2");`
17,6	`Hugo.store("huge",test);`
11,8	`Hugo.getValue("test1");`
0	`Hugo.getValue("test2");`
0	`Hugo.getValue("huge");`
5,9	`Hugo.getValue("nothing");`

Auch hier wird einfach die bestehende Instanz der Implementierung DurablePersistenceService zurückgegeben. Der erste Schreibzugriff ist allerdings doppelt so teuer wie die folgenden. Dieses Phänomen lässt sich mit Optimierungen des Betriebssystems erklären.

Die relativen Messungen eignen sich hervorragend für Vergleiche der eingesetzten Algorithmen. Bei dem Vergleich der beiden Implementierungen wäre es besser, die echte, nicht die CPU-Zeit zu messen. Wir führen diese Messung also noch mal für die beiden Implementierungen durch. Allerdings wird die Messmethode des JProbe Profilers von CPU Time auf »Elapsed Time« umgeschaltet.

Zeit in Mikrosekunden DurablePersistenceService	Zeit in Mikrosekunden VolatilePersistenceService	Faktor: DurablePersistenceService/ VolatilePersistenceService
50,3	55,5	1
951,5	143,8	6,6
283,8	53,7	5,2
285,0	48,8	5,8
422,7	16,5	25,6
44,6	8,1	5,5
42,0	6,8	6,1
79,6	59,6	1,3

Die Messung zeigt, dass der VolatilePersistenceService bis zu Faktor 25,6 schneller ist als der DurablePersistenceService. Besonders langsam sind im DurablePersistenceService die Schreibzugriffe. Die Lesezugriffe sind aber auch bis zu Faktor 25,6 langsamer als die des VolatilePersistenceServices. Eigentlich sollten hier die Laufzeiten identisch sein, da die »Leselogik« der beiden Implementierungen identisch ist. Woran liegt es? Die Antwort liegt wiederum in der Implementierung des DurablePersistenceServices.

Das Laufzeitverhalten des SJF 259

Zeit in Mikrosekunden	Source (DurablePersistenceService)
142,5	`FSystem.sys.println("---------------------Trying to find: " + entry.toString());`
41,9	`if (this.storage.containsKey(entry))`
90,3	`FSystem.sys.println("--------------------------------entry found !!!!");`
31,6	`return this.storage.get(entry);`

Die Loggingausgaben des `DurablePersistenceServices` verbrauchen insgesamt fast 90% der Methodenzeit. Die eigentliche Arbeit wird hier in 31,6 Mikrosekunden erledigt. Vergleichsweise verbraucht der `VolatilePersistenceService` 34,9 Mikrosekunden.

Zeit in Mikrosekunden	Source (VolatilePersistenceService)
34,9	`return this.hashMap.get(entry);`

4.3.2 Die verteilte Konfiguration

In der lokalen Installation des SJF reichte es aus, nur die Performance der Testanwendung zu messen. Es handelte sich um lokale Methodenaufrufe, so dass man aus der Testanwendung auch die Methoden des Frameworks untersuchen konnte. In der verteilten Installation muss man sowohl die Testanwendung als auch den SJF untersuchen. Die Testanwendung sollte untersucht werden, da es sehr interessant ist, den Kommunikationsaufwand zu bestimmen. Dabei wird das RMI-Protokoll JRMP für die Client-Server Kommunikation gewählt. Die Factories des Namingsdienstes müssen noch dementsprechend konfiguriert werden.

```
com.abien.framework.naming.NamingManagerFactory.namingManager=com.abien.framework.
↪naming.RMINamingManager
com.abien.framework.naming.RMINamingManager.java_naming_factory_initial=com.sun.
↪jndi.rmi.registry.RegistryContextFactory
com.abien.framework.naming.RMINamingManager.java_naming_provider_url=rmi://
↪localhost:1099
```

Nicht uninteressant ist auch der Aufwand, der auf dem Server entsteht. Die ankommenden Methodenaufrufe erreichen zuerst das Skeleton. Dieses ruft dann mittels Reflection die Methoden des Servants auf. Die Rückgabewerte des Servants müssen auch noch entgegengenommen und dann verpackt werden, bevor sie zum Stub geschickt werden.

Das Testprogramm sieht der lokalen Version sehr ähnlich. Lediglich die Erzeugung der Implementierung für das Interfaces PersistenceServiceIF ist unterschiedlich. Da hier für die Kommunikation die RMI-Technologie gewählt wurde, muss zuerst das »Remote«-Objekt referenziert werden. Das geschieht mit dem Aufruf Naming.lookup.

```
public class TestStarter {
  public TestStarter() throws Exception {
     this.test();
  }
private void test() throws Exception{
  String test = "aaaaabbbbbcccccdddddeeeeefffffgggggghhhhhiiiii";
PersistenceServiceIF hugo = (PersistenceServiceIF)Naming.lookup("rmi://localhost/
PersistenceService");
  hugo.store("test1","hallo1");
  hugo.store("test2","hallo2");
  hugo.store("huge",test);
  hugo.getValue("test1");
  hugo.getValue("test2");
  hugo.getValue("huge");
  hugo.getValue("nothing");
  }
```

Die Konfiguration des Servers brauchen wir nicht zu verändern, da hier alle geladenen Objekte standardmäßig im JNDI-Dienst angemeldet werden. Die jeweilige Implementierung des Naming-Managers sorgt dann für die Erzeugung der Registry und die Registrierung aller interessierter Instanzen.

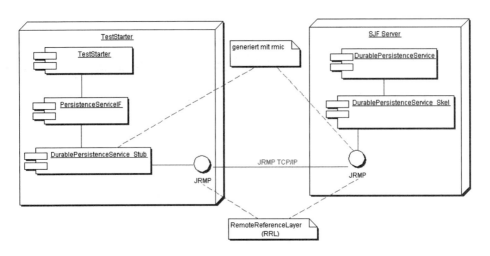

Abbildung 4.9: Die Verteilung der Komponenten

Zuerst wird das Framework selber untersucht. Dazu wird wieder die Klasse com.abien.Starter im JProbe-Profiler gestartet. Die Testanwendung com.abien.TestStarter wird aus der Kommandozeile gestartet. Die Profilierung des SJF ist in diesem Fall viel komplizierter, da man auch die Systemklassen untersuchen muss. Aus diesem Grund ist die Verwendung der Graph-Darstellung sehr hilfreich, da man leichter die unbekannten Systemklassen (z.B. Skeletons) finden kann. Wie sich herausgestellt hat, benötigt der DurablePersistenceService lediglich ein Drittel der Zeit für die Erledigung der Arbeit. Die verbleibende Zeit wird für die RMI-Funktionalität verwendet.

Ab JDK 1.2 ist die Verwendung von generierten Skeletons nur optional. Standardmäßig wird ein generischer Skeleton verwendet. Da es sich dabei um einen generischen Skeleton handelt, muss er nicht jedes Mal generiert werden. Ein generischer Skeleton muss allerdings für alle Servants gelten. Dieses Feature lässt sich nur mit der Reflection realisieren.

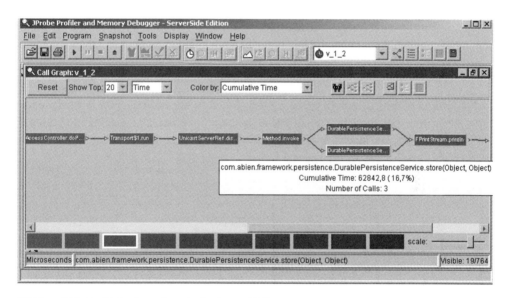

Abbildung 4.10: Graphische Darstellung der Ergebnisse (v1.2)

Der generische Skeleton ist in der Lage, mit allen generierten Stubs zu kommunizieren. Je nach den empfangenen Daten werden dann dementsprechend ausgewählte Methoden der Servants aufgerufen. Da dieser Aufruf mit Reflection realisiert wird, ist er auch ziemlich teuer. In unserer Auswertung wird dieser Aufruf als Method.invoke sichtbar.

Wir generieren nochmals die Stub und Skeletons des DurablePersistenceService, diesmal aber mit dem -v1.1 Schalter. Es werden also Stubs und »echte« Skeletons generiert, die nur mit JDK1.1 kompatibel sind. Der Profiler wird noch einmal gestartet, um das Verhalten des Klasse DurablePersistenceService_Skel mit dem generischem Skeleton zu vergleichen. Für beide Tests wird die Zeit gemessen, die der UnicastServerRef benötigt, um den Servant aufzurufen.

Zeit in Mikrosekunden	Gesamtzeit in %	JDK Version
267081,8	77,3	1.1
345635,3	91,7	1.2

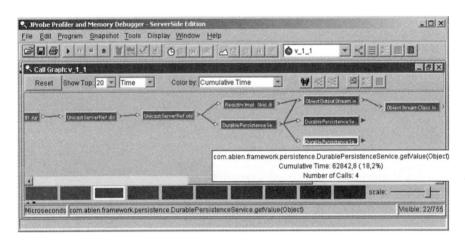

Abbildung 4.11: Graphische Darstellung der Ergebnisse (v1.1)

Den Messergebnissen nach ist die Variante JDK 1.1 performanter als die JDK 1.2. Woran liegt das? Die Antwort liegt im generierten Skeleton. Der JDK 1.1 Skeleton unterscheidet sich nämlich wesentlich vom generischen Skeleton.

```
// Skeleton class generated by rmic, do not edit.
// Contents subject to change without notice.

package com.abien.framework.persistence;

public final class DurablePersistenceService_Skel
    implements java.rmi.server.Skeleton{
//...
    com.abien.framework.persistence.DurablePersistenceService server =
    (com.abien.framework.persistence.DurablePersistenceService) obj;
    switch (opnum) {
    case 0: // containsKey(Object)
    {
        java.lang.Object $param_Object_1;
        try {
           java.io.ObjectInput in = call.getInputStream();
           $param_Object_1 = (java.lang.Object) in.readObject();
        } catch (java.io.IOException e) {
```

```java
          throw new java.rmi.UnmarshalException("error unmarshalling arguments", e);
       } catch (java.lang.ClassNotFoundException e) {
          throw new java.rmi.UnmarshalException("error unmarshalling arguments", e);
       } finally {
          call.releaseInputStream();
       }
       boolean $result = server.containsKey($param_Object_1);
       try {
          java.io.ObjectOutput out = call.getResultStream(true);
          out.writeBoolean($result);
       } catch (java.io.IOException e) {
          throw new java.rmi.MarshalException("error marshalling return", e);
       }
       break;
    }

    case 1: // getName()
    {
       call.releaseInputStream();
       javax.naming.Name $result = server.getName();
       try {
          java.io.ObjectOutput out = call.getResultStream(true);
          out.writeObject($result);
       } catch (java.io.IOException e) {
          throw new java.rmi.MarshalException("error marshalling return", e);
       }
       break;
    }

    case 2: // getValue(Object)
    {
       java.lang.Object $param_Object_1;
       try {
          java.io.ObjectInput in = call.getInputStream();
          $param_Object_1 = (java.lang.Object) in.readObject();
       } catch (java.io.IOException e) {
          throw new java.rmi.UnmarshalException("error unmarshalling arguments", e);
       } catch (java.lang.ClassNotFoundException e) {
          throw new java.rmi.UnmarshalException("error unmarshalling arguments", e);
       } finally {
          call.releaseInputStream();
       }
       java.lang.Object $result = server.getValue($param_Object_1);
//...

    }
```

Anders als im JDK 1.2 werden die Methoden nicht per Reflection aufgerufen, sondern mit Hilfe der echten Referenz des Servants. Der Aufwand, der bei einem Reflectionaufruf entsteht, fällt hier komplett weg. Fairerweise muss man hier noch die Performancesteigerung der Java 2 Platform insbesondere JDK 1.3 erwähnen. Da JDK 1.3 spürbar schneller ist als die Version JDK 1.1, spielt der generische Aufruf in der Gesamtanwendung fast keine Rolle.

Nach der Untersuchung des Servers werfen wir einen Blick auf unseren Client, also die Anwendung `TestStarter`. Der Server wird wie gewöhnlich mit JDK 1.3 aus der Kommandozeile gestartet. Zuerst testen wir die Performance des `DurablePersistenceService` auf der Serverseite.

Zeit in Mikrosekunden	Source **DurablePersistenceService mit Skeleton (rmic -v1.1)**
218939,7	`(PersistenceServiceIF)Naming.lookup("rmi://localhost/PersistenceService");`
1133,4	`hugo.store("test1","hallo1");`
608,2	`hugo.store("test2","hallo2");`
526,6	`hugo.store("huge",test);`
809,2	`hugo.getValue("test1");`
544,5	`hugo.getValue("test2");`
520,7	`hugo.getValue("huge");`
543,5	`hugo.getValue("nothing");`

Zeit in Mikrosekunden	Source **VolatilePersistenceService mit Skeleton (rmic -v 1.1)**
208433,8	`(PersistenceServiceIF)Naming.lookup("rmi://localhost/PersistenceService");`
1038,8	`hugo.store("test1","hallo1");`
622,6	`hugo.store("test2","hallo2");`
535,2	`hugo.store("huge",test);`
753,9	`hugo.getValue("test1");`
498,2	`hugo.getValue("test2");`
464,1	`hugo.getValue("huge");`
609,5	`hugo.getValue("nothing");`

Zeit in Mikro-sekunden	Source DurablePersistenceService ohne Skeleton (rmic -v1.2)
201019,4	(PersistenceServiceIF)Naming.lookup("rmi://localhost/PersistenceService");
2164,1	hugo.store("test1","hallo1");
623,5	hugo.store("test2","hallo2");
574,2	hugo.store("huge",test);
796,6	hugo.getValue("test1");
491,4	hugo.getValue("test2");
585,3	hugo.getValue("huge");
682,4	hugo.getValue("nothing");

Zeit in Mikro-sekunden	Source VolatilePersistenceService ohne Skeleton (-v1.2)
212394,0	(PersistenceServiceIF)Naming.lookup("rmi://localhost/PersistenceService");
2079,7	hugo.store("test1","hallo1");
642,2	hugo.store("test2","hallo2");
486,8	hugo.store("huge",test);
654,7	hugo.getValue("test1");
567,0	hugo.getValue("test2");
468,2	hugo.getValue("huge");
471,7	hugo.getValue("nothing");

Wie wir gerade festgestellt haben, spielt aus Clientsicht die serverseitige Implementierung des Services fast keine Rolle. Über 80% der Gesamtzeit wird benötigt, um die entfernte Referenz überhaupt zu finden. Dieser Aufruf wäre beispielsweise ein Kandidat für die Auslagerung in den Initialisierungsblock der Komponenten. Das könnte die Methode init des Servlets oder des Framelets übernehmen. Die Geschäftslogikaufrufe sind nicht mehr so teuer. Allerdings sind sie viel aufwändiger als in der lokalen Konfiguration.

Zeit in Mikrosekunden Remote Aufruf	Zeit in Mikrosekunden Lokaler Aufruf	Overhead
201019,40	0	201019,40
2164,1	41,2	2122,9
623,5	17,6	605,9

Zeit in Mikrosekunden	Zeit in Mikrosekunden	Overhead
Remote Aufruf	Lokaler Aufruf	
574,2	17,6	556,6
491,4	11,8	479,8
585,3	0	583,3
585,3	0	585,3
79,6	5,9	73,7

Wie wir gerade festgestellt haben, ist in unserem Fall der Mehraufwand des Remote-Aufrufs viel höher als die auf dem Server erledigte Arbeit. Besonders teuer ist die »Implementierungssuche« mit dem Aufruf Naming.lookup. Der Aufruf lookup ist sogar um ein Vielfaches teurer als die Erzeugung der Implementierung in der Startphase des Servers. Die Auslagerung der Funktionalität aus einem gewöhnlichen Client auf einen leistungsfähigen Server würde sich hier nicht lohnen. Erst bei komplizierteren Algorithmen wäre die Auslagerung sinnvoll. Die Implementierungen des Interfaces PersistenceServiceIF spielen hier eine besondere Rolle. Mit diesen ist erst die zentrale Datenhaltung möglich. Um diese Funktionalität nutzen zu können, muss man in diesem Fall leider den Performanceoverhead in Kauf nehmen. Da der Mehraufwand bei jedem Aufruf entsteht, wäre hier der Einsatz des »Value-Object«-Patterns möglich. Dazu müsste man auf der Clientseite die Parameter in einem Container-Objekt zusammenfassen. Zu diesem Zweck eignet sich besonders gut die HashMap- oder Properties-Klasse. Beide sind serialisierbar, was die »per-Value«-Übergabe voraussetzt.

Unsere Anwendung TestStarter hat bis jetzt jeden Wert einzeln gespeichert und dann gelesen.

```
hugo.store("test1","hallo1");
hugo.store("test2","hallo2");
hugo.store("huge",test);
hugo.getValue("test1");
hugo.getValue("test2");
hugo.getValue("huge");
```

Da hier immer ein Stub aufgerufen wird, handelt es sich um echte »Remote«-Aufrufe. Diese Aufrufe sind, im Vergleich zu den lokalen Aufrufen, ziemlich teuer. Um die Performance der Anwendung zu steigern, nimmt man hier oft Codierungsoverhead in Kauf. Die »Remote«-Aufrufe sollten vermieden werden. Zu diesem Zweck wird ein »Value Object« definiert, das die Parameter mehrerer Aufrufe sammelt. Dieses »Value Object« wird dann durch einen »Remote«-Aufruf übergeben. Diese Vorgehensweise erfordert aber mehr Handarbeit. Die teuren, »Remote«-Aufrufe werden durch mehrere, aber schnellere lokale Aufrufe ersetzt.

Zeit in Mikrosekunden	Source VolatilePersistenceService ohne Skeleton
212394,0	(PersistenceServiceIF)Naming.lookup(»rmi://localhost/PersistenceService«);
60,7	properties = new Properties();
127,6	properties.put(»test1«,"hallo1«);
86,0	properties.put(»test2«,"hallo2«);
50,3	properties.put(»huge«,test);
3290,4	hugo.store(»value«,properties);
902,7	Properties retVal = (Properties)hugo.getValue(»value«);
34,7	retVal.get(»test1«);
9,0	retVal.get(»test2«);
8,5	retVal.get(»huge«);

Da in unserem Beispiel die RMI-Aufrufe bis Faktor 30 teurer sind als die lokalen, geht die Rechnung auf. Die Gesamtzeit, die in der Methode test() benötigt wurde, beträgt jetzt 206213,0 und nicht 296882,1 Mikrosekunden.

	Zeit in Mikrosekunden
TestStarter	296882,1
TestStarter mit »ValueObject«	206213,0

Index

A

Action 115
  forward 116
  getProperty 115
  include 116
  param 116
  plugin 116
  setProperty 115
  useBean 115
Adaptee 19
  siehe auch Adapter
Adapter 18, 208, 255
  Entkopplung 19
  FrameletTask 22
  Target 18
  TimerTask 22
ADDITIONAL_COMPONENTS_START
  UP 237
API 65, 126
Architektur 65, 161
  J2EE 65
Atomic Name 125
Attachment 210
Attribute 127
Ausdruck siehe Expression
Ausnahmebehandlung 162

B

Basic Object Adapter 133
BasicClassLoader 25, 52, 202, 227
  findSystemClass() 204
Batch Updates 92
Bean Managed Persistenz siehe BMP
Bean Managed Transaction 156

bind 187
binding 125
BMP 74
BMT 156
BOA 133
Boolean 47

C

Cache 182
CachedRowSet 46, 93
  execute() 46
CacheServer 222
  manageRequest 222
Caching 182, 221
CachingHandler 32, 182, 185
  invoke 185
Cachingstrategie 24
CallableStatement 89
CCI 148
Chain Of Responsibility 60
Class.forName() 17, 38
ClassFetcherFactory 12, 195, 206, 236
ClassFetcherIF 16, 23, 201, 236
  getClassForString 201
ClassInspector 163
ClassLoader 23, 53, 202
  findSystemClass() 204
ClassLoader Framework 159
ClassLoading 200
ClassRemotelyNotFoundException 24
CLF 159
Cluster 168, 218, 219
CMP 75

Command 42
  ConcreteCommand 44
  doIt() 44
  JDBC 2.0 46
  undoIt() 44
Communication Resource Manager 155
Component 30
Composite Name 125
Compound Names 125
ConcreteDecorator 30
Configurable 16, 166, 248
  getConfigurablePath() 168
  getConfigurationLocation() 168
  getPropertiesType() 168
ConfigurableCreator 16, 34, 62, 174, 176, 200, 215, 247, 248
  instantiateConfigurable 16
  instantiateConfigurable() 248
ConfigurableFactory 41, 46, 169, 194, 199, 208, 248, 250
  getConfigurable 248
  getName() 249
ConfigurableIF 215
Connected RowSet 94
connected RowSet
  JDBCRowSet 95
Connection 87, 122, 151
ConnectionEventListener 152
ConnectionFactory 98, 122, 151
Connection-Pooling 9
Container 42, 71
Container Managed Persistenz siehe CMP
Context 125, 127
ContextFactory 190
Contracts 149
Cookie 107
  addCookie(Cookie cookie) 109
COR siehe Chain of Responsibility
CORBA 127, 132, 141
CoreComponent 37, 41
CoreReinitSequence 234
COS Naming 145
CRM 155
Cumulative Time 251

D

DataSource 97
Datenhalter siehe Value Object
Debugging 164, 181
debugStreamFormat 235
debugStreamLocation 235
debugStreamType 235
Decorator 30, 179
  FPrintStream 35
DefaultNamingManager 190
DefaultTimelet 197
Deployment 70
Descriptor 70, 153
Destination 78, 122
directives 114
Direktive 117
  include 117
  page 117
Disconnected RowSet 93
  CachedRowSet 93
  WebRowSet 93
DNS 125
doGet 109
doGet() 214
doPost 109
doPost() 214
Double 47
DurablePersistenceService 56, 57, 172, 183, 191, 253, 261
DurablePersistenceService_Skel 261
Dynamic Proxy 33, 176, 243
Dynamic Proxy siehe Decorator

E

EAR 70
EIS 148
EJB 67
  Client 80
Elapsed Time 258
eMail 206
encodeURL() 215
enterLevel 228
Entity Beans 74
ERP 148
Erzeugungsmuster 15
  Factory 15

Exception 162
exitSFJ() 196
Expression 118

F

Façade
  Façade 23
  Subsysteme 23
Factory 15, 173
Fassade 23
Fassadenschnittstelle siehe Façade
FAttachmentMail 210
FFileAttachment 212
FFileAttachmentMail 210
FFilePrintStream 248
FHttpRequestIF 215
FHttpResponseIF 215
FHttpServletRequestIF 215, 217, 238
FHttpServletResponseIF 215, 217
File 254
FileMailer 207
Float 47
FMail 208
FNullPrintStream 248
FObject 241
  toString 216
  toXMLString 216
FPrintStream 35, 247
Framelet 179, 193
  cleanup() 194
  go() 194
  init 179
  init() 194
FrameletManager 47, 194, 197, 237
Framelets 46
FrameworkContext 61, 179
  isWebFetch 201
FrameworkException 162
FrameworkInvocationHandler 177
  isWrappable 187
FrameworkInvocationHandlern 178
FServlet 228
FServletConfigIF 217
FSystem 161, 192, 235
FSystem.deb 235
FSystem.err 235
FSystem.out 235
FSystem.sys 235
FSystemStreamFactory 12, 235
FSytem 247

G

GC 243
GenericInvokable 19, 48
GenericInvokableAdapter 19
GenericInvoker 50
GenericServer 214, 222
  init 214
  manageRequest 222
  service 222
GET 102
getExistingInstance() 14, 17
getSequenceNumber() 234
getWriter() 215

H

Handler 63
HashMap 164, 186, 256, 266
Hashtable 186, 254, 255
Holder 32, 182, 186
  equals 186
  hashCode 186
  siehe auch Value Object
Home Interface 68
Hostrechner 148
HotSpot 99
http 202
HttpServlet 104
HttpServletRequest 214
HttpServletRequestFactory 238
HttpServletResponse 214
HttpServletResponseFactory 238
HttpSession 105
  getLastAccessedTime() 107
  invalidate() 107
  isNew() 106

I

IDL 135, 141
idltojava 147
IIOP 132, 141, 155
Implementation Repository 133

Implizite Referenzen 119
  application 119
  config 119
  exception 120
  out 119
  page 119
  pageContext 119
  request 119
  response 119
  session 120
init() 250
InitialContext 127
Init-Parameter 224
InstanceNotExistsException 14
instanceof 199
Integer 47
InvocationHandler 33
InvocationHandlerFactory 184, 235
Isolationlevel 110
isWrappable() 187
isWrapping() 249

J

J2EE Connector 148
JAF 129
jarArchive 202
Java Activation Framework 129
Java Data Objects siehe JDO
Java Interface Definition Language 132
Java Message Service 77, 121
Java Naming and Directory Interface 125
Java Transaction API 155
Java Transaction Service 156
java.util.Timer 45
JavaIDL 132
JavaMail 128, 159
JavaServer Pages 110, 111
JavaServlet 99
javax.sql.DataSource 99
JDBC 82
  Connection 87
  Connection Pooling 93
  Driver 84
  JNDI 93
  Row Sets 93
  Statements 88

Treiberarchitekturen 83
URL 87
JDBC 2.1 90
JDBCRowSet 95
JDO 74
JMS 121
JNDI 78, 125, 175, 187, 189
JProbe 182, 243
JRMP 141, 259
JSP 110
JTA 155
JTS 156

K

Komponentencontainer 133
Konfiguration 164
Konstruktor 164
Konversationsgedächtnis 73

L

Laufzeitperformance 251
Lazy Initializing 38, 41, 42, 174, 229
Lazy Instantiation 38
LDAP 145
Loadbalancer 220
loadClassBytes(String name) 53
Logging 161, 179
Loggingausgaben 34
LoggingHandler 32, 179, 180
  invoke 180
Loglevel 164
Long 47
lookup 81

M

MailManagerFactory 173, 208, 237
Makros 42
ManagedConnection 152
ManagedConnectionFactory 152
Marker 109, 249
Marker Interface 36
  CoreComponent 37
  java.io.Serializable 36
MDB 77
  Client 82
Memento 56

Message 121, 124, 128, 129
Message Driven Beans 77
MessageConsumer 122
MessageDrivenBean 78
MessageDrivenContext 78
MessageListener 78, 123
MessageProducer 122
Method 186, 261
  invoke 261
Method Time 251
MIME 211
MimeMessage 208
Muster siehe Softwarepatterns

N

Name 250
Namensdienst 175
Namensgebung 161
NameService 140, 144
Namespace 125
Naming 191, 260, 266
  lookup 191, 266
  lookup() 260
NamingContext 138
NamingContextHelper 138
NamingManager 259
NamingManagerFactory 190, 233
NamingManagerIF 233
NamingRegistable 175, 190, 216, 233
NDS 128
NetworkClassLoader 54, 202
NetworkJarClassLoader 202
NotWrappable 249
Novell Directory Services 128

O

Object Adapter 133
ObjectOutputStream 254
ObjectPool 15
Objectpooling 18
Objektfabriken 169
ODBC 83
ORB 132
OTS 156
OutOfMemoryException 254

P

pass by reference 135
pass by value 147
Patterns 11
Performance 243
PerformanceLoggingHandler 32, 179, 181
  invoke 181
Performance-Messungen 181
PersistenceServiceFactory 236, 256
  getPersistenceService() 257
PersistenceServiceIF 54, 162, 203, 217, 227, 236, 252, 255, 260
POA 134
Portable Object Adapter 134
PortableRemoteObject 143
POST 102
PreparedStatement 88
Profiling 243
Properties 164, 257, 266
PropertiesFactory 41, 231
PropertiesManager 17, 41, 166, 190, 215, 225
  getConfigurableForObject 167
PropertiesManagerIF 167
PropertiesProviderIF 167, 231
Proxy 71, 176
ProxyFactory 34
Proseduralisierung 27
Prozessorzeit 250
PTP 122
Publish-Subscribe 122

Q

Queue 122
QueueBrowser 122
QueueConnection 122
QueueConnectionFactory 122
QueueReceiver 122
QueueSender 122
QueueSession 122

R
RAR 152
rebind 187
Reflection 42, 48, 171, 259, 261
Registry 48, 196
RegistryContextFactory 187, 233
Reinitializable 60, 175, 234
  getSequenceNumber() 234
  reinitialize 61
ReinitializationManager 61, 175, 234
  reinitialize 175
  reinitialize() 234
Rekonfigurierbarkeit 60
Remote 238
Remote Interface 69
Remote Object Invocation 159, 187
RemoteInvokerIF 19
RemoteObjectInvocation 19
RequestDispatcher 110
  forward 110
  include 110
Resource Adapters 148
Resource Archive 152
Resource Manager 150
ResultSet 46, 90
  absolute 91
  afterLast 91
  beforeFirst 91
  first 91
  isAfterLast 91
  isBeforeFirst 91
  isFirst 91
  isLast 91
  last 91
  next 91
  previous 91
  relative 91
RM 150
RMI 145
RMI over IIOP 71
RMI-IIOP 140
RMINamingManager 190, 191, 233
RMI-Registry 187, 223, 233
ROI 159, 187, 191
ROI siehe RemoteObjectInvocation
roiName 192
ROIServiceManager 233

ROIServiceRegistable 175, 192, 195
  getROIName() 175, 192
Row Sets 93
RowSet 46
Runtime discovery 132

S
Schablone siehe Template Method
Scheduling 45
Scriplet 118
Scriplets 113
Serializable 27, 58, 121
SerializationSupport 57, 58
  store(Object o, String fileName, boolean override) 59
Servant 259
Service 109, 134
  Event 134
  Persistence 134
  Time 134
Servlet 99, 213
  Connector 99
ServletConfig 100
ServletConfigFactory 217, 239
Servletengine 99
Session 122
  getStore() 131
  getTransport() 131
Session Bean
  Stateful 73
  Stateless 72
Session Factory 105
Sessionverwaltung 105
SingleThreadModel 109
Singleton 11, 162, 170, 208
  Erzeugungspattern 11
  getExistingInstance() 14
  getInstance() 14
SJF 159
Skeleton 132, 259
Small Java Framework 159
SocketCommunicatorServer 20
Softwarepatterns 11
  Erzeugungspattern 11
  siehe auch Patterns
Speicherverbrauch 243
SPI 65, 126

Starprozess 226
Starter 228, 243, 252
startsWith() 251
Startup-Level 228
StartupManager 17, 40, 170, 208, 225, 229, 247
   enterLevel 228
Startverhalten 244
Stateful 73
Stateless 72
Statement 88
   createStatement() 88
Statements 88
Stellvertreter 176
Store 128
storeObject 254
Strukturmuster 18, 23, 30, 36, 38
   Adapter 18
   Decorator 30
   Façade 23
   Marker Interface 36
   Virtual Proxy 38
Stub 132, 259
System 161
SYSTEM_INITIAL_STARTUP 233
SYSTEM_STREAM_STARTUP 234, 235
Systemklasse 204
SystemProperties 41, 230

T

Teilsysteme 26
Template Method 52
Terminator 182, 237
test() 267
TestStarter 261
text/html 211
TextListener 123
Thin Client 213
thin driver 83
this 162
Timelet 207
   cleanup() 197
   go() 197
   init() 197
Timelets 46, 197
Timer 200

TimerTask 45
   cancel() 46
   run() 46
   scheduledExecutionTime() 46
TM 155
tnameserv 140
Tomcat 101
Topic 122
TopicConnection 122
TopicConnectionFactory 122
TopicPublisher 122
TopicSession 122
TopicSubscriber 122
TP 148
Transaktionsmanager 155
Transport 128
Treiberarchitekturen 83
   JDBC-ODBC Bridge 83
   Native Protocol Pure Java Treiber 83
   Native Treiber 83
   Pure Java Treiber 83

U

UnicastRemoteObject 142
UnicastServerRef 262
URL 87
URLClassFetchers 202
URL-Rewriting 107, 222

V

Value Object 27, 93, 165, 209, 266
Vererbung 36
Verhaltensmuster 42, 52, 56, 60
   Chain of Responsibility 60
   Command 42
   Memento 56
   Template Method 52
Verteilte Transaktionen 93, 99
Virtual Proxy 38

W

Weak-References 229
web.xml 224
Web-Container 100, 214
WebRowSet 93

Wrapper 47, 168, 176, 255
   Boolean 47
   Double 47
   Float 47
   Integer 47
   Long 47
   Reflection 48

X

XAConnection 99
XADataSource 99
XAResource 152

Z

Zwiebelschicht siehe Decorator

Sun Microsystems, Inc. Binary Code License Agreement

READ THE TERMS OF THIS AGREEMENT AND ANY PROVIDED SUPPLEMENTAL LICENSE TERMS (COLLECTIVELY "AGREEMENT") CAREFULLY BEFORE OPENING THE SOFTWARE MEDIA PACKAGE. BY OPENING THE SOFTWARE MEDIA PACKAGE, YOU AGREE TO THE TERMS OF THIS AGREEMENT. IF YOU ARE ACCESSING THE SOFTWARE ELECTRONICALLY, INDICATE YOUR ACCEPTANCE OF THESE TERMS BY SELECTING THE "ACCEPT" BUTTON AT THE END OF THIS AGREEMENT. IF YOU DO NOT AGREE TO ALL THESE TERMS, PROMPTLY RETURN THE UNUSED SOFTWARE TO YOUR PLACE OF PURCHASE OR, IF THE SOFTWARE IS ACCESSED ELECTRONICALLY, SELECT THE "DECLINE" BUTTON AT THE END OF THIS AGREEMENT.

1. LICENSE TO USE. Sun grants you a non-exclusive and non-transferable license for the internal use only of the accompanying software and documentation and any error corrections provided by Sun (collectively "Software"), by the number of users and the class of computer hardware for which the corresponding fee has been paid.

2. RESTRICTIONS Software is confidential and copyrighted. Title to Software and all associated intellectual property rights is retained by Sun and/or its licensors. Except as specifically authorized in any Supplemental License Terms, you may not make copies of Software, other than a single copy of Software for archival purposes. Unless enforcement is prohibited by applicable law, you may not modify, decompile, or reverse engineer Software. You acknowledge that Software is not designed, licensed or intended for use in the design, construction, operation or maintenance of any nuclear facility. Sun disclaims any express or implied warranty of fitness for such uses. No right, title or interest in or to any trademark, service mark, logo or trade name of Sun or its licensors is granted under this Agreement. "

3. LIMITED WARRANTY. Sun warrants to you that for a period of ninety (90) days from the date of purchase, as evidenced by a copy of the receipt, the media on which Software is furnished (if any) will be free of defects in materials and workmanship under normal use. Except for the foregoing, Software is provided "AS IS". Your exclusive remedy and Sun's entire liability under this limited warranty will be at Sun's option to replace Software media or refund the fee paid for Software.

4. DISCLAIMER OF WARRANTY. UNLESS SPECIFIED IN THIS AGREEMENT, ALL EXPRESS OR IMPLIED CONDITIONS, REPRESENTATIONS AND WARRANTIES, INCLUDING ANY IMPLIED WARRANTY OF MERCHANTABILITY, FITNESS FOR A PARTICULAR PURPOSE OR NON-INFRINGEMENT ARE DISCLAIMED, EXCEPT TO THE EXTENT THAT THESE DISCLAIMERS ARE HELD TO BE LEGALLY INVALID.

5. LIMITATION OF LIABILITY. TO THE EXTENT NOT PROHIBITED BY LAW, IN NO EVENT WILL SUN OR ITS LICENSORS BE LIABLE FOR ANY LOST REVENUE, PROFIT OR DATA, OR FOR SPECIAL, INDIRECT, CONSEQUENTIAL, INCIDENTAL OR PUNITIVE DAMAGES, HOWEVER CAUSED REGARDLESS OF THE THEORY OF LIABILITY, ARISING OUT OF OR RELATED TO THE USE OF OR INABILITY TO USE SOFTWARE, EVEN IF SUN HAS BEEN ADVISED OF THE POSSIBILITY OF SUCH DAMAGES. In no event will Sun's liability to you, whether in contract, tort (including negligence), or otherwise, exceed the amount paid by you for Software under this Agreement. The foregoing limitations will apply even if the above stated warranty fails of its essential purpose.

6. Termination. This Agreement is effective until terminated. You may terminate this Agreement at any time by destroying all copies of Software. This Agreement will terminate immediately without notice from Sun if you fail to comply with any provision of this Agreement. Upon Termination, you must destroy all copies of Software.

7. Export Regulations. All Software and technical data delivered under this Agreement are subject to US export control laws and may be subject to export or import regulations in other countries. You agree to comply strictly with all such laws and regulations and acknowledge that you have the responsibility to obtain such licenses to export, re-export, or import as may be required after delivery to you.

8. U.S. Government Restricted Rights. If Software is being acquired by or on behalf of the U.S. Government or by a U.S. Government prime contractor or subcontractor (at any tier), then the Government's rights in Software and accompanying documentation will be only as set forth in this Agreement; this is in accordance with 48 CFR 227.7201 through 227.7202-4 (for Department of Defense (DOD) acquisitions) and with 48 CFR 2.101 and 12.212 (for non-DOD acquisitions).

9. Governing Law. Any action related to this Agreement will be governed by California law and controlling U.S. federal law. No choice of law rules of any jurisdiction will apply.

10. Severability. If any provision of this Agreement is held to be unenforceable, this Agreement will remain in effect with the provision omitted, unless omission would frustrate the intent of the parties, in which case this Agreement will immediately terminate.

11. Integration. This Agreement is the entire agreement between you and Sun relating to its subject matter. It supersedes all prior or contemporaneous oral or written communications, proposals, representations and warranties and prevails over any conflicting or additional terms of any quote, order, acknowledgment, or other communication between the parties relating to its subject matter during the term of this Agreement. No modification of this Agreement will be binding, unless in writing and signed by an authorized representative of each party. For inquiries please contact:

Sun Microsystems, Inc.
901 San Antonio Road Palo Alto,
California 94303 U.S.A.

JAVA 2 SOFTWARE DEVELOPMENT KIT STANDARD EDITION VERSION 1.3 SUPPLEMENTAL LICENSE TERMS

These supplemental license terms ("Supplemental Terms") add to or modify the terms of the Binary Code License Agreement (collectively, the "Agreement"). Capitalized terms not defined in these Supplemental Terms shall have the same meanings ascribed to them in the Agreement. These Supplemental Terms shall supersede any inconsistent or conflicting terms in the Agreement, or in any license contained within the Software.

1. Internal Use and Development License Grant. Subject to the terms and conditions of this Agreement, including, but not limited to, Section 2 (Redistributables) and Section 4 (Java Technology Restrictions) of these Supplemental Terms, Sun grants you a non-exclusive, non-transferable, limited license to reproduce the Software for internal use only for the sole purpose of development of your JavaTM applet and application ("Program"), provided that you do not redistribute the Software in whole or in part, either separately or included with any Program.

2. Redistributables. In addition to the license granted in Paragraph 1 above, Sun grants you a non-exclusive, non-transferable, limited license to reproduce and distribute, only as part of your separate copy of JAVA(TM) 2 RUNTIME ENVIRONMENT STANDARD EDITION VERSION 1.3 software, those files specifically identified as redistributable in the JAVA(TM) 2 RUNTIME ENVIRONMENT STANDARD EDITION VERSION 1.3 "README" file (the "Redistributables") provided that: (a) you distribute the Redistributables complete and unmodified (unless otherwise specified in the applicable README file), and only bundled as part of the JavaTM applets and applications that you develop (the "Programs:); (b) you do not distribute additional software intended to supersede any component(s) of the Redistributables; (c) you do not remove or alter any proprietary legends or notices contained in or on the Redistributables; (d) you only distribute the Redistributables pursuant to a license agreement that protects ! Sun's interests consistent with the terms contained in the Agreement, and (e) you agree to defend and indemnify Sun and its licensors from and against any damages, costs, liabilities, settlement amounts and/or expenses (including attorneys' fees) incurred in connection with any claim, lawsuit or action by any third party that arises or results from the use or distribution of any and all Programs and/or Software.

3. Separate Distribution License Required. You understand and agree that you must first obtain a separate license from Sun prior to reproducing or modifying any portion of the Software other than as provided with respect to Redistributables in Paragraph 2 above.

4. Java Technology Restrictions. You may not modify the Java Platform Interface ("JPI", identified as classes contained within the "java" package or any subpackages of the "java" package), by creating additional classes within the JPI or otherwise causing the addition to or modification of the classes in the JPI. In the event that you create an additional class and associated API(s) which (i) extends the functionality of a Java environment, and (ii) is exposed to third party software developers for the purpose of developing additional software which invokes such additional API, you must promptly publish broadly an accurate specification for such API for free use by all developers. You may not create, or authorize your licensees to create additional classes, interfaces, or subpackages that are in any way identified as "java", "javax", "sun" or similar convention as specified by Sun in any class file naming convention. Refer to the appropriate version of the Java Runtime Envir! onment binary code license (currently located at http://www.java.sun.com/jdk/index.html) for the availability of runtime code which may be distributed with Java applets and applications.

5. Trademarks and Logos. You acknowledge and agree as between you and Sun that Sun owns the Java trademark and all Java-related trademarks, service marks, logos and other brand designations including the Coffee Cup logo and Duke logo ("Java Marks"), and you agree to comply with the Sun Trademark and Logo Usage Requirements currently located at http://www.sun.com/policies/trademarks. Any use you make of the Java Marks inures to Sun's benefit.

6. Source Code. Software may contain source code that is provided solely for reference purposes pursuant to the terms of this Agreement.

7. Termination. Sun may terminate this Agreement immediately should any Software become, or in Sun's opinion be likely to become, the subject of a claim of infringement of a patent, trade secret, copyright or other intellectual property right.

THE SIGN OF EXCELLENCE

Java-Programmierung mit IBM Visual Age

Florian Hawlitzek

In vier Teilen führt Sie dieses Buch kompetent und umfassend in die Software-Entwicklung mit IBM VisualAge for Java ein. Im ersten Teil erhalten Sie einen Überblick über die Konzepte der Programmiersprache Java und die Bestandteile der verschiedenen Versionen von VisualAge for Java. Daran anschließend wird die Entwicklungsumgebung von VisualAge mit ihren Browsern und Werkzeugen vorgestellt und schrittweise die Entwicklung einer einfachen Anwendung demonstriert. Der dritte Teil richtet sich an Java-Neulinge: Er gibt – speziell auf VisualAge zugeschnitten – eine Einführung in die Sprache. Im letzten Abschnitt wird VisualAge for Java für Fortgeschrittene behandelt. Schwerpunkte bilden dabei die grafische Programmierung mit dem Visual Composition Editor und die vielfältigen Enterprise Features.

480 Seiten, 1 CD-ROM
DM 79,90/öS 583,00/sFr 73,00
ISBN 3-8273-1526-3

www.addison-wesley.de

THE SIGN OF EXCELLENCE

Java-Programmierung mit Borland JBuilder 4.0

Bernhard Steppan

Das Spektrum dieses Buches reicht von den Grundlagen der Programmiersprache Java bis zur Entwicklung verteilter Datenbankanwendungen mit CORBA und Enterprise JavaBeans. Es behandelt folgende Themen: Java-Grundlagen (Syntax, Applets, Applications, Servlets, JavaServer Pages, API), die integrierte Entwicklungsumgebung des JBuilder 4.0 (App Browser, UI-Designer etc.), GUI-Programmierung, Datenbankanbindung und Client/Server-Programme.

Programmer's Choice

ca.500 Seiten, 1 CD-ROM
DM 79,90/öS 583,00/sFr 73,00
ISBN 3-8273-1638-3

www.addison-wesley.de

THE SIGN OF EXCELLENCE

Java Server und Servlets
2. Auflage

Portierbare Web-Applikationen effizient entwickeln

Peter Roßbach, Hendrik Schreiber

Das Buch erklärt detailliert die Grundlagen der Server- und Servlet-Programmierung. Es enthält ein Framework für den Aufbau eines webbasierten Java-Applikationsservers. Die 2. Auflage des Bestsellers, der auch in englischer Übersetzung vorhanden ist, wurde aktualisiert. Sie geht auf das Servlet-API 2.2 ein und beschreibt neue Sicherheitsmechanismen. Darüber hinaus wird ausführlich auf Java Server Pages eingegangen.

Professionelle Programmierung

464 Seiten
DM 79,90/öS 583,00/sFr 73,00
ISBN 3-8273-1694-4

www.addison-wesley.de

THE SIGN OF EXCELLENCE

Workshop Java 2

Lothar Zeyer

Vertiefen Sie Ihr Java-Wissen! Zahlreiche Übungen und Tipps mit Lösungen helfen Ihnen, sich fortgeschrittene Aspekte der Java-Programmierung wie Multithreading, Grafikprogrammierung mit AWT/Swing, Animation, 2D-Grafik, Netzwerkprogrammierung und RMI praktisch anzueignen – und sie sicher und gekonnt in der Praxis anzuwenden. Absolvieren Sie den Online-Test auf CD und erwerben Sie das Zertifikat für Computing Professionals.

workshop

**416 Seiten, 1 CD-ROM
DM 69,90/öS 510,00/sFr 63,00
ISBN 3-8273-1705-3**

www.addison-wesley.de